BIBLIOTHÈQUE
DES MERVEILLES

PUBLIÉE SOUS LA DIRECTION

DE M. ÉDOUARD CHARTON

LES

GALERIES SOUTERRAINES

DU MÊME AUTEUR

La Poudre à canon et les nouveaux corps explosifs.
1 vol. illustré de 30 vignettes.

6837-78 — Corbeil, Typ. et stér. de Crété

L'EMBOUCHURE NORD DU TUNNEL DU SAINT-GOTHARD.

BIBLIOTHÈQUE DES MERVEILLES

LES
GALERIES SOUTERRAINES

PAR

MAXIME HÉLÈNE

DEUXIÈME ÉDITION

ILLUSTRÉE DE 35 VIGNETTES SUR BOIS

PAR J. FÉRAT ET B. BONNAFOUX

PARIS

LIBRAIRIE HACHETTE ET Cie

79, BOULEVARD SAINT-GERMAIN, 79

1879

A

M. LOUIS FAVRE

ENTREPRENEUR DU GRAND TUNNEL DU GOTHARD

Je dédie ces pages.

M. H.

PRÉFACE

DE LA DEUXIÈME ÉDITION

———

En relisant la première édition de ce petit livre, auquel le public a bien voulu faire bon accueil, moins à cause du nom de l'auteur que pour le sujet intéressant que j'ai essayé de traiter, je trouve vraiment peu de chose à ajouter aux pages déjà écrites.

Quelques lecteurs m'ont tout d'abord reproché de ne point avoir fait remonter l'origine des *galeries souterraines* plus haut qu'à l'époque historique, de ne point avoir compris, dans les œuvres anciennes, ce cycle de l'humanité qui renferme l'âge si curieux des cavernes.

Je répondrai que je n'ai jamais eu d'autre intention que de traiter la question des travaux exécutés de main d'homme, laissant à mes confrères en géologie le soin de raconter l'histoire des excavations souterraines dont la formation est toute naturelle.

Notre ancêtre de l'époque paléolithique eût-il creusé lui-même quelques-uns des nombreux abris explorés, il eût été peu modeste de ma part d'empiéter sur un terrain dejà exploité d'une façon si grandiose, et cependant si populaire, par Lubbock, Evans et tant d'autres.

Je n'ai rien eu à changer dans mon exposé du travail de percement du tunnel du Mont-Cenis, œuvre aujourd'hui achevée et jugée. La question du tunnel sous-marin, celle du Simplon, n'ont malheureusement guère avancé. Le bruit des batailles semble avoir, dans ces derniers temps, étouffé les aspirations plus pacifiques, et le dévouement des hommes qui se sont mis à la tête de ces entreprises n'a rien pu contre la fièvre de combats dont l'Europe semble encore embrasée.

Mes lecteurs voudront bien remarquer les changements que j'ai cru devoir introduire dans mon chapitre IX, traitant des progrès dans le matériel des *galeries souterraines*, et particulièrement dans la fabrication de la dynamite.

J'ai enfin mis au courant des travaux actuels le tableau qui marque les avancements mensuels de la grande galerie du Gothard, presque achevée aujourd'hui, grâce-à des efforts sans cesse renouvelés. Ce que cette œuvre colossale a coûté de durs labeurs, ce qu'il a fallu déployer d'energie, de patience et de science pour la mener à la fin glorieuse que nous pouvons lui prédire sans crainte de démenti, M. Louis Favre, l'entrepreneur général du grand tunnel, et ses collaborateurs le savent seuls. J'ai eu l'honneur extrême de compter au nombre de ces derniers ; aussi, crois-je remplir un devoir de reconnaissance et d'admiration en dédiant ces quelques pages à l'homme dont le nom restera attaché à l'une des merveilles du siècle.

M. II.

Cagliari (Sardaigne), Novembre 1878.

Fig. 54. — Fabrique de dynamite d'Avigliana (Italie).

LES
GALERIES SOUTERRAINES

CHAPITRE PREMIER

LES TRAVAUX SOUTERRAINS CHEZ LES PEUPLES ANCIENS.

Les travaux souterrains chez les Égyptiens : Les nécropoles. Les *Spéos* d'Ebsamboul. — *L'antiquité hindoue :* Les temples de Salcette, d'Ellòra, d'Eléphanta. — *Les Assyriens et les Mèdes :* Le tunnel sous-fluvial de l'Euphrate. — *Les Carthaginois :* L'aqueduc de Carthage. Les mines d'argent d'Espagne. — *Les Grecs :* Les travaux de dégorgement du lac Copaïs. — *Rome et l'Étrurie :* Les nécropoles étrusques. Rome souterraine. Le service des eaux et celui des égouts. *La Cloaca maxima.* — *L'ère chrétienne :* Les catacombes. Les cryptes. — *La guerre souterraine.* — Conclusion.

Les travaux souterrains, qu'ils aient un but d'utilité ou d'agrément, remontent à la plus haute antiquité. Les besoins de l'industrie et du commerce des peuples, les nécessités de la guerre, les caprices et l'orgueil des conquérants, les mystérieuses solennités de certains cultes,

ont contribué de tout temps au développement de ces
ouvrages difficiles dont l'exécution nous remplit encore
aujourd'hui d'étonnement. On se demande, à ne voir
que les débris monstrueux de cette ténébreuse architecture, quel pouvait bien être l'état de la mécanique
chez ces Anciens dont les travaux tiendraient souvent
en échec la science de nos plus habiles ingénieurs. Les
efforts réalisés par nos ancêtres sont vraiment prodigieux, et par les ruines qui racontent, à travers les
âges, l'histoire de leur civilisation évanouie, on peut
juger de ce dont ils étaient capables.

La nation qui, à ces époques reculées de l'histoire des
peuples, s'est avancée le plus loin dans cette branche de
l'art, est certainement la nation égyptienne. La multiplicité de ses œuvres grandioses frappe l'observateur
d'admiration ; et on comprend que seuls, un despotisme
sans limite et un fanatisme religieux sans exemple ont pu
obtenir de l'homme une suite d'efforts aussi extraordinaires. Ajoutez à cela que l'habitude de réduire en esclavage les peuples vaincus, et de transformer les sur-
vivants des guerres antiques en ouvriers destinés aux
travaux publics, permettait de réaliser économiquement
des entreprises qu'il eût été impossible de tenter dans
d'autres conditions.

Plus encore que l'esclavage, la religion aida, chez
les Égyptiens, à l'exécution des grands travaux souterrains. Le dogme de la résurrection des corps avait surtout action sur les âmes. Dès que l'on croyait qu'un
jour les hommes renaîtraient avec leurs formes matérielles et leur enveloppe charnelle, il était évident
que la grande préoccupation des Égyptiens devait
être de cacher avec le plus de soin possible, pour les ga-
rantir de toute profanation, le corps de ceux qu'ils avaient
aimés. Aussi, cherchaient-ils pour eux les retraites les

plus secrètes et les plus profondes, afin qu'aucun dommage ne pût arriver à ces dépouilles sacrées destinées à reprendre un jour une existence nouvelle. Les nécropoles des villes égyptiennes, celle de Memphis, par exemple, où l'on a découvert des tombeaux situés à plus de 25 mètres de profondeur ; les grottes de Samoûn ou des Crocodiles, situées dans la Haute-Égypte, non loin de Monfalout ; les souterrains de la Thébaïde, — véritables villes des morts, — creusés de distance en distance sur une étendue de quinze à vingt lieues, dans une montagne qui borde le Nil, et d'où, avant qu'elles ne servissent de demeure funéraire, on avait extrait les matériaux nécessaires à la construction des villes voisines ; les catacombes d'Alexandrie enfin, témoignent du respect des Égyptiens pour leurs morts.

Si la dépouille des hommes était ainsi protégée, quel ne devait pas être le culte dont on entourait celle des dieux, les restes mortels d'Apis, d'Osiris, principes du Bien, s'incarnant par l'opération de Phtah dans la forme du taureau ! C'est pour soustraire à toute violation la dépouille des bœufs sacrés, que fut creusée dans le grand désert, près de Memphis, la nécropole qu'on appela *Serapeum,* retrouvée, en 1851, par un savant français, M. Mariette.

Le *Serapeum* est composé d'une galerie souterraine de cent mètres de longueur, et de chambres également creusées dans le roc, ayant accès sur cette galerie principale. Dans chacune de ces chambres funéraires, on trouva un sarcophage monolithe, du poids de soixante à soixante-dix mille kilogrammes, muni de son couvercle. Au pied du sarcophage, gisaient les statuettes des personnages puissants qui jouissaient de la haute faveur de déposer leurs propres images près des dépouilles divines. Les cérémonies funèbres terminées, la tombe du dieu était murée pour l'éternité. Quand M. Mariette entra dans le *Serapeum*, plusieurs de ces tombes étaient encore vierges de toute profanation. Depuis que les prêtres d'Apis avaient présidé aux derniers préparatifs de l'ensevelissement, aucun être humain n'était venu troubler le sommeil de la divinité !

En dehors du *Serapeum* de Memphis, dont la destination spéciale était de servir de caveau funéraire aux restes mortels des Apis, on rencontre encore, sur le territoire de l'ancienne Égypte, d'autres temples souterrains, ou *speos*, qui étaient destinés aux rites du culte. Les plus renommés, situés sur les bords du Nil, dans la Nubie Inférieure, sont creusés dans les collines d'Ebsamboul, à soixante lieues de la première cataracte. Le portail de ces *speos* est orné de statues colossales, sculptées en ronde bosse dans le rocher, et mesurant plus de vingt mètres de hauteur. Ces statues, dont la plupart représentent Ramsès-le-Grand (Sésostris), tantôt debout, tantôt assis sur un fauteuil de pierre, dans l'attitude majestueuse qui sied à un Pharaon, forment, avec les rubans constellés d'hiéroglyphes qui les entourent, un cadre étrangement grandiose, au milieu duquel s'ouvre, béante et noire, la porte du *speos*.

Trois vastes salles, taillées de main d'homme dans le rocher, se partagent l'intérieur du temple d'Ebsamboul. C'est d'abord le *pronaos*, de seize mètres de profondeur, soutenu par huit piliers isolés, contre lesquels s'appuient huit statues de dix mètres environ de hauteur, monolithes, évidées dans le rocher comme les piliers eux-mêmes. Après vient le *naos*, supporté par quatre piliers ; puis enfin le *sekos* ou sanctuaire, où trône la trinité égyptienne, Ammon, le dieu suprême, Phra, le soleil divinisé, et Phtah. Au milieu d'eux, leur élu, Ramsès.

Parmi ces temples souterrains, nous pouvons citer encore le *spéos* de Phra, construit par Ramsès ; celui d'Hathor, dédié à la Vénus égyptienne par la reine Nofré-Afri, épouse

Fig. 1. — Le spéos de Phra.

du Pharaon ; le temple de Derr ou Derri, construit également par Ramsès en l'honneur du dieu Ammon ; les
quatre *speos* d'Ibrim, dont le plus ancien remonte jus-
qu'au règne de Touthmosis Ier, c'est-à-dire au XVe siècle
avant J.-C., et un nombre relativement considérable
d'autres ouvrages qui, pour être moins remarquables
que leurs célèbres contemporains, témoignent encore,
par leurs vestiges imposants, de la grandeur d'un passé
désormais perdu.

Moins loin dans la nuit des temps, cinq ou six siècles
avant notre ère, — car les monuments souterrains de
l'Égypte remontent pour la plupart au quatorzième ou
quinzième siècle, — les monarchies indiennes, aujour-
d'hui oubliées, construisaient, en l'honneur de la Trinité hindoue, ces prodigieux temples souterrains dont
notre époque a retrouvé les vestiges.

Plus encore peut-être que devant les *spéos* égyptiens,
la pensée s'arrête comme frappée de stupeur à la vue de
ce travail colossal, dont l'exécution resterait pour nous
complétement incompréhensible, si nous ne nous rap-
pelions que dans l'Inde, comme sur la terre des Pharaons, la religion commandait et dirigeait en maîtresse
absolue la vie des peuples. Combien de bras usés,
broyés pour exécuter ces conceptions orgueilleuses, combien de souffles éteints dans ces voies ténébreuses,
d'existences étouffées sous les draperies de pierre des
monstres sacrés qui peuplent les temples souterrains de
Salcette et d'Eléphanta ! S'il était possible de remonter
les vingt-cinq siècles qui nous ont précédés, d'embrasser
d'un regard ces vastes chantiers, où des milliers
et des milliers de fanatiques et d'esclaves, enivrés
d'amour pour leur idole, courbés sous le fouet du brah-
mane, creusaient le roc avec leurs instruments primitifs, quel spectacle présenterait à nos yeux cette fourmi-

lière d'êtres humains, pressés les uns contre les autres, la sueur au front, découpant fiévreusement la montagne, et roulant enfin, épuisés, sans vie, aux pieds de leur dieu à peine ébauché que d'autres achèveront de tailler et de polir !

Le temple souterrain d'Eléphanta, situé dans l'île du même nom du golfe de Bombay, le plus ancien des *speos* de l'Inde, a été creusé au sommet d'une montagne à double cime, qu'on gravit par un escalier à pic de trois à quatre cents marches. La salle principale mesure quarante mètres de longueur sur trente-huit de large; le plafond est soutenu par seize colonnes cannelées de cinq mètres environ de hauteur. Ses parois sont décorées de sculptures racontant la vie du dieu Siva auquel ce temple est consacré. Au fond, siége la trinité hindoue : Brahma, Siva et Vishnou. De nombreuses excavations souterraines communiquent avec cette salle principale. A l'entrée de l'une d'elles, on a placé les deux lions accroupis, aux monstrueux profils, qui gardaient primitivement le groupe de Brahma.

L'île de Salcette, proche de l'île de Bombay, à laquelle elle est reliée par une chaussée, renferme également un grand nombre de temples souterrains. Les plus remarquables, ceux de Kennery, creusés dans une roche de porphyre, mesurent parfois vingt-huit mètres sur douze de large. Deux rangées de colonnes qui partagent le temple en trois nefs, dont la plus importante, située au milieu, se termine en hémicycle, donnent au souterrain l'aspect d'une véritable basilique. Les parois sont couvertes d'inscriptions, dont l'âge varie depuis le deuxième siècle avant J.-C. jusqu'au quinzième siècle de notre ère.

L'Inde possède ainsi, depuis les rives de l'Indus jusqu'à la partie la plus méridionale de son territoire, un grand nombre de temples souterrains, parmi lesquels les grottes de Carli, dont l'ouverture est située à 240 mètres au-dessus de la plaine, les temples d'Ajayanti et de Pandou-Lena dans le Dekan, de Mahr dans la province d'Aurungabad, de Panch-Pandou, de Doumnar dans la province de Malva, et les grottes de Bamiyan, dans l'Indou-Khou, qui datent du sixième siècle avant J.-C. L'une des douze mille grottes du Bamiyan passe pour avoir abrité Vyâsa pendant qu'il écrivait ses Védas.

Mais de tous les temples souterrains dont l'origine remonte aux premiers âges de la monarchie indienne, les plus remarquables, à coup sûr, sont les temples d'Ellora, près de Daouletabad, dans l'Inde centrale. Les galeries souterraines qui les composent comptent près de deux lieues d'étendue. On y remarque surtout le fameux temple monolithe de Kaïlasa, avec ses lourds pilastres disposés sur quatre rangs, supportés eux-mêmes par d'énormes éléphants de pierre découpés dans le rocher, c'est là peut-être l'ensemble architectural le plus étrangement grandiose qui soit au monde. De nombreuses galeries servent d'enceinte au temple de Kaïlasa; nous citerons, entre autres, le temple de Visvacarna dédié à Brahma, et celui de Para-Lanka, auquel donne accès un escalier de vingt-sept marches, et dont le plafond est encore orné de très-curieuses peintures représentant les épisodes principaux de la mythologie indienne.

Le fanatisme religieux des Assyriens et des Mèdes ne peut être comparé ni à celui des Égyptiens, ni à celui des Hindous. Inspirés par des dogmes moins sombres, ils consacrèrent leur énergie à des travaux plus utiles que les colossales chambres souterraines destinées aux cérémonies religieuses des Brahmanes, ou à la sépulture des bœufs sacrés.

L'historien Diodore parle des travaux que Sémiramis fit entreprendre pour perforer les montagnes escarpées de Baghistan et de Zaracœus. Ce sont sans doute les ves-

tiges de ces œuvres hardies que quelques voyageurs ont
cru retrouver sur la route de Bagdad à Hamadan.

Nous devons citer encore le passage sous-fluvial
construit sous l'Euphrate, véritable tunnel qui faisait
communiquer ensemble les deux palais construits à
chaque extrémité du magnifique pont qui s'élevait au-
dessus du fleuve, et qui, avec les jardins suspendus,
constituait une des nombreuses merveilles de la capitale
de l'Assyrie.

Si nous interrogeons l'Occident, les Romains, ou plus
exactement les Étrusques, sont à peu près les seuls dont
on puisse voir encore de grands travaux souterrains
méritant d'être signalés.

La rareté des documents qui nous restent sur les Carthaginois ne nous permet guère d'apprécier les efforts
qu'ils ont pu tenter dans ce genre d'architecture. Rome
a réalisé si complétement le souhait de Caton, qu'il ne
subsiste pour ainsi dire rien de son ancienne rivale.

Carthage, cependant, possédait un aqueduc et des
conduites souterraines desservant la ville. « Cet aqueduc traversait obliquement l'isthme entier. Cinq rangs
d'arcs superposés, d'une architecture trapue, avec des
contreforts à la base et des têtes de lions au sommet,
aboutissaient à la partie occidentale de l'Acropole, où
ils s'enfonçaient sous la ville pour déverser toute une
rivière dans les citernes de Mégara[1]. »

Il n'est pas douteux que l'activité des Carthaginois
s'est donné aussi carrière dans l'exploitation des riches
mines d'argent qu'ils possédaient aux environs de Car-
thagène, et dans toute l'Espagne. Les fouilles exigeaient une main-d'œuvre considérable ; les irruptions
d'eau qui se présentaient subitement opposaient de
sérieux obstacles au travail. Ce fut seulement plus

1. G. Flaubert. — *Salammbô.*

tard qu'Archimède, à son retour d'Égypte, construisit les premières pompes d'épuisement qui permirent aux Romains de rendre l'exploitation praticable.

A l'exception des carrières du Pentélique, qui fournirent, jusqu'à l'époque d'Adrien, le marbre nécessaire aux monuments d'Athènes, il ne nous est également resté que de rares vestiges des travaux souterrains qu'ont accomplis les Grecs. Samos avait un aqueduc qui traversait une montagne. Le tunnel de dégorgement du lac Copaïs, qu'on regarda longtemps comme pouvant rentrer dans cette catégorie d'ouvrages, est considéré, depuis les dernières recherches, comme n'ayant jamais eu qu'une importance fort secondaire. Ce travail n'a même probablement existé qu'à l'état de projet, à moins qu'on ne veuille considérer, comme ayant été construits pour aider à l'exécution du souterrain définitif d'écoulement des eaux, les puits inachevés qu'on rencontre aux deux cols qui séparent le lac Copaïs de la baie de Larymna et du lac Hylica.

Aucun de ces puits n'est terminé, en ce sens qu'aucun n'aboutit à un conduit souterrain. Il est possible que ce soient là les travaux dont parle Strabon, commencés par ordre d'Alexandre, et interrompus par une révolte en Béotie. Quoi qu'il en soit, et malgré ces traces, le fameux travail grec reste et restera encore longtemps tout à fait hypothétique, et servira pendant de nombreuses années de champ de bataille aux conjectures des érudits.

La coutume d'inhumer les morts dans ces nécropoles souterraines, dont il a été question au commencement de ce chapitre, n'appartenait pas exclusivement au peuple égyptien. Les Hébreux, les Perses, les Grecs, les Scythes, professaient le même respect pour les restes

humains. Carthage avait ses catacombes ; on en retrouve également en Asie Mineure et en Syrie. Les
habitants des diverses contrées dont la réunion a formé
l'Italie : la Sicile, la Campanie, le Latium, l'Etrurie
— cette dernière surtout — creusaient pour leurs
morts de vastes cimetières. Près de chaque ville,
côte à côte avec la cité vivante, pleine de lumière et de
bruits, gisait une ville muette, obscure, sillonnée comme
la première de rues et de carrefours, tapissée de tombeaux où sommeillaient, près des races nouvelles, comme
pour surveiller leurs progrès, les générations disparues
qui avaient présidé à leurs commencements. C'est
ainsi que l'on a retrouvé les catacombes de Naples, de
Syracuse, de Palerme, d'Agrigente ; celles d'Étrurie, si
nombreuses ; et enfin les catacombes de Rome, célèbres dans l'histoire des premiers siècles du monde chré-
tien, assez souvent décrites pour que chacun de nous
en conserve tout au moins ce vague et poétique souvenir
qui s'attache aux persécutés.

Tantôt ces vastes souterrains avaient été creusés
à la seule fin de servir de nécropoles, tantôt on avait
profité des excavations faites à des époques antérieures
dans les roches avoisinantes, le plus souvent pour construire la ville elle-même. Singulier échange entre la
montagne et l'homme qui l'avait détruite, et qui, l'heure
de la mort une fois sonnée, venait, par un juste retour, rapporter à la carrière ce qui restait de lui-
même, comme pour compenser les pertes qu'il lui avait
fait subir. Les catacombes de Paris, d'où sont sortis en
grande partie les matériaux nécessaires à la construction
de cette capitale ; celles de Naples, qui ont près de deux
milles de longueur, et qui présentent trois étages de
galeries souterraines superposés, et celles de Syracuse,
les plus vastes que l'on connaisse, peuvent rentrer dans
cette dernière catégorie.

Les nécropoles étrusques ont été construites dans
le but unique de servir de demeures funèbres. Elles
sont si multipliées sur ce sol aujourd'hui désolé, séjour
fétide de la malaria, qu'on serait tenté de leur appliquer ce vers du poëte :

Le sol que nous foulons fut autrefois vivant!

En 1828 — raconte M. Beulé [1] — le pied d'un bœuf
traçant un sillon enfonce la voûte d'un caveau sépulcral,
premier indice de la riche nécropole de Vulci, encore
florissante trois siècles après J.-C. Les découvertes se
succèdent ensuite, jetant sur les mœurs et les travaux
des Etrusques un jour plus complet à mesure que les
documents deviennent plus nombreux et, par suite, plus
variés. Golieri retrouve les nécropoles dévastées de
Volsinies. Alessandro François, l'infatigable fouilleur,
qui finit par rencontrer dans ces solitudes infestées des
Maremmes la mort qu'il semblait braver, reconnaît les
nécropoles de Telamone, de Rosellæ, de Volterra, de
Cortona, de Pise, et toute la longue série des tombeaux
souterrains, décorés de peintures murales, qui s'étendent sous le territoire de Chiusi. La nécropole de Cæré
nous révèle l'origine étrusque des premiers rois de la
Rome naissante, lorsqu'on y découvre les tombeaux
de la famille des Tarquins.

L'aménagement et la décoration de ces nécropoles
sont bien faits pour exciter notre admiration. Les vases
et les bijoux qu'elles contiennent, les inscriptions qui
couvrent leurs murs, les fresques qui les décorent, permettent de reconstituer, vingt siècles après sa dis-
parition, les mœurs de cette génération vaillante d'où
naquit le robuste génie du monde romain. Les nécropoles de Chiusi et de Volterra ont fourni en grande

---

1. Beulé. — *Fouilles et découvertes.*

quantité des urnes funéraires destinées à renfermer les cendres. Ces urnes, en albâtre ou en terre cuite, sont souvent ornées de peintures représentant les sujets les plus variés des légendes mythologiques. Dans les parties méridionales de l'Étrurie, à Tarquinies, les urnes sont remplacées par des sarcophages, le plus fréquemment couverts d'inscriptions.

Parfois même, les nécropoles souterraines livrent des secrets de la vie intime des anciens qui sont de la plus piquante curiosité. Ainsi, le prince Barberini possède, dans sa magnifique bibliothèque de Rome, et on peut voir dans divers musées, des collections d'objets de toilette trouvés dans les tombeaux fouillés. Ici, ce sont les strigiles qui servaient aux femmes à ramasser l'huile parfumée dont les esclaves les frottaient au sortir du bain; plus loin, ce sont les éponges, les fioles à parfums, les boîtes sculptées divisées en plusieurs compartiments renfermant le vermillon pour les lèvres, le blanc de céruse, le noir pour teindre les paupières, tout le *mundus muliebris*, l'attirail complet d'une élégante antique.

Mais nous avons hâte d'arriver à la partie des travaux souterrains construits par les Étrusques, qui peuvent plus particulièrement être assimilés aux travaux d'utilité publique. La configuration géographique de l'Étrurie était bien faite, du reste, pour stimuler dès le principe cette population déjà si active et si laborieuse. Si les villes situées aux pieds et sur les flancs des Apennins sont entourées de vallées fertiles, par contre les immenses plaines qui s'étendent jusqu'à la Méditerranée, sont ensevelies sous des marais. Dès les premiers jours de leur établissement, les Étrusques songèrent à lutter contre la nature, et commencèrent à établir ces conduites souterraines d'irrigation et de desséchement qui sillonnent tout leur territoire, et que les récents travaux des voies ferrées dans la campagne romaine ont fait découvrir. C'est ainsi qu'ils desséchèrent, entre autres, le vaste marais qui s'étendait de Ravenne à Venise, et qu'ils ménagèrent l'écoulement vers la mer du lac *Prælius*, aujourd'hui *Castiglione della l'escaja*, qui en 1829, mesurait en étendue trente-trois milles carrés.

Les ruines imposantes des nombreuses cités étrusques enfouies sous les Maremmes, l'aspect désolé de cette malheureuse contrée où la nature a repris ses droits dès que la main de l'homme est restée inactive, peuvent seuls aider à se rendre compte des travaux considérables qui ont dû être accomplis par ses premiers habitants.

Les Romains apprirent certainement des Étrusques l'art de creuser leurs *émissaires*, ou passages souterrains voûtés, traversant les montagnes, et déversant les eaux malsaines, soit dans les fleuves les plus rapprochés, soit dans la mer. Avant que l'empereur Claude ne fît creuser par son affranchi Narcisse l'*émissaire* du lac Fucino, qui avait environ 6,000 mètres de longueur, les Étrusques avaient construit l'*émissaire* du lac Albano, que nous pouvons encore admirer.

La *Cloaca maxima*, qui recevait tous les égouts de Rome, n'était dans le principe qu'un *émissaire* établi pour dessécher le marais du Vélabre dont il déversait les eaux dans le Tibre. Son origine est bien étrusque, de même que celle du magnifique système des égouts de Rome, construits par Tarquin, qui passaient pour une des merveilles du monde.

Les conduites souterraines formant le système des égouts parcouraient Rome en tous sens, et aboutissaient à la place publique, au grand collecteur — *cloaca maxima* — pour aller se décharger dans le Tibre. Les voûtes des

canaux souterrains avaient seize pieds de large, et treize
pieds de haut, de sorte que, suivant Tite-Live, une
charrette chargée de foin pouvait y circuler. Comme aujourd'hui à Paris les embranchements des égouts, ces
canaux suivaient les principales voies de la Cité. On
reconnut plus tard le plan ingénieux qui avait été suivi
dans leur construction, quand les Romains éprouvèrent un de leurs plus grands revers, l'incendie de
Rome par les Gaulois.

Après cette catastrophe, dont l'heureuse fortune de
Rome devait atténuer les conséquences, et qui, pour
tout autre peuple, eût peut-être été mortelle, on se hâta
de reconstruire les édifices publics et privés qui venaient
de disparaître. Dans la précipitation de la première
heure, on négligea de se préoccuper de la ville souterraine sur laquelle on bâtissait ; on ne se soucia plus de
la correspondance des voies supérieures avec celles qui
cheminaient au-dessous du sol. Rome reconstruite, les
ouvertures des égouts se trouvèrent perdues, et les
routes et places ne suivirent plus le tracé des conduites
souterraines. Il fallut plus tard réparer cette erreur, et
ce ne fut pas sans peine que l'édilité romaine parvint
à y remédier.

La grandeur de ces travaux avait quelque chose d'ex-
traordinaire ; pour en juger, il suffit de se rappeler que
Denys d'Halicarnasse raconte qu'ayant été négligés, ces
égouts coûtèrent mille talents, soit trois millions de
francs, de réparations. De son côté, Pline rapporte
que, pour rendre ces voies plus salubres, Agrippa y
lâcha les eaux de sept aqueducs qui étaient retenues
par autant d'écluses, elles furent dès lors si bien puri-
fiées, qu'il put s'y promener en bateau depuis l'entrée
du grand égout jusqu'à sa sortie dans le Tibre. Pour
nous servir de l'expression même de Pline, il en avait
fait « une ville navigable ». Enfin, pour se rendre compte

de la solidité des égouts de Tarquin, il faut savoir qu'on avait pu bâtir dessus sans les ébranler, et que 650 ans après, Pline disait qu'ils étaient aussi solides qu'au début. Aujourd'hui encore on peut voir à Rome la *Cloaca maxima*, que le temps ni les tremblements de terre n'ont pu détruire.

Quand, plus tard, les Romains se rendirent maîtres de la plus grande partie de l'Europe, du nord de l'Afrique et des provinces occidentales de l'Asie, ils y portèrent les bienfaits de la civilisation latine ; mais, nulle part peut-être, ils ne donnèrent une aussi libre carrière à leur génie que dans cette Gaule qu'ils avaient si péniblement conquise, et qu'ils aimaient sans doute à cause du labeur qu'elle leur avait coûté. La multiplicité des édifices romains dont nous pouvons encore admirer les ruines, et dont nous trouvons des vestiges à chaque pas sur le territoire français, nous montrent en quelle estime ils tenaient la race gauloise, et avec quelle ardeur ils poursuivaient son assimilation avec la leur. Pour ne parler que des travaux souterrains, qui seuls nous occupent ici, les cloaques de Nîmes, de forme circulaire, avec sept pieds de largeur sur quatre pieds et demi de hauteur, ceux d'Arles, découverts en 1817, qui ont douze pieds de large, ceux de Vienne, de Vaison, de Lyon, de Besançon, de Reims, de Périgueux, sont là pour attester que les Romains apportèrent à l'administration de la Gaule un soin qu'on ne remarque à ce degré dans aucune partie peut-être de leur immense empire.

Le service de la voirie ne se bornait pas, chez les Romains, à celui des égouts. Rome étant bâtie sur un emplacement à peu près dépourvu d'eau potable, dès que la Cité prit une certaine extension, il fallut songer à l'alimenter d'eau prise aux endroits les plus proches.

On comprendra les travaux nécessités par le passage des
eaux, quand on songe avec Pline à la quantité que Rome
en consommait chaque jour pour l'approvisionnement
des bains publics, des fontaines, des viviers, des jardins,
et pour les besoins des particuliers. L'aqueduc construit
par ordre de Claude avait quarante milles de long à lui
seul. Ceux d'Appius Claudius, de Marcus Curius Denta-
tus, d'Agrippa, avaient également des dimensions considérables. Un ingénieur romain, Frontin, nous a laissé
tout un livre sur les aqueducs — *de aquœductibus* — où il
nous donne la longueur parcourue par chacun de ces
conduits :

L'eau Appia était prise dans la terre de Lucullus, entre les septième et huitième bornes milliaires de la route
de Préneste, à l'extrémité d'un détour de 780 pas sur la
gauche. Depuis sa source jusqu'aux salines situées près
de la porte Trigemina, son parcours était de 11,190 pas,
dont 11,130 en canaux souterrains, et 60, tant sur des
substructions que sur des aqueducs, jusqu'à la porte de
Capoue. Sur les limites des jardins torquatins, elle recevait un embranchement de l'eau Augusta, qui lui avait été
donné comme complément par Auguste, avec le surnom
de Génielles, qui convenait à cette réunion. Cet embranchement prenait naissance près de la sixième colonne
milliaire de la voie Prænestina, à 980 pas sur la gauche,
tout près de la voie Collatia. Son parcours jusqu'aux
Génielles était de 6,380 pas en ouvrages souterrains.

D'après le même auteur, les eaux prises au-dessus de
Tibur arrivaient à Rome par 43,000 pas de conduites,
dont 42,779 souterrains.

L'eau Martia   par 61,710 pas dont 54,747 souterrains.
L'eau Julia   —   15,426 —   —   6,472   —
L'eau Claudia —   46,406 —   —   36,230   —
Le nouvel Anio — 58,700 —   —   49,300   —

Quelquefois, de même que pour les *émissaires*, le pas-

sage de ces conduites souterraines nécessitait le percement de certaines montagnes. Près de Tibur, il y avait
une percée dans le roc qui comptait plus d'un mille de
longueur. En 1858, on découvrit un passage souterrain
entre le lac Averne et l'antique cité de Cumes.

Dans la plupart des villes romaines, des travaux de ce
genre furent exécutés. Il est à peu certain, par exemple,
que Pompéi manquait d'eau, et qu'elle était approvision-
née par un embranchement de l'aqueduc de Sarno, qui
allait desservir Cumes, Pausilippe et Baïes, et qui aboutissait, autant qu'on peut en juger à présent, à la porte
du Vésuve située à la partie la plus élevée de Pompéi.

C'est surtout dans les travaux exigés par la construction des routes dont ils dotèrent l'Italie et toutes les
provinces, que les ouvrages souterrains des Romains
se rapprochent davantage des entreprises semblables, telles qu'elles sont conçues de nos jours. Le tunnel de Hagdeck, que nous décrirons plus loin, construit
par eux sur le chemin de Soleure ; le passage de la voie
flaminienne à travers les Apennins, que fit exécuter
l'empereur Vespasien ; le souterrain si connu du Pausilippe, reliant Naples à Pouzzoles, témoignent de l'habi-
leté des Romains, et des progrès qu'ils avaient su introduire dans le percement des galeries souterraines.

Le Pausilippe (en italien *monte di Posilippo*) est une
montagne de l'ancienne Campanie, qui regarde d'un
côté la mer de Pouzzoles, et de l'autre la ville de Naples.
Elle forme une anse du golfe de Naples, en s'avançant
dans la mer vis-à-vis de la petite île de Nisida, qui
semble en avoir été détachée. Cette montagne est percée d'outre en outre par une grotte, ou plutôt par un
souterrain long d'environ un mille, haut de trente à
quatre-vingts pieds, et d'une largeur de vingt-huit, ce

qui permet à trois voitures d'y passer de front. Cette route assez bizarre, dont le sol, formé de dalles de lave, est uni, sert aux voyageurs qui veulent aller de Naples à Pouzzoles, à Baïa, à Cumes, et à d'autres lieux du rivage, pour s'y rendre sans prendre par mer, ou sans être obligés de gravir la montagne et de la redescendre ensuite.

On ignore à quelle époque remonte ce curieux ouvrage et quel en fut l'auteur. Le célèbre géographe et historien grec Strabon, mort sous Tibère vers l'an 25 de l'ère chrétienne, et Sénèque le Philosophe mort vers l'an 65 sous Néron, en parlent dans leurs écrits. On sait aussi qu'Alphonse Ier, roi de Naples et d'Aragon, facilita l'entrée de cette galerie, qui était comme murée par les ronces et par les épines ; il l'élargit en outre, et, par son ordre, on y fit pratiquer des soupiraux. Quand on arrive au bout du Pausilippe, on peut faire une centaine de pas entre de hautes murailles pratiquées dans le rocher [1].

La décadence de l'empire et les invasions des Barbares arrêtèrent les travaux d'utilité publique du monde romain. Il y a, dans la civilisation européenne, et dans les arts qui en étaient l'expression, à partir des quatrième et cinquième siècles de notre ère, un long temps d'arrêt. La longue et lamentable période que Michelet a appelée « la nuit de mille ans du Moyen Age » commence. Tout semble mourir dans cette atmosphère ténébreuse. On conçoit aisément l'oubli où durent tomber alors les travaux publics. Ce qui nous en reste est fort insignifiant, presque nul en ce qui concerne les travaux souterrains.

[1]. V. Badin. — *Grottes et cavernes. Bibliothèque des Merveilles.*

Fig. 2. — La galerie du Pausilippe.

Dans les premiers siècles de l'ère chrétienne, lorsque, sous l'empereur Dèce, les persécutions commencèrent, les adhérents à la religion nouvelle, forcés de se dérober aux poursuites exercées contre eux, avaient coutume, pour se livrer aux pratiques de leur culte, de se réunir à Rome, siége principal de leur propagande, dans les catacombes qu'ils avaient autrefois creusées librement. Sous Constantin, le christianisme devenant la religion impériale, le culte put s'exercer en plein jour, la croix surmonta les temples bâtis sur les ruines des sanctuaires païens, comme elle surmontait le diadème du monarque. Le souvenir de trois siècles de lutte ne pouvait cependant pas être effacé complétement; et quand les églises purent s'élever à la lumière du soleil, les chrétiens conservèrent dans l'aménagement de ces édifices une sorte de disposition symbolique qui rappelait leurs anciennes souffrances. Ils construisirent, au-dessous de l'autel, comme une seconde église, plus sacrée encore et plus mystérieuse, un temple souterrain, toujours visible et accessible cependant, qu'on appela *la crypte*.

Comme dans les catacombes, on y enterra pendant longtemps, sinon tous les fidèles, du moins ceux dont la vie avait été assez édifiante pour que leur mémoire imposât une certaine vénération à la postérité. La plupart des églises de France et des bords du Rhin, antérieures au treizième siècle, présentent cette disposition. La crypte de Saint-Martin-au-Val de Chartres, qui est l'une des plus grandes avec celle de l'église abbatiale de Saint-Denis, remonte au sixième siècle de l'ère chrétienne. Celle de Saint-Bénigne de Dijon, dans ses parties les plus anciennes, est même antérieure à cette époque. Un grand nombre de ces cryptes sont célèbres. Nous citerons celle de Saint-Eutrope de Saintes, l'une des plus vastes qu'on connaisse, celles de La-Ferté-sous-Jouarre, de Saint-Avit d'Orléans, de Saint-Serin à Bordeaux.

Les cryptes romanes n'ont guère qu'une hauteur de trois à quatre mètres du sol à la voûte. Elles servaient, comme nous l'avons dit, à renfermer les corps des saints ou des personnages morts en odeur de sainteté : c'étaient des espèces d'ossuaires sacrés où les prêtres catholiques cachaient les reliques confiées à leurs soins et à leur zèle. Aussi, vers le treizième siècle, quand l'usage de placer derrière l'autel les châsses qui les contenaient eut été adopté, les architectes négligèrent la tradition des cryp-tes. Il est rare d'en rencontrer après cette époque. La cathédrale de Bourges fait cependant exception à cette règle, et possède une crypte comme les églises de date antérieure. Il faut encore citer, parmi les cryptes cé-lèbres, celles de Spire sur les bords du Rhin, et de Canterbury en Angleterre.

On ne saurait terminer cette rapide revue des an-ciens ouvrages souterrains sans parler de ceux qui appartiennent, dans un temps plus rapproché, à l'archi-tecture militaire.

Un architecte d'Alexandrie, Trypon, eut, le premier, l'idée d'avancer sur l'ennemi par des voies souterraines, lorsqu'on ne pouvait l'aborder à découvert. Il inventa la mine dont on fit depuis si souvent usage. Mais, il faut bien l'avouer, l'emploi de la mine chez les Anciens pa-raîtrait aujourd'hui presque puéril. On ne s'en servait habituellement que pour pratiquer une brèche dans la ligne des murailles ennemies. Après que la galerie souterraine avait atteint les remparts, on remplaçait la terre qui les soutenait par de solides boisages auxquels on mettait ensuite le feu, de sorte que le sol cédait sous le poids des murailles et s'écroulait avec elles. Les assiégeants d'une place de guerre n'étaient pas les seuls

qui eussent recours à la mine ; les assiégés perforaient,
eux aussi, des galeries souterraines qu'ils poussaient
en avant de leurs remparts, afin de pouvoir déboucher
sur l'ennemi pendant l'établissement de ses machines
de guerre.

Ce ne fut qu'après la découverte de la poudre que la
mine prit véritablement une importance considérable
parmi les stratagèmes militaires. Pedro Navarro, pendant la campagne d'Italie conduite par Gonzalve de Cor-
doue, songea, pour la première fois, à employer la poudre pour la mine, en 1503. Son invention réussit parfaitement. Il creusa le rocher sur lequel était bâti le châ-
teau de l'Œuf, dans le golfe de Naples, et le fit sauter.
En 1515, le même Pedro Navarro s'en servit encore
pour ouvrir les murs de Bologne.

Le siége de Candie, entrepris par les Turcs contre les
Vénitiens et terminé en 1669, est mémorable par l'emploi de la mine de guerre. Depuis, on y recourut fort
souvent. Après l'occupation de Maëstricht, en 1673, par
Louis XIV, on prolongea, sous les glacis et sous les principaux ouvrages de la place, des travaux de contre-mine
dont on fit usage, trois ans plus tard, contre le prince
d'Orange.

Tel est, en résumé, l'ensemble des travaux souterrains
dont il est resté une trace dans l'histoire des peuples.
Presque tous méritent une estime singulière. Ce ne sont
point, en effet, pour la plupart de ces pompeux édifices
élevés à un passé sanglant, monuments destinés à
éterniser la mémoire de guerres abhorrées et de tyran-
nies détestables ; ce sont, au contraire, des manifesta-
tions, et l'on pourrait dire des actes de la vie des peuples
arrivés au *summum* de leur force, entrant résolûment
en lutte avec le monde matériel et en triomphant. C'est
la terre et ses obstacles qu'il faut vaincre et domp-

ter, ses montagnes qu'il faut percer, ses eaux qu'il faut amener de loin, ses profondeurs qu'il faut fouiller. Les travaux souterrains ont servi à atteindre ces buts divers.

Aussi, à mesure qu'un peuple se développe et grandit, le nombre de ces ouvrages augmente-t-il, comme on le voit dans l'histoire si pleine d'enseignements du monde romain. Les villes sortent du sol, se rapprochent, se multiplient : il faut les relier entre-elles, les pourvoir d'eau et de vivres, les assainir et les débarrasser de ces détritus, qui, abandonnés, se corromperaient et provoqueraient des épidémies. L'art des constructions souterraines est là tout entier. Il aplanit les inégalités des surfaces terrestres, les perce, les canalise et la vie se précipite dans ces voies nouvelles. Mais, si la décadence arrive, ce grand art des travaux souterrains s'étiole et meurt, ou du moins il ne donne plus de son existence que des témoignages si rares et si faibles que nous en retrouvons à peine quelques vestiges. Il faut une reprise de l'activité européenne pour le voir renaître. Ce sera le grand honneur de notre siècle d'avoir vu s'accomplir de gigantesques entreprises qui égalent et surpassent même les plus vastes travaux de l'Antiquité.

CHAPITRE II

L'EXPLOITATION DES MINES.

Origines du travail souterrain. — La formation du filon. — La découverte des gîtes métallifères. — La légende. — Les puits de sondage et d'extraction. — Les méthodes de forage. — L'exploitation par le feu. — Les méthodes nouvelles d'exploitation. — La haveuse mécanique. — Les galeries boisées et muraillées. — Les infiltrations d'eau. — Les pompes d'épuisement et les appareils d'aérage. — Conclusion

Le travail souterrain, tel que nous voulons le décrire ici, ce qu'on appelle aujourd'hui l'exploitation des mines, est assurément un des travaux les plus anciens dont nous puissions constater les origines. Aussi loin que nous remontons dans l'histoire des siècles passés, l'usage des métaux, soit comme objets d'art, soit comme ustensiles domestiques, est connu. Soulevons l'épais linceul qui recouvre aujourd'hui les villes des Pharaons ; entrons dans ces caveaux funéraires où dorment, depuis trente siècles, les dieux égyptiens désormais oubliés, nous retrouvons des armes, des bijoux, habilement ciselés par la main de l'artiste ; plus loin encore dans la nuit des temps, à l'aurore de la vie, une période qui précède l'histoire mérite d'être appelée l'âge de bronze. Les hommes ont donc connu, aussitôt qu'ont apparu les premières lueurs d'une civilisation, l'art des travaux souterrains nécessaire pour l'extraction des métaux. Quelle fut l'origine première des exploitations souterraines ; par quelle série d'efforts l'homme fut-il conduit à chercher au sein de la terre les métaux dont il avait besoin pour satisfaire à son luxe primitif, ou pourvoir aux nécessités de chaque jour ; quel a été le travail souterrain dans ces temps les plus reculés dont nous ayons gardé la mémoire, quel est-il de nos jours : autant de questions auxquelles il nous faudra répondre ; mais, avant tout, nous devons expliquer de quelle manière furent formées, au sein de la croûte terrestre, aux époques lointaines des diverses formations géologiques, les parties exploitables qu'on appelle filons métallifères.

Personne n'ignore que l'écorce terrestre est composée, dans l'épaisseur accessible à nos observations, de couches déposées par les eaux, à diverses périodes, dans des temps reculés dont la durée ne peut être mesurée que très-approximativement, — ou encore de masses éruptives, échappées du noyau intérieur incandescent et fluide, sous l'influence d'une pression considérable. Les couches déposées par les eaux ont été appelées roches sédimentaires ou stratifiées, c'est-à-dire déposées par *strates* ou lits, par bandes superposées et solidifiées dans la suite des âges : telles sont les roches calcaires si communes et les ardoises. Les massifs résultant d'éruptions anciennes et pouvant être assimilés, quant au principe qui a présidé à leur formation, aux phénomènes volcaniques actuels, ont été appelés roches plutoniques ou cristallines. Ces roches ne sont point stratifiées ; elles forment une masse compacte : tel le granit dont les massifs énormes composen' certains pics des Alpes.

Chacune de ces deux familles principales de roches a,

sous l'action des forces intérieures puissantes qui ont agi à un moment donné sur l'écorce terrestre, éprouvé des déchirements laissant des cavités béantes ou *failles*, communiquant, soit avec le noyau central fluide, soit avec la croûte extérieure. Ce sont ces cavités ou *failles* qui ont été remplies après coup par la matière métallique. « Le remplissage, dit M. Elie de Beaumont, ne s'est pas toujours opéré de la même manière. Quelques filons métalliques ont été remplis de matières fondues qui y ont été injectées, et en cela ils ressemblent aux filons de basalte et de porphyre. D'autres, et la plupart des filons métalliques sont dans ce cas, paraissent avoir été remplis par des matières tenues en dissolution dans des eaux qui peut-être étaient à une haute température. D'autres, enfin, paraissent avoir été remplis par des matières sublimées ou entraînées par un courant gazeux [1]. »

Arrêtons-nous à cette dernière hypothèse de l'illustre géologue sur l'origine des filons métallifères ; et, pour rendre son explication plus accessible encore à tous, représentons-nous une substance portée à un degré de chaleur assez intense pour se réduire à l'état de vapeur. Imaginons, d'un autre côté, que cette substance vaporisée vienne se refroidir dans un espace tel que serait une chambre, dont la température plus basse permettrait au corps de revenir à son premier état solide et de se déposer sur ses parois, de se *sublimer*. Ces deux observations nous rendront parfaitement compte du phénomène du remplissage des failles par les filons, si, passant de l'expérience au phénomène naturel, du cabinet de physique au laboratoire éternel de la création, nous considérons le travail incessant qui se produit petit à petit

----

1. Dufrénoy et E. de Beaumont. — *Introduction à l'explication de la carte géologique de France.*

sous nos yeux, et que sa grandeur même rend inaccessible à nos sens.

Le corps incandescent porté à une température assez haute pour se vaporiser, c'est le noyau central fluide du globe, dont les volcans représentent, pour ainsi dire, les soupapes de sûreté par lesquelles s'échappe, de temps à autre, le trop-plein du foyer. Les parois contre lesquelles le corps fluide va se déposer, ce sont les fissures naturelles, les failles dont nous avons expliqué l'origine. Chacune de ces fissures va se trouver tapissée de matière minérale, produit sublimé du corps composant le fluide central, qui, après avoir passé une première fois de l'état solide à l'état gazeux, va de nouveau reprendre sa première forme pour composer la couche métallifère exploitable. Ainsi se trouve expliquée la formation des gîtes.

Voici donc notre filon métallifère. Il est là, renfermé dans la roche, le plus souvent caché à tous les regards dans des profondeurs inconnues. Qui va le découvrir? Quel aventureux va sonder les entrailles du globe? C'est chose facile à présent que nous avons à notre disposition toutes sortes de procédés mécaniques ou autres, que nous possédons des outils particuliers au moyen desquels il nous est facile d'opérer des sondages préliminaires. Plus précieuse encore que la sonde, la géologie, cette science nouvelle inconnue des anciens, guide le travail, indique par avance au mineur la contrée qu'il doit explorer, la profondeur relative à laquelle il doit atteindre la couche exploitable, la puissance du gîte, les circonstances météréologiques qui peuvent entraver dans l'avenir la marche du travail. Les Anciens, qui n'avaient à leur disposition aucun des moyens précédents durent avoir beaucoup de peine à découvrir les filons. Aussi tenaient-ils en grand secret les lieux fortunés où on exploitait les minerais dont ils surent de bonne heure tirer les métaux. Un historien rapporte que les Romains s'étant mis à la poursuite d'une galère phocéenne qui contenait un chargement de plomb, afin de découvrir l'endroit où elle aborderait et saisir ainsi la piste de l'exploitation elle-même, le commandant du navire phocéen aima mieux se faire couler bas avec son équipage, que de livrer à Rome le secret des richesses de sa patrie.

Comme pour tout ce qui frappe l'imagination, la légende, à des époques relativement rapprochées, s'est emparée de la découverte des gîtes métallifères. Sans parler des gnômes, des génies souterrains qui, à certains jours de l'année, s'échappaient, disait-on, en formes bleuâtres des crevasses de la montagne pour aller s'asseoir sur quelque aspérité voisine, indiquant ainsi à la fois le lieu de leur demeure, et le plan du filon avidement cherché, les chroniqueurs du Moyen Age et ceux des temps modernes nous ont laissé sur ce chapitre des récits merveilleux. Ici, c'est un pâtre qui, remuant les cendres de son foyer, retire tout étamé le bâton qu'il a plongé dans un riche minerai d'étain ; c'est un cheval qui piaffe, et met à nu, sous les broussailles de la forêt, une plaque d'argent natif ; ou bien encore un bûcheron qui, croyant déraciner un tronc d'arbre, découvre des racines d'or, blondes et frisées comme des cheveux d'enfant. C'est là, assure-t-on, l'origine des riches mines d'étain, d'argent et d'or du Hanovre, du pays de Galles et de l'Amérique du Sud. Les vieilles traditions grecques rapportent qu'après l'incendie des forêts qui couvraient le mont Ida, on découvrit parmi les cendres des minerais de fer. Aujourd'hui encore, le hasard joue un grand rôle dans la découverte des filons : une tranchée dans le roc, des fondations à établir, un puits creusé pour des besoins domestiques, peuvent devenir subitement la source d'une fortune pour l'heureux trouveur.

Mais, au-dessus de toutes les méthodes, comme nous l'avons déjà fait remarquer, plus puissante que les baguettes divinatoires ou les révélations des dieux de la nuit, la géologie, cette science de la terre, grâce à laquelle nous auscultons à coup sûr les entrailles du globe, nous conduit, comme avec le fil d'Ariane, à travers les différentes couches dont elle nous révèle la succession. C'est elle qui nous indique les contrées qui doivent renfermer les gisements, la roche qu'il faut étudier de préférence à telle ou telle autre, l'endroit où l'on peut creuser avec chance de succès, la profondeur relative du puits

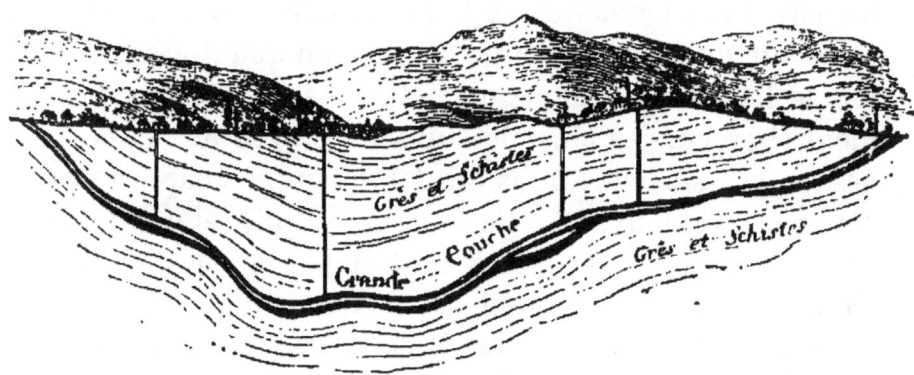

Fig. 3. — Coupe transversale du bassin houiller de Rive-de-Gier

de sondage. Qu'il s'agisse, par exemple, d'une couche de houille, la géologie nous trace sur la carte d'une main assurée les rivages des contrées jadis ensevelies sous la mer carbonifère : c'est dans cet espace qu'il faut chercher. La couche de houille a-t-elle déjà été atteinte, veut-on pour les besoins de l'exploitation creuser différents puits, à quelle profondeur ces puits atteindront-ils le gisement? Le géologue, qui sait calculer l'inclinaison de la couche déjà exploitée, reconnaître les terrains entre lesquels elle est renfermée, nous fournira encore des renseignements précieux qui pourront servir de base pour calculer et le temps nécessaire au travail, et les dépenses qui s'y rattachent.

La plupart du temps, le gîte exploitable n'est pas à découvert, il n'*affleure* pas. Le seul moyen de l'atteindre est de creuser un puits vertical jusqu'à sa rencontre. Le percement des puits de forage, lorsqu'il est exécuté dans des terrains consistants, ne donnant lieu par leur constitution géologique à aucune infiltration ni à aucun éboulement, n'offre point de difficulté. Chacun se représente facilement la suite des opérations par lesquelles on arrive à forer des trous de mine au moyen d'outils usuels, et à les faire ensuite sauter par un agent explosif comme la poudre ou la dynamite. Il n'en est malheureusement pas de même lorsque les puits traversent des couches aquifères : leur forage nécessite alors des opérations longues et minutieuses. Le percement des puits dans ces conditions a reçu le nom de *fonçage d'une avaleresse au trépan*. L'installation mécanique nécessaire à cette opération se compose, en résumé, d'une puissante machine placée à l'orifice du puits, et communiquant son mouvement au moyen d'un balancier, à une tige de fer munie d'une sonde ou *trépan* descendant jusqu'au fond du puits, où elle creuse et entame le roc par degrés.

Les *trépans* dont on se sert habituellement, se composent d'une lame dont la longueur varie entre 1^m,50 et 4 mètres, et dans laquelle sont implantées des dents d'acier qui peuvent être remplacées à volonté, si elles viennent à se briser. Le trépan est solidement boulonné à une tige de bois que le mécanisme placé à l'extérieur du puits soulève et laisse retomber alternativement. En dehors de ce mouvement de translation, le trépan reçoit aussi un mouvement de rotation autour de l'axe de

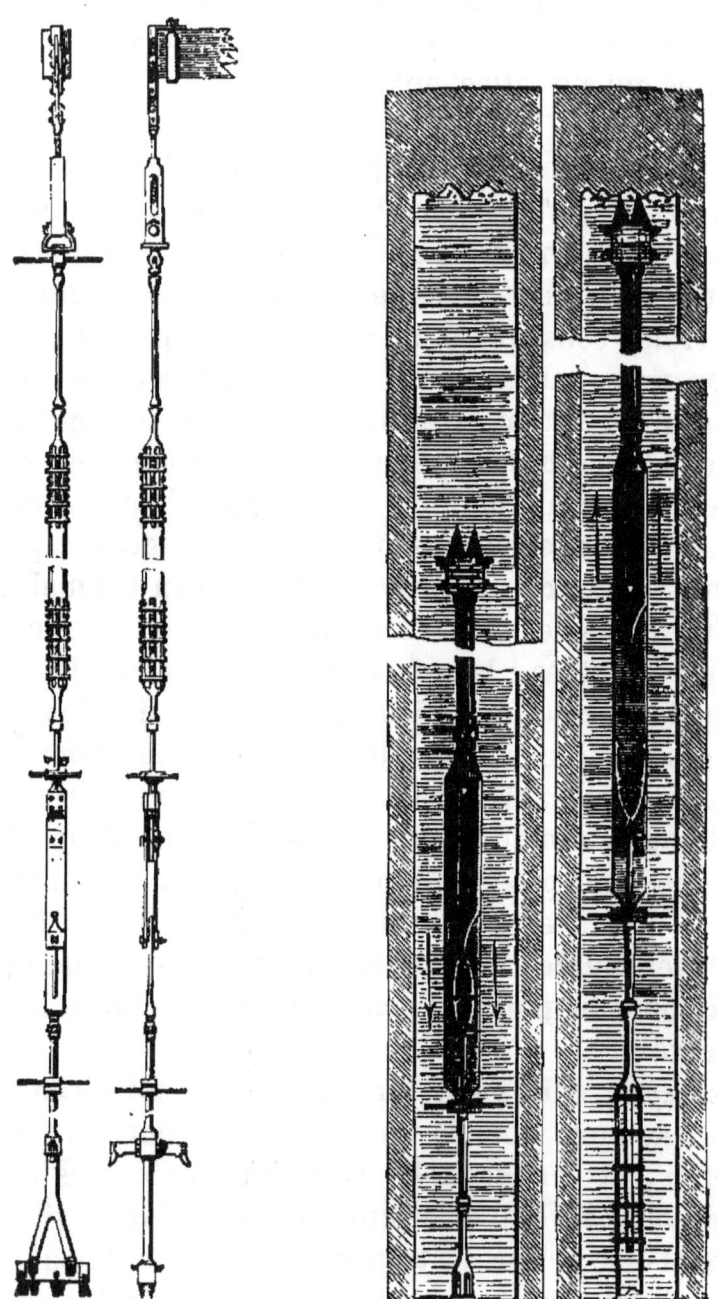

Fig. 4. — Trépan et son déclic.

sa tige, de façon que le roc soit également entaillé

sur toute la section du trou de sondage. La roche ainsi broyée et mêlée à l'eau qui suinte sans interruption des parois du puits, est retirée d'ordinaire au moyen d'une sonde à clapet dont la figure ci-jointe explique le fonctionnement. Que la sonde vienne à être enfoncée, la résistance qu'elle rencontre fera lever le clapet, et la boue liquide emplira le corps de la sonde. Dans son mouvement ascendant vers l'orifice du puits, le poids du liquide presse sur le clapet qu'il tient fermé. Le trépan est guidé dans sa course par des glissières qui le maintiennent, et l'empêchent de dévier du chemin vertical qu'il doit parcourir.

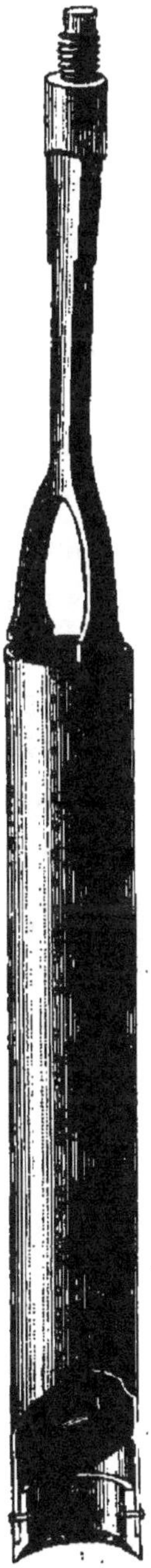

On est quelquefois amené, par la configuration des terrains exploités, à creuser des puits dans le lit même des fleuves et des rivières. On emploie alors le système de forage à air comprimé, que nous décrirons spécialement dans un chapitre spécial.

Les puits sont habituellement revêtus en maçonnerie, afin d'éviter dans la suite les éboulements partiels qui pourraient se produire par le délitement des parois.

De même que pour le fonçage, deux cas peuvent se présenter, suivant que l'opération a lieu dans des terrains solides ou susceptibles d'ébouler. Si la roche est consistante, on commence seulement la maçonnerie lorsque le fonçage est terminé; on muraille de bas en haut, depuis le fond du puits

Fig. 5.— Sonde à clapet.

jusqu'à son orifice, comme on bâtirait une colonne. Si la nature des parois latérales peut occasionner des éboulements, on construit la maçonnerie à mesure, *par reprises*, dit-on, en anneaux distincts de 5 à 10 mètres de hauteur, séparés par des cadres en bois qu'on appelle *rouets,* sur lesquels repose chacun des anneaux qui sont reliés ensuite les uns aux autres. Pendant tout le temps que durent le sondage et la construction du muraillement, les déblais sont extraits du puits, et les matériaux nécessaires y sont introduits au moyen d'un tour à manivelle supportant deux bennes. L'une de ces bennes descend, tandis que l'autre remonte vers l'orifice extérieur.

Les diverses méthodes d'exploitation employées dans les mines reposent toutes sur l'établissement de galeries appelées *galeries de traçage*; elles divisent le massif en une série de piliers qu'on attaque séparément et régulièrement par diverses autres méthodes partielles, dites à gradins droits ou renversés, suivant que les ouvriers, pour attaquer le travail, marchent de haut en bas ou de bas en haut de la taille. Les grandes tailles du Harz se font par gradins droits. On a soin dans tous les cas de boiser le plafond au-dessus des mineurs, afin de prévenir les éboulements inattendus, et de remblayer à mesure les vides formés par l'exploitation, qui pourraient causer des affaissements considérables.

L'outillage nécessaire à l'abattage même de la roche est très-simple. Le pic, la pelle, la massette, tels sont les outils usuels du mineur, identiques aujourd'hui encore à ceux qu'on a trouvés dans les anciennes galeries abandonnées des Tschoudes, aux monts Altaï, sur les frontières de la Sibérie et du Céleste Empire. Les appareils mécaniques tendent cependant à se substituer au travail

manuel depuis plusieurs années [1]. Au nombre de ces
appareils d'invention récente, nous devons citer la

Fig. 6. — Pic.　　　　　Fig. 7. — Pic à deux pointes.

haveuse mécanique, spécialement employée dans les

1. Nous n'avons pas cru devoir décrire ici les appareils
de perforation mécanique en usage aujourd'hui dans les mines,
réservant cette étude pour la partie de l'ouvrage consacrée aux
grandes galeries souterraines, comme le mont Cenis et le Saint-
Gothard, où elles ont reçu, du reste, leur première et véritable
application.

mines de houille d'Angleterre. Le *havage* à la main, qui doit toujours se faire à la partie inférieure de la taille, est une opération très-fatigante, l'ouvrier étant obligé de travailler couché.

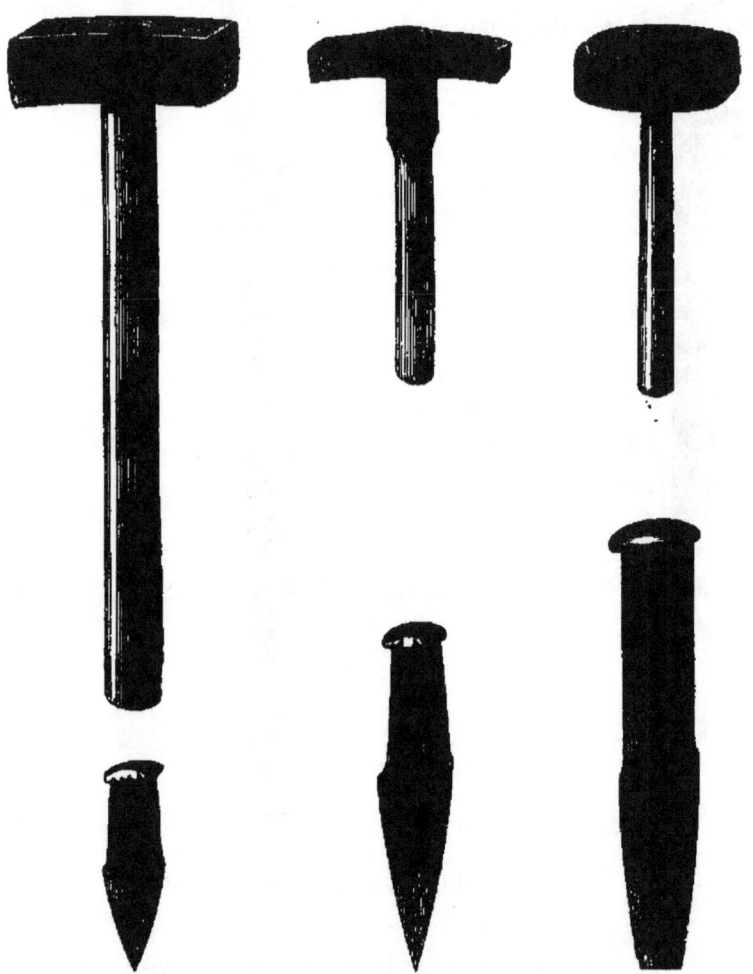

Fig. 8. — Marteaux. Masse. Coins.

La *haveuse mécanique*, ou haveuse Winstanley, du nom de son inventeur, est une sorte de scie circulaire, creusant dans la houille une entaille dont la profondeur varie avec le diamètre de la roue coupante. Un fort chassis, en fer forgé, de 1^m,60 de longueur sur 0^m,50

Fig. 9. — Pince. Fig. 10. — Pelle.   Fig. 11. — Pelle.

de large, portant sur quatre roues de 0^m,15 de diamètre,
roule sur un chemin de fer à rails vignole, établi dans la

galerie exploitée. A peu près au centre de ce châssis, se trouve un arbre moteur qui reçoit son mouvement de deux petits cylindres oscillants, dont les axes font entre eux un angle de 90 degrés. L'arbre mû par ces deux cylindres communique son mouvement à un pignon commandant lui-même une grande roue d'engrenage dont les dents sont armées de couteaux. C'est cette roue à couteaux qui par son mouvement de rotation exécute le havage. La figure ci-jointe fait comprendre le mécanisme de la machine. La force qui transmet le mouvement

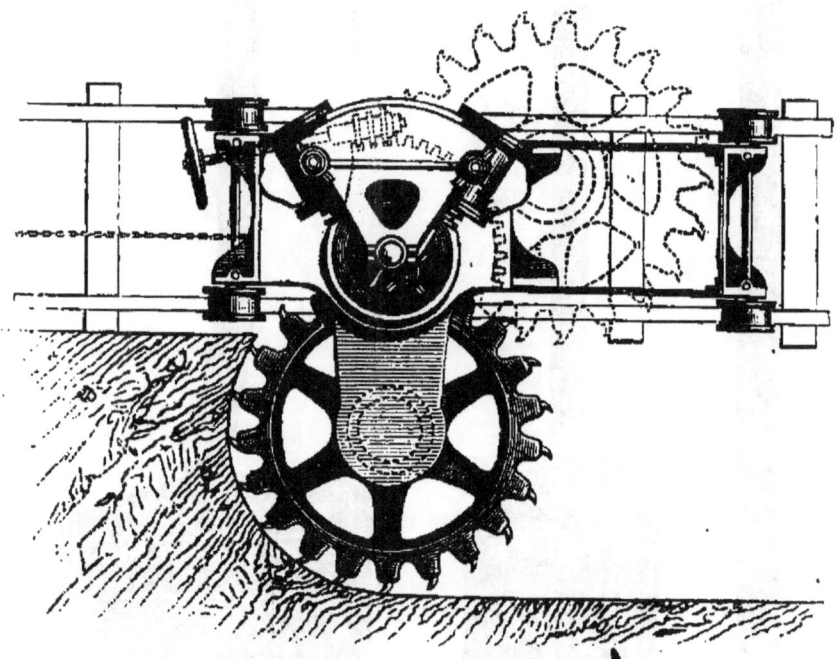

Fig. 12. — Haveuse mécanique.

aux deux pistons moteurs logés dans les cylindres, et l'air comprimé. Le havage mécanique terminé. l'exploitation est achevée à la main ou à la mine.

Lorsque la roche exploitée présente une grande résistance, il est encore d'usage aujourd'hui, dans certains districts métallifères, de la rendre plus friable en la traitant d'abord par le feu. La légende, si riche en anecdotes sur les galeries souterraines, nous raconte qu'Annibal, traversant les Alpes, et trouvant, debout devant son armée, ces barrières infranchissables qu'il n'est au pouvoir d'aucun conquérant d'aplanir, fit couper les forêts dont elles étaient couvertes, et après les avoir fait entasser au fond du précipice, ordonna d'y mettre le feu. Inévitablement, dans l'esprit du victorieux fils d'Hamilcar, la haute température produite devait faire gercer les rochers et aider à leur écroulement. Toutefois la légende s'arrête là, et ne nous dit pas si l'opération réussit.

Les Romains, les Carthaginois, tous les peuples de l'antiquité qui connaissaient déjà l'art d'exploiter les filons souterrains, commençaient toujours par attaquer la roche par le feu; c'est ce qu'ils appelaient *étonner la roche*. L'historien Diodore, parlant des exploitations minières d'Égypte et d'Éthiopie, après avoir fait une peinture affreusement véridique de ces travaux réservés aux esclaves et aux vaincus, nous dit que « si la terre est trop dure, les mineurs la rendent d'abord friable par le feu, après quoi ils la rompent avec des pics ou avec d'autres outils en fer. » L'application de cette méthode est aujourd'hui fort rare, vu la cherté toujours croissante du combustible. Dans certaines exploitations où elle est encore en vigueur, en Norwége par exemple, les mineurs allument leurs feux, le samedi soir, en abandonnant le travail, et les éteignent le lundi matin. Quelquefois, si le minerai affleure, au lieu d'employer la dislocation par le feu, on profite des basses températures des jours d'hiver pour verser de l'eau dans les fissures naturelles ou faites à la main; l'eau par l'augmentation de volume qu'elle prend en se congelant, brise la roche. On procède ainsi dans un grand nombre de carrières de pierre à bâtir.

En même temps que le filon utile est exploité pour alimenter l'usine dépendant de la mine, de nombreuses galeries souterraines doivent encore être percées dans les profondeurs de la terre : galeries de service, de transport, d'écoulement, etc. Les déblais provenant du percement de ces galeries, et qu'il n'y a aucune raison de traiter mécaniquement, servent simplement à étayer les galeries abandonnées plus bas et à reconstruire les étages inférieurs du sol évidé, ou bien sont ramenés au jour. Ces galeries sont creusées suivant les méthodes que nous développerons en détail dans un chapitre spécialement consacré aux tunnels, auxquels, sauf les dimensions plus restreintes, elles sont complétement assimilables. Le point de départ de la galerie une fois déterminé, on fore des trous de mine qu'on charge et qu'on fait éclater à mesure. Le travail se continue ainsi jusqu'à complet achèvement; on a soin de conserver la direction indiquée d'avance pour la galerie.

Si la roche ne présente pas la solidité désirable, il est nécessaire d'opposer aux éboulements possibles un revêtement qui varie suivant la nature du terrain traversé et suivant le pays. Dans les contrées où le bois est à bon marché, les revêtements en bois ou *boisages* sont adoptés. Ailleurs, ils sont faits en briques. Les revêtements en bois sont exécutés au moyen de *cadres* qu'on place de distance en distance, et qu'on relie les uns aux autres par de solides planches horizontales appliquées contre les parois de la galerie. Les muraillements en pierres ou en briques affectent la forme voûtée ordinaire, quelquefois même la forme elliptique, si la

roche donne lieu à des pressions latérales considérables.
Dans ce dernier cas, la roche laissant passer des infiltrations d'eau, il devient indispensable, pour le
service du transport des minerais, d'établir un plancher.

En dehors des puits d'extraction, des galeries de tra-

Fig. 13. — Galerie boisée.

çage, de service, d'écoulement des eaux, formant pour
ainsi dire l'ossature même de la mine, de nombreux
organes concourent encore au développement de la vie
souterraine, lui assurant ce qu'on peut appeler son
existence de chaque jour. Le mineur rencontre des ennemis terribles qu'il doit combatttre : les irruptions
d'eau, que des causes si diverses et si puissantes peuvent
amener, la décomposition de l'air respirable, dans un

milieu où le fluide principe de la vie organique ne se re-
nouvelle qu'imparfaitement. De là, la nécessité d'établir des pompes d'épuisement et différents appareils
d'aérage.

Les eaux s'accumulent facilement à l'intérieur des
exploitations souterraines. Les fissures naturelles du sol,

Fig. 14. — Galerie boisée.

(plus nombreuses lorsque le terrain appartient à cette
catégorie que nous avons appelée roches sédimentaires),
et les failles — que ces dernières soient le résultat de
glissements ou qu'elles soient dues à des crevasses produites par des cataclysmes particuliers — ce sont là en
général les causes premières de la présence des eaux
dans les exploitations souterraines. Si on laissait cette
eau naturelle s'accumuler, sans l'épuiser d'une façon

Fig. 45. — Pompe d'épuisement des mines.

continue, la mine serait vite envahie, et le travail rendu par cela même impossible, sans compter les accidents terribles qui pourraient survenir, à la suite de l'inondation totale ou partielle des gîtes exploités.

La *pompe d'épuisement* est restée de nos jours ce qu'elle était il y a près d'un siècle, lorsque Watt conçut le projet de l'appliquer au desséchement des mines de Cornouailles. Imaginez un piston énorme, souvent de 3 mètres de diamètre, donnant son mouvement à un balancier, qui le communique lui-même à une tige appelée tige-maîtresse. Cette tige-maîtresse fait manœuvrer une pompe placée au fond du puits, ou plutôt une série de pompes placées de 10 mètres en 10 mètres, agissant chacune comme les simples appareils que nous voyons constamment fonctionner sous nos yeux. Souvent, la tige des pompes est directement attachée au piston. Des échelles, collées le long du puits, permettent aux ouvriers d'aller visiter l'état de l'appareil.

Dans certains cas, la pompe d'épuisement placée à l'extérieur du puits est remplacée par une puissante machine installée au fond de la mine et qui refoule l'eau dans un tube scellé le long du muraillement. Toutefois, ce moteur a une limite, qui peut être représentée par la hauteur et le poids de la colonne d'eau à soulever.

Il arrive quelquefois que dans les galeries abandonnées, les eaux séjournent en quantité considérable. On bâtit alors un mur en maçonnerie isolant l'espace inondé du reste de la mine, ou bien on assemble, en forme de voûte, de solides pièces de bois qu'on serre jusqu'à une limite extrême. Aux mines de Blanzy, où l'on dut construire un *serrement* de ce genre, les pièces de bois qui le composaient furent enfoncées jusqu'à ce qu'il fût impossible de faire entrer un clou avec le marteau.

Une des conditions essentielles à remplir, pour l'exécution des travaux souterrains, c'est d'aérer les chantiers.

La température intérieure, la *chaleur centrale*, comme on dit, va en augmentant à mesure qu'on avance dans l'intérieur de la terre; de 30 en 30 mètres, elle augmente d'un degré. Cette progression n'est pas toujours régulière ; elle dépend de causes extérieures multiples, du lieu où l'on opère, de ses rapports avec la région environnante, du voisinage des cours d'eau ou des volcans. La loi n'en reste pas moins vraie en général : la température s'accroît graduellement quand on approche du noyau fluide sur lequel nous reposons. On comprend, d'après cela, que dans les exploitations souterraines, la température devienne souvent très-élevée, à tel point que les mineurs sont obligés quelquefois de se débarrasser de toute espèce de vêtement pour pouvoir travailler. L'air est encore vicié par d'autres causes : la combustion des lampes servant à l'éclairage de la galerie, les gaz délétères qui s'échappent des fissures terrestres ; la respiration d'une armée de travailleurs, vivant sans repos dans une atmosphère si pauvre déjà en principes respirables.

Deux méthodes principales peuvent être employées pour l'aérage souterrain, soit qu'on expulse de la mine l'air vicié qui sera remplacé par de l'air frais venant du dehors, soit qu'on insuffle, dans l'atmosphère à renouveler, de l'air pur qui expulsera l'air vicié. Les *cheminées d'aérage* sont les appareils de ventilation les plus simples. C'est un principe connu de tous que l'air chaud tend à s'élever, à mesure que la température augmente. Si on installe un foyer au fond d'un puits de mine, l'air intérieur environnant s'échauffera, le puits fera fonction de cheminée d'appel, l'air

chaud impur sera expulsé et remplacé par de l'air frais.
On dispose souvent le foyer dans l'intérieur de la cheminée elle-même, sur une grille qu'on appelle *toque-feu*.
Le puits est ainsi partagé en deux compartiments ; dans
l'un monte l'air vicié expulsé et dans l'autre descend
l'air pur. Si la mine possède plusieurs puits, il est
inutile de diviser la cheminée en deux compartiments ;

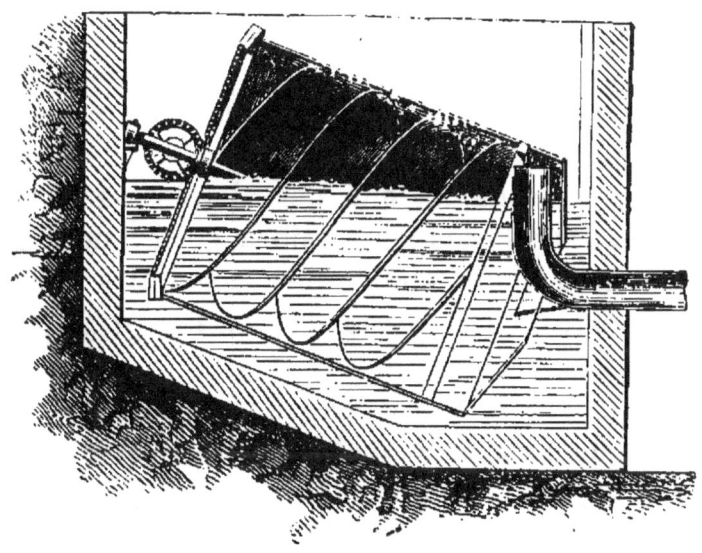

Fig. 16. — La Cagniardelle.

l'air extérieur rentre par l'une quelconque des ouvertures, et comble le vide produit.

Outre les cheminées d'aérage, on emploie quelquefois divers appareils d'un mécanisme très-simple qui,
comme les ventilateurs, agissent par expulsion d'air ;
nous citerons la *vis pneumatique* et la *cagniardelle*, cette
dernière machine désignée ainsi du nom de son inventeur, Cagniard de la Tour.

La cagniardelle est une sorte de vis d'Archimède,

4

assez courte et assez peu inclinée pour que ses deux
extrémités plongent dans l'eau que renferme un bassin
en maçonnerie, construit à l'orifice de la galerie de
mine dont on veut effectuer l'aérage. A chaque révolution de l'appareil, un certain volume d'air est empri-
sonné dans la spire supérieure ; et par la continuation
du mouvement de rotation, cet air passe successivement dans les spires inférieures, où son volume diminue de plus en plus, en même temps que la pression
augmente. Cet air s'échappe ensuite de la dernière
spire, par un tuyau qui y débouche ; l'air suit dans cet
appareil une marche inverse à celle suivie par l'eau
dans la vis d'Archimède.

Nous ne parlons ici que des simples appareils de
ventilation des galeries souterraines. Les grandes exploitations ont à leur service des machines très-puis-
santes, construites du reste d'après les principes que
nous avons exposés.

Citons encore le ventilateur Lemielle, semblable à
une sorte de moulin à vent renfermé dans un cour-
sier ou cage en bois, dont les ailes chassent l'air
qu'elles saisissent au passage. Les Romains n'agissaient point autrement dans la simplicité défectueuse
de leurs appareils primitifs. L'exploitation des roches par le feu augmentant encore l'état vicié de
l'air à de grandes profondeurs, les mineurs des siècles
passés n'avaient rien trouvé de mieux que d'agiter, à
l'extérieur des puits, d'immenses toiles, qui selon le
mouvement qu'on leur donnait, comprimaient l'air
dans la galerie, ou l'aspiraient, à la façon d'énormes
éventails.

Telle est, dans son ensemble, l'histoire résumée de
l'exploitation des galeries souterraines. Nous avons,
certes, passé sous silence bien des choses intéres-

santes; pour plus de détails, nous renvoyons notre lecteur aux excellents ouvrages où d'autres écrivains ont
décrit toute la vie du monde souterrain : la descente
dans les puits, les bennes à parachûte, les *fahrkunst* ou
échelles mobiles, le système de transport du minerai,
les appareils ingénieux inventés pour combattre les explosions du grisou, la préparation du minerai par les
différents procédés métallurgiques connus, etc. [1]. Nous
désirions seulement faire connaître ce qui pouvait être
utile pour l'intelligence de certains faits que nous nous
proposons d'exposer dans la suite de ce volume.

Nous ne pouvions non plus omettre, dans un livre sur
les galeries souterraines, le résumé des efforts que
l'homme a dû accumuler pendant des siècles pour
arracher à la nature les richesses qu'elle tient renfermées dans son sein. Le Moyen Age, ce siècle du merveilleux, si riche en fantaisies subtiles et grandioses tout
à la fois, avait considéré les filons métalliques comme
des germes prodigieux, vivants, puisant leur séve dans
les profondeurs inconnues, mystérieuses, où bouillonnait la vie métallique. Nous sommes aujourd'hui reve-
nus de ces fictions d'une poésie trop éloignée de la
science pour exciter encore notre admiration. On ne
peut cependant, parfois, se défendre d'un sentiment
voisin de celui des alchimistes du Moyen Age, en considérant certains minéraux, tels que le minerai de
plomb par exemple, dont les rognons boursouflés et
brillants semblent les fruits pétrifiés de quelque arbre
merveilleux du jardin des Hespérides.

De pareilles conceptions sont aujourd'hui complétement délaissées. Elles ont fait place à une poésie
autrement grande et vivante, qui ne doit pas nous

1. V. L. Simonin. — *La Vie souterraine, les Mines et les Mineurs.* Paris. Hachette.

faire regretter les rêves de nos aïeux, c'est la grande et sévère poésie du travail. Nulle part peut-être, cette poésie austère n'abonde plus en traits merveilleux que dans la vie du monde souterrain, faite tout entière d'audace et de patience, de dévouement obscur et de noble abnégation.

CHAPITRE II

LES VILLES SOUTERRAINES

Paris souterrain : Le service des eaux. Les égouts. L'éclairage.
Mille lieues de conduites souterraines ! Le siége de Paris
et l'alimentation urbaine. — Londres souterrain : Le *Metro-*
politan-railway.

Toute ville moderne — Paris en est l'exemple —
possède ses organes cachés, indispensables, présidant
à la vie de chaque jour, et sans lesquels toute agglo-
mération d'individus devient impossible dans ses murs.
Supprimez ces organes essentiels, la vie se retire, la
cité se vide. Où fleurissait le commerce, où respiraient
des milliers d'habitants, règneront bientôt la soli-
tude et l'inertie. La ville ira, dépérissant, semblable en
tous points à l'individu qu'on aurait privé d'une des fonctions essentielles de la vie organisée. Vous êtes-vous jamais demandé d'où sortaient ces innombrables becs de
gaz, qui, le soir venu, illuminent nos rues et nos boule-
vards ; quel triton, échappé de son palais sous-marin,
soufflait, de ses narines puissantes, les gerbes d'eau
de nos fontaines ; quel dieu protecteur de la grande
cité balayait, au lever du jour, les voies semées d'immondices, pour nous donner au réveil un Paris propre
et coquet, sur le sol duquel nous pouvons poser ie pied
sans crainte ? Il n'est plus permis de dire, comme au

temps du chroniqueur Mercier, que « le pavé de Paris
est le plus infect et le plus immonde de toutes les villes
du royaume. » Chacun sait vaguement, qu'au-dessous
du Paris actuel, se déroule une autre cité, immense
comme celle que nous avons sous les yeux ; personne

Fig. 17.— Paris souterrain : Les eaux, les égouts, le gaz, les catacombes.

n'ignore non plus que ses cryptes mystérieuses renferment dans leurs replis nombreux, l'eau qui nous abreuve
et celle qui nous lave, la lumière qui nous éclaire, la
tombe qui nous réunit. Tout le monde sait cela, ou à
peu près ; peu se demandent, à la vérité, quels ont été

l'origine et les progrès de certains services organisés
dans cette ville souterraine. Il leur paraît tout simple de
les avoir constamment à leurs ordres, parce qu'ils ne se
figurent point qu'ils puissent jamais leur manquer.

Trois services distincts se partagent le Paris souterrain, utilisant ensemble mille lieues de conduites,
de tranchées, d'aqueducs, formant bout à bout le
dixième de la circonférence de la terre qui est de quarante millions de mètres, ou environ les deux tiers de
son rayon qui est de 1,600 lieues : — le service des eaux,
celui des égouts, celui de l'éclairage. Un quatrième encore peut s'ajouter aux trois précédents, le service de
la mort, ce dernier le plus indispensable, le plus inexorable de tous. Voulez-vous savoir en passant ce que
Paris dépense, engloutit de vies humaines chaque année : la moyenne annuelle des décès en période normale est de 45,000, près d'un million d'êtres en 20 ans !
  Il serait oiseux de vouloir faire ressortir l'importance
de chacun des services souterrains. Que l'on se représente les privations qui nous seraient imposées, si l'un
d'eux seulement venait subitement à nous manquer.
Supposons que pendant quelques jours, un seul des organes distribuant la vie à la cité vienne à disparaître,
et la ville, hier encore riante, illuminée, rafraîchie, vous
apparaît désormais sèche, infecte, obscure.

Paris fut bien près de voir arriver cette heure de désolation. Reportons-nous à quelques années en arrière, à
ces jours douloureux, éloignés déjà et si proches encore dans le souvenir, où Paris assiégé se débattait sous
la lourde étreinte du vainqueur. Le 19 septembre 1870,
à la bataille de Châtillon, lorsque déjà les Bavarois s'a-
vançaient en masses serrées, on s'aperçut tout à coup
qu'on manquait d'eau pour les hommes et les chevaux.

On n'en pouvait trouver sur le plateau, ni dans le village de Châtillon. Les conduites avaient été coupées par l'ennemi et les grandes artères du Paris souterrain s'étaient subitement desséchées.

Ce pénible épisode est bien fait pour nous montrer, dès le début, l'utilité des travaux souterrains en vue du bon fonctionnement de la cité. Lorsque Paris tout entier était enclos dans l'île étroite de la Cité, on se contentait d'aller puiser l'eau à la Seine, triste boisson, bien dédaignée aujourd'hui que nous avons à notre service les eaux limpides de la Dhuys. Plus tard, quand la ville trop resserrée, eût enfin élargi sa ceinture, on mit à contribution le ruisseau de . Bièvre, qui n'était pas alors cet égout fangeux dont beaucoup d'entre nous ont vu rouler les eaux multicolores. Le Paris souterrain consistait alors dans les conduites aboutissant au vieil aqueduc d'Arcueil, construit primitivement par l'empereur Julien, pour desservir les Thermes qui ont conservé son nom, et dont on peut voir les ruines imposantes attenant au musée de Cluny. Conduites et aqueduc furent détruits par une invasion normande au IXe siècle. Ce fut seulement en 1544 qu'on en retrouva les vestiges.

Les moines de Saint-Laurent et de Saint-Martin conçurent, les premiers, le projet de doter leur monastère d'une conduite d'eau régulière. Ils présidèrent pour ainsi dire, à la naissance du Paris souterrain. Ils s'appuyaient, pour la réalisation de leur idée, sur l'observation d'un phénomène bien simple : l'eau qui tombe du ciel n'est pas complétement perdue par l'évaporation ; une grande partie doit certainement s'infiltrer et s'enfoncer à de grandes profondeurs, jusqu'à ce qu'elle rencontre un

de ces lacs intérieurs qui reposent sur une des couches
imperméables qui recouvrent les fissures du globe. La
connaissance de ces fissures, les moyens scientifiques que nous possédons aujourd'hui, devaient conduire de nos jours au percement des puits artésiens;
les moines d'autrefois ne songèrent qu'à capter les
sources à leur passage, en établissant des canaux
destinés à les recevoir. Ces canaux souterrains,
sortes de conduites, carrées pour la plupart, bâties en
moellons grossiers, dans lesquelles ont accès des ouvertures appelées *barbacanes*, recueillant les eaux infiltrées, se nomment *pierrées*. Le système de captation,
comme on voit, est très-simple, trop primitif pour ne
pas être défectueux. Viennent de fortes pluies, la conduite s'engorge facilement. Qu'un vent violent s'élève,
et aide à l'évaporation immédiate, le canal reste complétement à sec. Les moines de Saint-Martin et de Saint-
Laurent captaient ainsi les eaux de Belleville et des
Prés-Saint-Gervais, qu'ils amenaient ensuite par un
aqueduc souterrain de 1,200 mètres environ jusqu'à leur
abbaye, devenue le Conservatoire des Arts-et-Métiers.
Aujourd'hui, l'aqueduc est complétement détruit; les
eaux des sources du nord, dont le rendement total est
d'environ 216 mètres cubes par jour, ne servent plus à la
consommation, et curent simplement l'égout.

Paris souterrain est alimenté de nos jours pour le service des eaux par seize grands réservoirs ou « épanouissements » situés à des altitudes différentes, sur des
points élevés, où il est quelquefois nécessaire de faire
parvenir l'eau sous la pression d'une machine à vapeur.
C'est ainsi que les pompes de la Seine, au nombre de
six : (Port-à-l'Anglais, Maisons-Alfort, quai d'Austerlitz,
Auteuil, Saint-Ouen et Chaillot) nous ont fourni pendant le siége la provision d'eau nécessaire, les con-

duites hors de l'enceinte fortifiée ayant été coupées par l'ennemi. Ces seize réservoirs [1], distribuant par jour 315,316,000 litres d'eau potable, sont alimentés, d'un côté, par la Seine, l'Ourcq, la Marne (281,500 mètres cubes), de l'autre, par les sources d'Arcueil ou sources du sud, de la Dhuys, les puits artésiens de Grenelle et de Passy (33,600 mètres cubes), sans compter les 100 millions de litres qu'amènera bientôt la Vanne. Tous ces contingents réunis apportent à nos châteaux-d'eau, à nos fontaines, à nos lacs, à nos jets d'eau, à nos cuisines, l'eau indispensable à nos besoins domestiques, aussi bien qu'à l'arrosement et à l'ornement de la grande cité.

Suivons l'ordre chronologique. Après les pierrées des moines de Saint-Laurent, livrant à Paris l'eau gypseuse de Montmartre, — la *Maubuée*, comme on l'appelait alors, « celle qui fait mal la lessive », parce qu'elle est trop chargée de sels calcaires, — jetons un coup d'œil sur les sources du sud, descendant de Rungis, de l'Hay, de Cachan, d'Arcueil. L'ouvrage principal qui supporte les conduites souterraines à leur passage du val de Bièvre, est assez célèbre dans l'histoire des travaux de ce genre pour que nous le décrivions. Nous empruntons ici la belle description de M. Maxime Du Camp [2] :

« L'aqueduc qui nous les apporte, au moment où il doit franchir la vallée de Bièvre, prend un aspect grandiose qui ne déparerait pas la campagne romaine. Il fut construit par Jacques de Brosse, qui a fait une œuvre

---

1. Ces seize réservoirs sont situés à Passy, Monceaux, rue Racine, rue Saint-Victor, Vaugirard (2), Panthéon, Ménilmontant, Belleville, Gentilly (2), Charonne (2), Montmartre (2).

2. Maxime du Camp. — *Paris, ses organes ses fonctions, sa vie.* L. Hachette.

durable. Il a 400 mètres en arcades, et il produit un effet imposant dans le paysage. Je me le rappelle au temps de mon enfance. tout empanaché de verdure, habillé de lierre et fleuri de ravenelles ; des ormeaux, des frênes, des érables, avaient trouvé moyen de pousser sur le toit de pierre, en avaient descellé les dalles, entre lesquelles ils glissaient leurs racines, qui allaient boire au courant ; sous les arches, on avait bâti de petites maisons auxquelles les piliers servaient de façades latérales; tout ce monde semblait vivre là en famille, la nature, le monument et les hommes. On y mit bon ordre, et l'on eut raison, car ce pêle-mêle compromettait la construction elle-même, qui se lézardait, se désagrégeait et parfois en guise d'avertissement laissait choir quelque gravier sur la tête des passants. De 1834 à 1836, on déblaya l'aqueduc ; on jeta bas les bâtisses parasites, on arracha les herbes folles, on abattit les arbres et l'on pansa toutes les plaies que le temps avait faites à l'édifice de Marie de Médicis. Aujourd'hui il est fort propret, et si les humides bourrasques du Nord n'en avaient noirci la face septentrionale, on le croirait neuf. Les parties contemporaines de Jacques de Brosse sont facilement reconnaissables ; les larges blocs de pierre équarris et assemblés portent tous les marques particulières des tâcherons qui les ont taillés : ici un maillet, là un ciseau, ailleurs un compas, signature naïve de ceux qui ne savaient point écrire. Au fond de la vallée, il a 22 mètres d'élévation et semble regarder avec mépris la vilaine petite rivière de Bièvre, qui passe sous l'une de ses arches. Il ne suit pas exactement le trajet de l'aqueduc de Julien, dont un pan de ruines est encore debout; dans le voisinage. Ce vestige de l'ancienne conquête a résisté à tout ; le temps n'est pas parvenu à l'égrener de ses doigts inflexibles. Il est composé de couches alternatives de moellons et de tuiles

rouges, dont le revêtement est tombé ; à l'heure qu'il est,
il ne sert plus que d'espalier à un énorme lierre

« On gravit un terrain en pente où végète un jardin
potager ; le long de la muraille, on voit des bornes
gerbées les unes par dessus les autres, verdies, moisies,
dévorées par les mousses : ce sont les bornes de repère
qui jadis indiquaient le trajet des conduites souterraines
dans les champs et à travers les rues de Paris jusqu'au
grand réservoir de la Vieille-Estrapade ; on les a arrachées
il y a une trentaine d'années, et depuis cette époque elles
gisent sans utilité à l'abri du grand aqueduc dont elles
furent jadis les sentinelles avancées. Toujours marchant au milieu de plates-bandes cernées de buis, on arrive à la porte du regard n° 13 qui est située à 7,164
mètres du point de captation : on ouvre la porte, et l'on
se trouve dans une chambre pleine de rumeurs ; l'eau
y bruit avec des glouglous retentissants. Un large tuyau
en fonte rampe au-dessus d'un petit canal taillé dans la
pierre et escorté de deux trottoirs ; une galerie voûtée,
striée par des jours blanchâtres et blafards projetés à
travers des ouvertures étroites comme des meurtrières,
s'enfonce dans la nuit, et semble tout à coup se briser à
un angle éloigné. C'est comme un immense cloître
abandonné auquel il ne manque que le silence... »

Il faut compter aussi, comme contingent respectable,
les eaux dérivées de l'Ourcq, qui fournissent environ
106,000 mètres cubes par jour. Le canal de l'Ourcq
commence à Mareuil (Oise), et se termine au bassin de
la Villette, après un parcours de 96 kilomètres. De là,
par un court canal couvert, il débouche dans le réservoir principal, fermé par des vannes, puis se dirige par
une conduite souterraine vers le faubourg Saint-Martin,
et par l'aqueduc de ceinture sur les réservoirs de Mon-
ceau. Du point de départ jusqu'à son arrivée au réser-

voir des Batignolles, l'aqueduc de ceinture, constamment couvert, mesure 4,238 mètres. Il suit la rue de l'Aqueduc, la place Roubaix, l'avenue Trudaine, la rue de Laval, la rue de Douai, remonte vers la place Clichy, et gagne le réservoir des Batignolles. Il passe au-dessus de la voie du chemin fer de l'Est dans une solide cage de pierre assujettie par des poutres en fer.

« Cet aqueduc, dit M. Maxime Du Camp, — n'est plus tel qu'il était au commencement du siècle. Girard l'avait construit en pierres meulières reliées à la chaux hydraulique ; de nos jours, l'ancien tracé a été abandonné, on l'a élargi sur les trois quarts du parcours, et on l'a revêtu d'un bel enduit inaltérable ; il a l'air d'être en stuc grisâtre. On peut s'y promener, et j'y ai fait une longue course. L'eau coule dans un petit canal qui est la cunette ; celle-ci est accostée par un trottoir qu'on nomme la banquette, et où on trouve assez de place pour mettre les pieds d'aplomb. On y va dans la nuit ; la lueur d'une lanterne ou d'un rat-de-cave brille sur l'humidité des voûtes et tire des reflets argentés de l'eau, qui glisse lentement sur le lit qu'on lui a préparé et qu'on appelle le radier. Le bruit des voitures qui passent au-dessus retentit lugubrement comme les roulements d'un tonnerre lointain. C'est d'une propreté extrême : l'eau est nette, les murailles sont en sueur ; nulle ordure, nul animal. C'est mort ; la lumière n'éclaire qu'un cercle très-restreint ; au delà et en deçà, tout disparaît... »

Les travaux hydrauliques que nous venons de décrire, bien qu'ils méritent déjà toute notre admiration, ne sauraient encore être comparés aux entreprises vraiment colossales que notre siècle a réalisées. On peut dire avec vérité que Paris ne possède sa ville souterraine que depuis un petit nombre d'années. Qui ne se rappelle ces longs tuyaux couchés, comme d'énormes serpents, le long de nos trottoirs : de temps à autre, quelques-uns disparaissaient, on les enfouissait dans une tranchée. C'étaient les conduites souterraines destinées à la distribution des eaux de la Dhuys et de la Vanne, captées, la première à 173 kilomètres de Paris, la seconde à 130 kilomètres, dans le département de l'Aube. Seule, la Dhuys a fait son entrée définitive dans Paris. Pour arriver jusqu'à nous, elle traverse 104 kilomètres d'aqueduc en tranchée, 9 kilomètres et demi en aqueduc souterrain, et 17 kilomètres de siphons en fonte, pour aboutir enfin aux immenses réservoirs de Ménilmontant, près la rue Haxo.

Le réservoir de Ménilmontant, qui ne mesure pas moins de 2 hectares de superficie, est partagé en deux étages, dont l'un reçoit les eaux de la Dhuys, l'autre celles de la Marne. Le réservoir supérieur, destiné à la Dhuys qui y débouche par un large canal en ciment lisse inaltérable, faisant suite à l'aqueduc souterrain, cube 100 millions de litres, et a 5 mètres de profondeur ; le réservoir inférieur contient 30,000 mètres cubes. Six-cent vingt-quatre piliers soutiennent une voûte de 75 centimètres d'épaisseur, recouverte de 50 centimètres de terre gazonnée. De distance en distance, des cheminées ménagées dans l'épaisseur de la maçonnerie, laissent passer, à travers de solides plaques de verre, un jour grisâtre qui va se refléter sur l'immense nappe d'eau, immobile, coupée çà et là par l'ombre noire des piliers. Ces réservoirs, construits par M. l'ingénieur en chef Belgrand, sont de beaucoup les plus remarquables des seize grands « épanouissements » dans lesquels l'eau fait étape, se recueille pour ainsi dire, avant de s'engouffrer dans l'inextricable réseau de l'alimentation urbaine.

De chacun de ces seize réservoirs, en effet, comme du point central d'une immense toile d'araignée, partent, en ramifications multiples, des conduites en fonte, longeant les parois des égouts, ou cheminant dans des tranchées couvertes. Réunies aux aqueducs de ceinture de Belleville, des Prés-Saint-Gervais, d'Arcueil, de la Dhuys et de la Vanne, ces conduites forment un total de 1,741 kilomètres, desservant à chaque habitant une moyenne de 150 à 175 litres. Chiffre colossal, si on veut bien revenir en arrière, considérer les travaux accomplis depuis le jour où Jacques de Brosse mettait la première main à l'aqueduc d'Arcueil, chiffre relativement faible si on le compare à celui de la Rome antique. Sous l'empereur Nerva, Rome comptait un million d'habitants, et recevait par ses conduites souterraines près d'un milliard de litres en vingt-quatre heures — 1,000 litres par habitant !

Le service des égouts est le complément indispensable du service des eaux. L'eau distribuée à Paris représente par vingt-quatre heures 218,000 mètres cubes, la pluie 106,000 mètres cubes, soit un total de 118 milliards de litres par année. On se rend difficilement compte de ce chiffre énorme de 118,000,000,000 ; un calcul bien simple et bien connu mettra sous les yeux son importance. Il ne s'est pas écoulé un milliard de minutes depuis la naissance du Christ ; si, chaque demi-seconde, on avait versé dans un bassin un litre d'eau, on n'aurait pas encore le volume qui se déverse en une année dans Paris souterrain. Il faut compter que 20 pour cent de cette eau sont perdus par l'évaporation ; il reste encore toutefois 262,000 mètres cubes quotidiens dont il faut se débarrasser. Ces 262,000 mètres cubes s'engouffrent chaque jour dans les bouches placées sous les cadres des trottoirs, et se répandent dans l'admirable réseau de voies

souterraines qui forment de nos jours le système des
égouts parisiens.

Si le service des eaux était abandonné au Moyen Age,
que dire du service des égouts? il est plus difficile encore de nous en faire une idée ; ou plutôt un mot
résume l'état de la voirie dans cette période : la rue est
l'égout. Au milieu de la chaussée, l'infect ruisseau fait
clapoter au jour ses eaux limoneuses, où se vautrent les
pourceaux, à tel point qu'il est indispensable d'y établir
des passerelles pour la sécurité des passants, afin de
communiquer d'une rive à l'autre du bourbier. La Seine,
dont on se plaint tant aujourd'hui, recevait alors tout
l'égout que lui déversaient la Bièvre, le ruisseau de Ménilmontant qui la rejoignait au quai actuel de Billy, et
les fossés de l'enceinte. Ces collecteurs roulaient, bouil-
lonnaient, écumaient, remplissant l'air de vapeurs em-
pestées. C'était là toute la voirie ancienne. Ajoutez encore les cloaques nombreux, les trous oblitérés de vase
lourde, le trou Bernard, le trou Punais, désignations qui
parlent assez par elles-mêmes. Au dix-septième siècle,
Paris possédait en tout moins de 11,000 mètres d'égouts.
« Dès qu'on y touchait, on courait risque d'asphyxie ;
mais la science de cette époque ignorait la nature des gaz
méphitiques. En 1633, cinq ouvriers sont foudroyés, au
moment où ils mettaient la palette dans l'égout du
Ponceau. Des médecins réunis discutent sur le fait,
en recherchent attentivement les causes, et tombent
d'accord pour déclarer que les ouvriers ont été tués
par le regard d'un basilic qui sans doute est blotti dans
l'excavation de l'égout [1]. »
Le grand égout collecteur est alors le ruisseau de
Ménilmontant, dont le lit fut formé primitivement par

1 Maxime du Camp. — *Paris : Les organes, les fonctions,*
vie. L. Hachette.

les eaux infiltrées des collines de Montmartre, de Belleville, de Charonne et de Ménilmontant. Ses rives sont bordées de talus, plantées d'arbres ; de distance en distance : se déversent les cloaques immondes dont Paris est sillonné, la rue des Égouts, l'égout Montmartre, l'égout Gaillon. « Il traverse des jardins, des marécages, où chantent les grenouilles. La rue Chanteraine en garde le souvenir. Nulle maison sur ses bords. Il souffle la peste, chacun le fuit. »

Ce fut Turgot qui le premier entreprit d'assainir les égouts. Il construisit à la tête de l'égout, boulevard des Filles-du-Calvaire, un réservoir qui réunit les eaux de Belleville, et les lâcha dans le canal, qu'elles curaient sans peine. Ce canal était revêtu d'une forte maçonnerie, avec un lit de pierres de taille ; les murs avaient environ cinq pieds de hauteur, et formaient le trottoir d'où il était facile de le nettoyer. A la vérité, les progrès marchaient bien lentement. Toutefois, en 1788, l'égout entier a disparu sous terre. En 1806, il existe déjà 24,297 mètres d'égouts, dont 282 pour la Cité et l'île Saint-Louis, 4,648 pour la rive gauche, et 19,367 pour la rive droite. Ces égouts sont tous couverts, sauf sur une faible longueur.

Au commencement du règne de Louis-Philippe, le service des égouts est encore dans un état déplorable. Les rues, creusées à la partie médiane, inondées par les gouttières, forment, aux jours d'orage, des ruisseaux fangeux qui s'engouffrent de distance en distance dans des trous verticaux, recouverts par des grilles obstruées par les immondices de la rue. Il existait rue Amelot un égout voûté de 850 mètres de longueur, commençant au boulevard Beaumarchais, et se rendant à la gare de l'Arsenal ; c'était dans le principe un ruisseau qui aboutissait en Seine, à l'endroit où le boulevard Mazas prend naissance. Lorsqu'on voulut le curer, les sept ouvriers qui y descendirent les premiers tombèrent asphyxiés. Le nettoyage dura sept mois ; on enleva 6,500 tombereaux de matières molles ou solides qui obstruaient son cours. Autour des regards d'extraction, on brûlait des bois résineux qu'on aspergeait de vinaigre, et où l'on jetait des baies de genévrier et du soufre, comme dans les lazarets d'Orient.

Il fallait à toute force, pour la sécurité de la ville, remanier de fond en comble le Paris souterrain. Lorsqu'en 1855, on se mit à l'œuvre, on reconnut que, pour desservir 423,600 mètres de rues, on possédait 143,386 mètres de galeries souterraines. Aujourd'hui, pour 850,000 mètres de voies publiques, on compte 773,846 mètres d'égouts.

Les galeries souterraines comprises dans le réseau des égouts se partagent en deux catégories, les *collecteurs* et les *égouts*. « Les égouts sont des rivières qui se jettent dans les collecteurs qui sont des fleuves. » Les collecteurs suivent autant que possible, dans leur parcours, les vallées naturelles creusées dans le sol parisien, afin que les égouts puissent s'y déverser facilement. Trois grandes artères principales, auxquelles se relient une multitude d'affluents de toutes dimensions, se déroulent sous la cité. — Sur la rive droite, le collecteur départemental, qui prend naissance à la rencontre de la rue Oberkampf et de la chaussée de Ménilmontant, franchit les fortifications, suit la route de Saint-Denis, et va grossir la Seine à l'île Saint-Ouen, après avoir reçu les lavures immondes des abattoirs et de Bondy, les résidus des usines de la Villette, de Belleville et de Saint-Denis. — Le grand collecteur de la rive droite part de l'Arsenal, suit les quais, longe le boulevard Malesherbes qu'il a rejoint par la rue Royale, et se perd dans la Seine à Asnières, après avoir englobé les égouts Rivoli et des Petits-Champs. — Le collecteur de la rive gauche capte la Bièvre rue Geoffroy

Saint-Hilaire, prend la ligne des quais au boulevard Saint-Michel, jusqu'au pont de l'Alma, traverse la Seine, gagne Levallois-Perret par l'avenue Wagram, et se réunit au grand collecteur de la rive droite, 500 mètres environ avant son entrée en Seine. — Sur ces canaux principaux, greffez, comme sur trois énormes troncs d'arbres couchés, les ramifications sans nombre des égouts, déversez-y les 300,000 mètres cubes qui représentent leur approvisionnement de chaque jour, enlevez par la pensée le sol qui recouvre ce dédale de voûtes et de tuyaux, et vous pourrez vous faire une idée assez exacte du réseau qui transporte au loin le résidu de la vie urbaine.

Pour compléter notre description du Paris souterrain en ce qui touche le service des égouts, nous ne pouvons mieux faire que de parcourir avec notre lecteur le réseau qui part de la place du Châtelet pour aboutir à la Madeleine. Nous prendrons toujours pour guide M. Maxime du Camp :

« Dès que l'on a descendu l'escalier de fonte en vrille, et que l'on a pénétré dans la vaste chambre, le Paris souterrain se dévoile ; il livre son secret d'un seul coup. Ces énormes conduites métalliques, brillantes et polies comme un marbre noir, qui s'appuient sur de fortes béquilles de fer, portent les eaux de l'Ourcq, de la Seine, et attendent celles de la Vanne ; elles poussent sous chaque trottoir du Pont-au-Change deux tuyaux qui partent d'un tronc commun, et ressemblent aux jambes d'un géant nègre couché sur le dos ; plus loin, les conduites moins amples et par conséquent moins pesantes peuvent être « agrafées » aux parois mêmes de la muraille, qu'elles suivent en détachant çà et là des branchements particuliers : sur la voûte même, ces faisceaux grisâtres qui ont l'air de fagots de sarment sont les gaînes de plomb, où dans une enveloppe de gutta-percha, les fils du télégraphe électrique bavardent en silence à l'abri de l'humidité. Un long tuyau, trop étroit pour conduire de l'eau, trop large pour porter un fil de métal, glisse entre les murs; que contient-il? Écoutez : un bruit rapide et acéré comme un sifflement de javelot vient d'y passer : c'est le chariot de cuivre, chargé de dépêches, qui franchit l'espace dans le tube du télégraphe pneumatique. Paris est bien réellement un corps vivant ; les organes cachés de ses fonctions ne se reposent jamais.

« La chambre s'ouvre sur la berge de la Seine par une large voûte ; dans l'épaisseur du mur, on a ménagé un bureau pour les employés, une officine pour les lampistes, des cabinets où l'on enferme les palettes, les balais, les pelles, les bottes nécessaires aux égoutiers. Sur les piliers de fer fichés dans le trottoir qui domine la cunette où l'égout roule ses eaux limoneuses, on a placé des lampes munies de globes en porcelaine; c'est une petite illumination. Les hommes d'équipe, munis de blouses blanches, sont à leur poste. Les curieux arrivent avec des cache-nez et de gros paletots pour parer aux rigueurs d'une température qui n'est cependant point redoutable, car elle reste presque invariablement fixée entre 11 et 13 degrés. Pendant que l'on attend les retardataires, on peut gagner lestement l'embranchement de la rue Saint-Denis. C'est un vieil égout à sec, la voûte est de moellons moisis, comme la muraille ; il n'y a ni trottoir, ni cunette. Le radier (le lit) est formé de pavés; on a peine à s'y tenir debout, c'est une ruelle couverte. Lorsque l'on s'échappe de ce caveau pour rentrer dans l'égout Rivoli, c'est comme lorsqu'on sort de la rue de l'École-de-Médecine pour déboucher sur le boulevard Saint-Michel.

« Tout le monde est arrivé, on amène les wagons remisés dans le grand collecteur, on les fait pivoter sur les plaques tournantes, comme dans une gare de che-

min de fer, et on les met dans l'axe de l'égout Rivoli,
dont les deux trottoirs sont armés de bandes métalliques faisant office de rails. Des lampes · brûlent
aux quatre coins des wagons, qui sont découverts et
garnis de bancs en canne tressée. On s'asseoit, les fem-

Fig. 18. — Paris souterrain. — Le grand égout collecteur.

mes ont un peu peur ; s'il y a des pick-pockets, ils courent
quelques risques de mésaventures, car je reconnais un
agent du service de sûreté qui s'installe de façon à mieux
voir les promeneurs que la promenade. Un coup de
sifflet donne le signal, et l'on part. Deux hommes à
l'avant, œux hommes à l'arrière, les mains appuyées
sur une barre de bois transversale, prennent leur course,
et très-grand train font rouler le wagon, qui bruit au-des-

sus de la cunette. La rapidité du mouvement détermine un courant d'air frais qui frappe au visage. On va vite sous une voûte obscure : c'est à peu près tout ce qu'on peut remarquer ; du reste nulle odeur fâcheuse, à peine en passant sous les casernes du Louvre a-t-on perception d'une senteur ammoniacale un peu accentuée. La marche est ralentie, on arrive place de la Concorde, à l'endroit où l'égout Rivoli apporte « le tribut de ses eaux » au grand collecteur. On descend sur la banquette et l'on aperçoit une flottille de cinq ou six bateaux peu pavoisés, mais éclairés d'une lampe ; on s'y embarque, et, sous la conduite de « mariniers » vêtus d'une blouse bleue, on gagne au fil de l'eau la chambre de la place de la Madeleine. On gravit l'escalier, et l'on sort au milieu des badauds, qui paraissent extraordinairement surpris. »

L'égout, comme l'aqueduc de distribution des eaux, se jauge. On a mesuré son débit, et on est arrivé, pour le seul grand collecteur, au chiffre de 220.000 mètres cubes. Ce torrent d'immondices, de détritus de toutes sortes,

Vomissement confus de l'énorme Paris.

qui sous Louis XIII, bouillonnait au soleil, empestait la cité, a reçu de nos jours une utilisation pratique. Capté à son embouchure, ce fleuve fétide du grand collecteur, aspiré par deux énormes siphons, s'engage dans une conduite en fonte, qui traverse la Seine aux îles Robinson et Vaillard sur le pont de Clichy, prend le chemin d'Asnières à Saint-Denis, et aboutit dans un large réservoir en pierres à la plaine aride de Gennevilliers. Le réservoir se vide dans un canal qui reçoit en même temps les eaux du collecteur départemental. Sur ce canal, se branchent des conduites d'irrigation, ouvertes ou fermées par des vannes qu'on manœuvre à volonté.

L'eau d'égout ainsi distribuée donne par l'évaporation un engrais d'une richesse remarquable. Toute une partie de la plaine, jadis inculte, a été transformée en un sol fertile. On espère pouvoir capter complétement le grand collecteur, et le répandre sur près de 2,000 hectares. L'égout qui soufflait autrefois la mort, verserait dorénavant à pleins bords la richesse et la fécondité ; mais serait-ce sans danger pour l'hygiène?

De même que pour les deux services des eaux et des égouts que nous venons d'étudier, nous n'essaierons point de démontrer l'utilité du service de l'éclairage ; il nous suffira de citer les résultats obtenus dans ces dernières années en ce qui regarde la consommation. Paris consomme environ 150 millions de mètres cubes de gaz par année. Pour distribuer cette énorme quantité de gaz dans les endroits où il doit être employé, 1,500,000 mètres de conduites souterraines suivent dans tous leurs plis et replis les sinuosités de nos rues. Chaque rue possède sa conduite principale sur laquelle se branchent les conduites particulières des maisons qui la bordent. Cette conduite principale ressemble assez bien à l'épine dorsale d'un gigantesque saurien.

Des précautions particulières sont prises pour la pose des conduites souterraines qui nous déversent la lumière par ces milliers de becs, où le gaz pousse la flamme agile « comme une fleur d'or pâle sortant d'un calice bleu ». Il faut éviter autant que possible de les rapprocher des aqueducs et des conduites qui amènent les eaux : le gaz pourrait leur communiquer une saveur désagréable. On doit aussi éviter avec soin les égouts qu'une fuite de gaz imprévue pourrait remplir ; car il suffirait alors d'une simple lumière introduite par un ouvrier dans l'atmosphère détonnante, pour amener les plus regrettables sinistres.

C'est un chapitre à part de l'histoire du siége de 1870
— et non certes un des moins curieux — que celui
du Paris souterrain. Combien de sujets de constan-
tes inquiétudes ne renfermait pas cette seconde ville,
de laquelle dépendait notre existence de chaque jour !

Pour le service des eaux, il arriva ce qui était prévu :
l'ennemi s'empressa de couper les conduites dans le
périmètre d'investissement. Le 12 septembre, le canal
de la Dhuys était à sec ; le 20 septembre, c'était le tour
des sources du sud et du canal de l'Ourcq. La Dhuys
avait été dérivée à sa source même, il n'y avait eu qu'à
lever la vanne de retenue des eaux. L'ennemi n'avait aucunement détérioré l'aqueduc, privé de ses eaux limpides ; seuls, les regards, qui eussent pu servir à des embus-
cades, avaient été comblés. Les sources du sud furent
interceptées à Fresnes, et dirigées dans le lit de la Bièvre ; l'Ourcq fut coupé dans la forêt de Bondy. Heureusement, les pompes de la Seine étaient là pour
parfois suffire à tous les besoins, et les réservoirs,
pour être moins remplis, renfermèrent cependant toujours la quantité d'eau nécessaire à l'alimentation de
Paris.

Qui a vécu pendant le siége, au milieu de cette population parisienne qu'une triste succession de revers avait
rendue plus impressionnable encore que de coutume,
comprendra facilement les craintes qu'éveilla dès les premiers jours de l'investissement la situation des égouts.
Sans réfléchir à la position particulièrement forte où se
trouve placée l'entrée du collecteur, protégé par les replis de la Seine qui lui font une triple ceinture naturelle, on réclama à grands cris la fermeture de l'égout,
alleguant que c'était là un chemin tout préparé pour la
surprise de la place. Répondre eût été inutile ; on donna
satisfaction aux instantes réclamations de la foule, et on

mura l'égout, en laissant seulement libre la place strictement indispensable pour le service.

Non moins grandes étaient les appréhensions causées par le service de l'éclairage. Un projectile ne pouvait-il point tomber sur l'usine à gaz, communiquer le feu aux conduites, et produire un effondrement subit? Mieux vaut se résoudre à une obscurité complète ! La pratique vint cette fois au secours de la théorie : à plusieurs reprises, les réservoirs de gaz furent crevés par les obus, le gaz s'échappa lestement par la fenêtre, et l'on en fut quitte pour la perte du précieux fluide, dont la provision devait du reste être bientôt épuisée.

En dehors du réseau des conduites d'eaux et des égouts qui se développent sous l'industrieuse capitale de l'Angleterre, une des plus grandes curiosités de l'art souterrain à Londres, avec les deux tunnels sous-fluviaux de la Tamise, est certainement la voie ferrée qui relie entre elles les grandes gares à ciel ouvert situées dans la zone métropolitaine. Cette voie souterraine a reçu le nom de *Metropolitan-Railway*.

Le *Metropolitan* est semblable par sa destination au chemin de fer de ceinture parisien que nous connaissons tous, longeant, à l'intérieur de la ville les fortifications, et reliant entre elles les deux gares de l'Ouest, celles du Nord, de l'Est, de Lyon et d'Orléans. Il y a toutefois cette énorme différence que le chemin de ceinture ne dessert que les quartiers excentriques de la capitale, tandis que le *Metropolitan* se porte au cœur de la ville même, faisant communiquer les uns avec les autres, au moyen de gares souterraines ayant accès avec l'extérieur, les quartiers les plus populeux de Londres. De cette dernière comparaison, il est facile de déduire le genre de chacun de ces deux travaux d'art : le *Metropolitan* est presque en entier un chemin de fer souterrain, tandis que le chemin de ceinture parisien est exploité à ciel ouvert, sauf dans de rares endroits, où la topographie du terrain exige le percement de tunnels de différentes longueurs, comme à Belleville et au Père-Lachaise. Nous ferons donc simplement mention du chemin de ceinture, comme ayant une destination analogue à celle du *Metropolitan*, et nous nous contenterons de décrire ce dernier, qui seul rentre dans le cadre des grandes galeries souterraines.

Le *Metropolitan-Railway*, en tant que voie ferrée, est un chemin à deux voies, différant essentiellement des chemins ordinaires que nous avons chaque jour sous les yeux : chacune de ces voies en effet est mixte, c'est-à-dire formée de trois rails, ce qui lui permet de recevoir le matériel des différentes lignes anglaises, dont les voies n'ont pas toutes le même écartement [1]. Les deux rails extrêmes, séparés l'un de l'autre par une largeur de 2^m,13, reçoivent le matériel du *Great-Western* ; le rail intermédiaire forme avec le rail extérieur la voie étroite qui reçoit le matériel des autres compagnies.

La majeure partie de la voie est en souterrain, le reste en tranchée à ciel ouvert. La section courante en souterrain affecte la forme d'une voûte en anse de panier à trois centres, avec pieds droits en arc de cercle. La largeur du souterrain est de 8^m,70 ; la clef de voûte est à 5 mètres au-dessus du niveau des rails. Le revêtement, comme dans la plupart des travaux d'art anglais, est en briques, donnant pour la voûte une épaisseur con-

1. Le *Metropolitan* fut construit avec une voie mixte ; mais depuis sa construction, les chemins de fer anglais, et le *Great-Western* en particulier, ont adopté l'écartement usuel, soit 1^m,436.

stante de 0m,69. Dans certains passages, la nature ébouleuse du terrain a rendu nécessaire un revêtement complet, aussi bien à la partie inférieure du souterrain, sous la voie même, qu'à la partie supérieure placée directement au-dessous du sol de la ville : c'est ce qu'on appelle un revêtement complet avec *radier*. De 15 en 15 mètres, sont creusées de chaque côté de la voie, dans l'épaisseur des pieds droits, des niches qui permettent aux employés de déposer leurs outils, ou de s'y garer lors du passage des trains.

Les parties en tranchée sont revêtues de murs de soutènement en briques. De distance en distance, dans certains passages où la poussée des terres formant les parois de la tranchée pouvait faire craindre un glissement, on a relié l'une à l'autre les deux parois par de solides contrefiches en fonte, à une hauteur de 4 mètres au-dessus du rail. Un aqueduc central, placé dans l'axe de la voie, et servant à l'écoulement des eaux d'infiltration, suit dans tous ses plis et replis le tracé du *Metropolitan*.

A l'exception de quelques longueurs peu considérables creusées en véritable galerie, à la manière des tunnels ordinaires, les travaux nécessaires à l'établissement du *Métropolitan* furent tous exécutés à ciel ouvert. Les tranchées nécessaires étaient solidement maintenues sur leurs parois latérales par des boisages, afin d'empêcher la chute des maisons voisines. La tranchée une fois creusée, on établissait la voûte définitive du souterrain, et par-dessus cette voûte, on reformait, la rue telle qu'elle était auparavant. Les parties en tranchée furent soutenues par des murs en briques, d'épaisseur variable selon la nature des terrains traversés.

Il semblerait, d'après ce que nous disons de la nature élémentaire des travaux, que cette gigantesque entrerise eût dû s'effect uer avec la plus grande simplicité du monde, en tenant compte du temps exigé par la longueur

même de la voie souterraine. Mais des difficultés sérieuses sont inhérentes à un tel travail. Il faut compter
avec le dédale d'aqueducs, de conduites de toutes sortes
qui plongent comme des racines sous les villes. Ces conduites sont dirigées en tous sens, à des niveaux souvent
très-différents. Il a donc fallu en détourner un grand
nombre, les faire passer sous la voie, ou les suspendre
au plafond de la voûte à l'aide de supports en fer. Un tel
travail ne pouvait se terminer sans accident : c'est l'inévitable sort de toutes ces grandes œuvres. Au moment où
la ligne allait être livrée à la circulation, le grand égout
dit *Fleet Sewer* fit irruption dans les travaux achevés.

La voie ferrée du *Metropolitan* étant établie à des profondeurs variant entre 8 et 16 mètres au-dessous du niveau des rues de la ville, il a fallu construire pour son
exploitation des stations souterraines. Nous ne pouvons nous faire une idée plus précise du fonctionnement complet du Metropolitan, qu'en étudiant brève-
ment le réseau qui relie les deux gares du *Great-Western*
et du *Great-Northern*, pour aller aboutir à la station centrale de *Farringdon-Street*. Le tableau suivant donne la
succession des gares intermédiaires, avec la distance qui
les sépare l'une de l'autre :

NOMS DES STATIONS.	DISTANCES.	OBSERVATIONS.
Bishop's Road Paddington..	»	Raccordement avec le Great-Western.
Edgware Road............	972ᵐ	Remise pour locomotives.
Baker Street............	751ᵐ	—
Portland Road...........	897ᵐ	—
Gower Street............	641ᵐ	—
King's Cross............	1183ᵐ	Raccordement avec le Great-Northern.
Farringdon Street........	1638ᵐ	Station.
	6082ᵐ	

Fig. 19. — Le Métropolitan Railway de Londres. — La gare souterraine de Baker-Street.

Parmi ces sept stations, celles de *Bishop's Road*, *King's Cross*, *Farringdon-Street*, sont à ciel ouvert, avec charpente métallique et éclairage à la partie supérieure; les autres, comme *Baker-Street*, que nous représentons dans notre gravure, offrent le type des stations souterraines.

Les rues sous lesquelles ont été établies ces stations souterraines sont larges, sont pourvues de trottoirs, et ont des jardins devant les maisons. L'axe de la ligne coïncide exactement avec celui de la chaussée. L'emplacement des bâtiments est pris sur les jardins, des deux côtés de la rue. Chaque station comprend un étage de plain-pied avec la voie publique, d'où partent les escaliers de départ et d'arrivée. L'éclairage de ces stations souterraines se fait au moyen de soupiraux, au nombre de quatorze, percés de chaque côté de la voie, dans l'intervalle laissé libre par deux contreforts des pieds droits. Ces soupiraux débouchent dans les jardins et sont fermés à leur partie supérieure par un verre bombé reposant sur un grillage, et laissant un jeu suffisant pour la ventilation. La surface intérieure de ces soupiraux d'éclairage est revêtue de plaques vernies en blanc qui réfléchissent la lumière dans le souterrain.

L'exploitation du *Métropolitan* présentait de graves difficultés, les trois principales consistaient à ventiler le souterrain, à l'éclairer convenablement, et à établir un système de signaux tels, qu'une rencontre fût impossible.

L'emploi des locomotives ordinaires avait, au point de vue de l'aérage, un défaut capital auquel il fallait remédier. La fumée devant nécessairement nuire à la bonne ventilation, l'air serait rapidement devenu impropre à la respiration dans l'intérieur du tunnel. On a eu recours à des machines-tenders qui, dans l'espace en tranchée, fonctionnaient comme d'habitude, et qui, une fois entrées en galerie, sont conduites de la manière suivante. Dès qu'on est dans le souterrain, une soupape, manœuvrée par le mécanicien, vient fermer la chaudière, et les gaz se rendent dans un condenseur plein d'eau froide disposé au-dessus. Un registre intercepte en même temps l'arrivée de l'air par-dessous le foyer. Le tirage est ainsi presque entièrement supprimé. Le chauffeur doit forcer le feu à l'avance, de telle sorte que la vapeur emmagasinée, jointe à celle qui continue à se produire, suffise à la consommation jusqu'à la tranchée suivante. L'eau du condenseur doit être renouvelée très-fréquemment.

Le service de l'éclairage n'est pas moins ingénieux. Chaque wagon porte à sa partie supérieure un réservoir d'une capacité suffisante, (environ 4,000 litres), pour alimenter pendant deux heures et demie tous les becs disposés dans le wagon, à raison de deux par compartiment. Aux gares extrêmes, sont établis, dans l'entrevoie, des regards communiquant avec un gazomètre, et en nombre égal au nombre maximum de voitures dont peut se composer un train. Deux minutes suffisent pour remplir cinq réservoirs. Un cadran à aiguille, adapté à chacun d'eux, indique d'ailleurs la quantité de gaz introduite.

Quant aux mesures de sécurité, prises en vue d'éviter les rencontres, un service de signaux télégraphiques est installé de façon que deux trains de même direction ne doivent jamais se trouver à la fois entre deux stations consécutives. Un train ne peut donc quitter une station avant que le train précédent ait dépassé la station suivante.

On peut se faire une idée des dépenses occasionnées par l'établissement du *Metropolitan*, tel qu'il est aujourd'hui avec ses nombreux embranchements, en songeant que la section dont nous venons de parler, reliant le *Great-Western* au *Great-Northern*, a coûté 32,500,000 fr.,

soit 4,500 fr. par mètre courant pour une longueur
de 7,211 mètres. On a calculé que la dépense eût encore
été plus considérable, si, pour éviter les travaux souterrains, comme il avait été proposé. la ligne eût été
construite en viaducs. Le réseau de *Fenchurcht-Street* à
Blakwall, exécuté de cette dernière façon, a coûté 5,474,
le mètre courant, quoique les prix des terrains soient
moins élevés dans ce quartier de Londres que sur le
parcours du *Metropolitan*.

Après le *Metropolitan*, nous eussions pu, afin de compléter l'histoire du Londres souterrain, décrire les deux
célèbres tunnels sous-fluviaux de la Tamise. Mais si
la destination de ces deux derniers travaux d'art est
la même que celle du chemin de fer souterrain, et
s'ils ont été construits aussi en vue de remédier à l'encombrement nuisible des quartiers industriels et populeux, les principes qui ont présidé à leur exécution
sont si différents de ceux que nous avons exposés à
propos du *Metropolitan*, que nous avons cru devoir rejeter leur description au chapitre suivant, où il sera
parlé du percement des galeries souterraines.

CHAPITRE IV

LES TUNNELS

Le percement des galeries souterraines et l'établissement des voies ferrées. — Détermination de l'axe du tunnel. Creusement des puits intermédiaires. Le Théodolithe. — L'attaque des galeries élémentaires. Les outils du mineur. La poudre. — Le travail dans les roches dures, ébouleuses ou aquifères. Les boisages. — Les tunnels du Sommering (Autriche) et du Hauenstein (Suisse). — La maçonnerie de revêtement. L'architecture des tunnels. — Les deux tunnels sous-fluviaux de la Tamise. — Analogie des travaux modernes avec ceux des anciens. Le tunnel de Hagdek près du lac de Bienne. L'aqueduc souterrain de Bougie.

L'art des travaux souterrains, en ce qui regarde surtout le percement des montagnes, ne s'est complétement développé que de nos jours. On peut dire avec raison qu'il appartient à ce dix-neuvième siècle qui, en quelques années, a vu se produire les plus grands efforts de l'industrie humaine : la découverte et l'application de la vapeur, de l'électricité et du gaz, c'est-à-dire de la lumière, de la correspondance et de la locomotion instantanées. Moins orgueilleux que nos ancêtres, mais en retour plus pratiques, adoptant comme principe et comme règle le bien de tous, et non la fantaisie d'un seul, nous avons su égaler, surpasser même, leurs imposants ouvrages. Nulle stèle aux hiéroglyphes bariolés, racontant les exploits d'un conquérant, ne décore les parois de nos galeries souterraines ; seul le panache de fumée de la locomotive les estompera de sa traînée de suie, et c'est à grand'peine que les archéologues des siècles futurs découvriront, encastré dans une simple pierre de taille, le nom de l'ingénieur qui aura présidé modestement au pénible travail.

En dehors des monuments de l'art qu'ils nous ont laissés, ordinairement consacrés aux rites du culte ou aux magnificences du souverain, les anciens construisaient cependant des travaux tout à fait analogues à ceux que nous allons étudier. Tels sont le percement du tunnel d'écoulement du lac Fucino ou *émissaire de Claude;* le passage de la voie Flaminienne à travers les Apennins; le tunnel de Hagdeck, récemment découvert, et dont nous parlerons à la fin de ce chapitre pour le comparer aux travaux modernes. Mais chez les peuples anciens, et même aux époques plus rapprochées de notre histoire, on ne trouve qu'en très-petit nombre les ouvrages qui peuvent vraiment être assimilés à ceux dont nous venons de parler, tant pour le mode de construction employé que pour le but auxquels ils étaient destinés, la locomotion. La découverte de la vapeur, la mise en pratique de l'invention des voies ferrées, étaient les conditions nécessaires du dernier développement des galeries souterraines.

Les routes que nous voyons encore circuler en zigzag sur le flanc des montagnes devenaient complétement insuffisantes. Il était difficile, pour ne pas dire impossible, eu égard aux principes d'économie les plus élémentaires, de laisser séparés deux tronçons de voie, aboutissant chacun à l'un des deux pieds d'une montagne. Les dépenses de transbordement par véhicule ordinaire eussent été considérables, les pertes de temps pour les voyageurs incalculables, le trafic restreint par cela même. Construire des galeries souterraines devenait une nécessité inévitable.

Dans le percement de ces galeries, dont le but unique est l'exploitation des voies ferrées, on a tout intérêt à conduire le travail avec le plus de célérité possible, afin que le capital dépensé trouve au plus vite, dans les bénéfices de l'exploitation future, une juste rémunération. Le premier ennemi à vaincre est donc le temps. Economie de temps, économie d'argent, *time is money*, disent les Anglais, de qui nous avons pris, en même temps que cette formule, le nom même de *tunnel*, qui est celui de leurs ouvrages d'art souterrains.

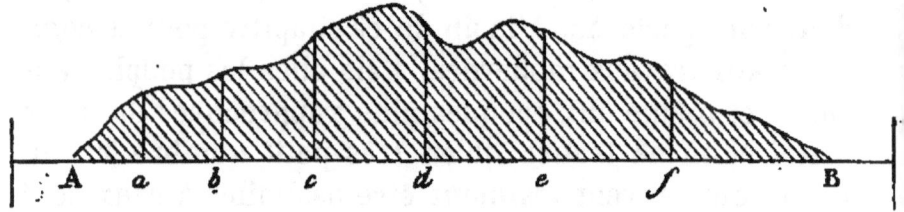

Fig. 20. — Multiplication des attaques d'un tunnel en construction.

L'économie de temps, dont nous venons de signaler l'importance capitale, sera évidemment atteinte s'il est possible d'attaquer le souterrain par plusieurs points à la fois, de creuser dans la direction désignée d'avance, et à la profondeur voulue, des galeries qu'on réunira ensuite, comme les tronçons coupés d'un énorme serpent. Pour arriver à multiplier le nombre des attaques, il était tout naturel de songer à creuser des puits verticaux rejoignant l'axe du souterrain. C'est ainsi que le problème fut résolu.

Supposons qu'on ait décidé par exemple de creuser une galerie souterraine dans une montagne dont le profil est indiqué par le contour de la figure ci-contre. Au moyen d'opérations géodésiques souvent très-compliquées, on a ce qu'on appelle *relevé* le profil de la montagne, et, après l'avoir reporté sur le papier, on a tracé l'axe A B du souterrain. Si nous nous contentons d'attaquer seulement le tunnel par ses extrémités, l'opération pourra être fort longue, chacune des deux moitiés exigeant un laps de temps relativement considérable. Mais si nous parvenons à creuser dans la montagne, en partant de son sommet, jusqu'à l'axe du souterrain, des puits marqués en a, *b*, *c*, *d*.... il s'ensuivra qu'il sera possible d'attaquer le tunnel en autant de fois deux endroits qu'il y aura de puits, soit deux *attaques* par puits. S'il y a cinq puits, nous aurons d'abord les deux attaques aux têtes A et B, puis deux attaques par puits, soit 10 attaques intermédiaires, en tout 12 attaques, 12 tronçons à percer simultanément. Le travail s'effectuera en douze points à la fois, et ces douze tronçons réunis formeront le véritable tunnel.

Cette opération fondamentale qui préside au percement des galeries souterraines était déjà connue des Anciens. Malgré les milliers d'esclaves qu'ils pouvaient, sans respect de leur liberté et de leur existence, sacrifier à l'exécution de leurs travaux imposants, ils recherchaient, eux aussi, pour le percement de leurs galeries souterraines, l'économie de temps dont nous avons reconnu l'avantage. Dans les rares vestiges des travaux souterrains qu'on découvre de temps à autre sous les couches récentes qui les ont ensevelis, les puits sont encore intacts, et creusés, comme ceux d'aujourd'hui, dans l'axe du tunnel. Au lac Fucino, trente-deux puits, d'une profondeur qui varie entre 20 et 130 mètres, sont creusés dans le calcaire compacte. La description du

tunnel récemment découvert de Hagdeck, près du lac de
Bienne, éclairera complétement notre lecteur sur ce
point délicat et curieux de l'art chez les Anciens.

Les positions respectives des puits et leur distance
les uns des autres une fois déterminée — cette distance
est en général de 175 à 200 mètres — on commence
l'attaque verticale qui se fait d'habitude à la poudre. Si

Fig. 21. — Coupe d'un tunnel dans l'axe d'un puits.

le terrain ne présente pas une solidité parfaite, il devient
indispensable de revêtir le puits, de la manière que
nous avons indiqué pour les puits de mine. Les mineurs
boisent à mesure qu'ils avancent, et on construit le puits
par reprise. De distance en distance, on pose des cadres
en bois affectant la forme d'un octogone circonscrit à
un cercle de 3 mètres environ de diamètre, et par-dessus ce cadre on construit les maçonneries qu'on relie
ensuite les unes aux autres.

Parfois, pendant la première partie du travail, on rencontre des nappes d'eau assez abondantes, qu'il est indispensable de détourner pour empêcher les irruptions qui amèneraient la cessation du travail. On perce alors, transversalement aux puits qu'il faut préserver, des galeries d'écoulement qui déversent les eaux à l'extérieur. Lorsqu'on perça le fameux souterrain de Blaisy, la longueur de toutes ces galeries d'écoulement formait un total de 1,000 mètres. Si nous prenons comme exemple le même travail, nous voyons la profondeur des puits varier beaucoup, depuis 14 mètres (puits des deux têtes) jusqu'à 196^m,50. Le nombre des puits était de 21.

Pour monter les déblais et descendre les matériaux, ainsi que pour le service des ouvriers dans les puits, on se sert de *bennes*, ou de wagons suspendus à des câbles. Quand les puits n'atteignent pas une grande profondeur, ces câbles sont mus par des chevaux au delà d'une certaine limite, on établit des machines à vapeur. Ces machines à vapeur mettent en mouvement deux bobines, autour de chacune desquelles s'enroule un câble plat portant une benne à son extrémité. Ces câbles sont enroulés, l'un dans un sens, l'autre dans un autre, de sorte que, quand la machine est en mouvement, l'un des câbles s'enroule et fait monter la benne, tandis que l'autre se déploie et fait descendre la seconde benne. Une benne chargée, met environ deux minutes et demie pour monter du fonds d'un puits de 150 mètres de profondeur jusqu'à la surface du sol. Si on compte le temps nécessaire à l'accrochage et au décrochage des bennes, et le temps perdu à la rencontre, où l'on ralentit la marche de la machine pour éviter le choc des deux bennes, on monte en moyenne 11 bennes par heure.

Les bennes dont on se sert d'habitude sont d'une contenance d'environ deux tiers de mètre cube; elles sont en douves de chêne cerclées de fer, suspendues au crochet du câble au moyen de quatre chaînettes. La benne, chargée au fond du puits, est accrochée au câble, que le machiniste met en mouvement sur un signal donné par l'accrocheur. Quand les deux bennes sont près de se rencontrer, le machiniste ralentit le mouvement des câbles; ce moment passé, il lui rend sa vitesse. Quand la benne approche de l'orifice du puits, le receveur ouvre les trappes qui le recouvrent et qui sont toujours fermées, la benne arrive au jour, le machiniste arrête la marche du câble, le receveur ferme les trappes, et deux manœuvres roulent jusque sur ces trappes un train qui repose sur un chemin de fer. Le machiniste fait redescendre la benne sur le train, les manœuvres l'y fixent au moyen de deux chevilles de fer, autour desquelles la benne peut tourner comme autour d'un axe horizontal. Le train chargé est roulé ensuite sur la voie ferrée de service jusqu'au lieu de dépôt ; là, un faible effort contre la benne la fait basculer autour des chevilles et fait tomber le déblai qu'elle contient. Cela fait, les manœuvres ramènent le train et la benne vide sur le puits, accrochent cette dernière au câble ; la benne est bientôt redescendue au fond où on la remplit de nouveau.

C'est aussi dans les bennes que les ouvriers sont descendus dans les puits, et ramenés à l'extérieur. On avertit alors le machiniste, pour qu'il prenne plus de précautions à la rencontre et à l'arrivée des bennes.

Les puits dont nous venons de décrire le fonçage, et dont la bonne exécution entraîne la célérité des travaux, ne sont jamais creusés dans l'axe même du souterrain; leur orifice est choisi à dix mètres environ de cet axe. Diverses causes s'opposent à ce que ces puits soient foncés dans l'axe même : les eaux du ciel par exemple, et les eaux d'infiltration détérioreraient vite la voie. C'est encore pour cette dernière raison que ces puits sont creusés plus bas que le niveau même du souterrain. Les eaux d'infiltration s'accumulent dans le fond ou *puisard*, qu'on vide avec des bennes pendant la durée du travail. Lorsque le puits est complétement terminé, l'eau s'écoule par une conduite en fonte, se déversant dans l'aqueduc central qui recueille les suintements du tunnel.

Cette disposition des puits en dehors de l'axe du souterrain nécessite, lorsque le fonçage est arrivé à une profondeur suffisante, le percement d'une petite galerie transversale, perpendiculaire à l'axe du puits, jusqu'à la rencontre du souterrain lui-même. Cette petite galerie est percée de telle façon, que son ciel soit à peu près au niveau de l'extrados ou partie supérieure de la voûte future du tunnel. Lorsque cette petite galerie a atteint une longueur de dix mètres, les mineurs ont rejoint l'axe véritable du souterrain en construction.

Nous pouvons faire ici une première halte dans la description complète des travaux qui concourent, chacun pour sa part, à l'établissement définitif d'une galerie souterraine. Nous pouvons supposer nos puits intermédiaires creusés, chacune des petites galeries transversales de 10 mètres terminées jusqu'à la rencontre de l'axe véritable et définitif du tunnel, ou, si l'on veut, jusqu'au milieu des voies. Il ne restera plus qu'à attaquer la galerie de chaque côté de ce dernier point, et ceci pour chacun des puits, de façon que tous ces tronçons réunis bout à bout forment l'ouvrage complet. Si la galerie doit être en ligne droite, ce qui est le cas le plus fréquent, tous les tronçons devront conserver une direction unique, pendant toute la durée du travail, sous peine de former une ligne brisée dont le moindre inconvénient serait de ne point répondre au but qu'on se serait proposé, et d'exiger des remaniements considé-

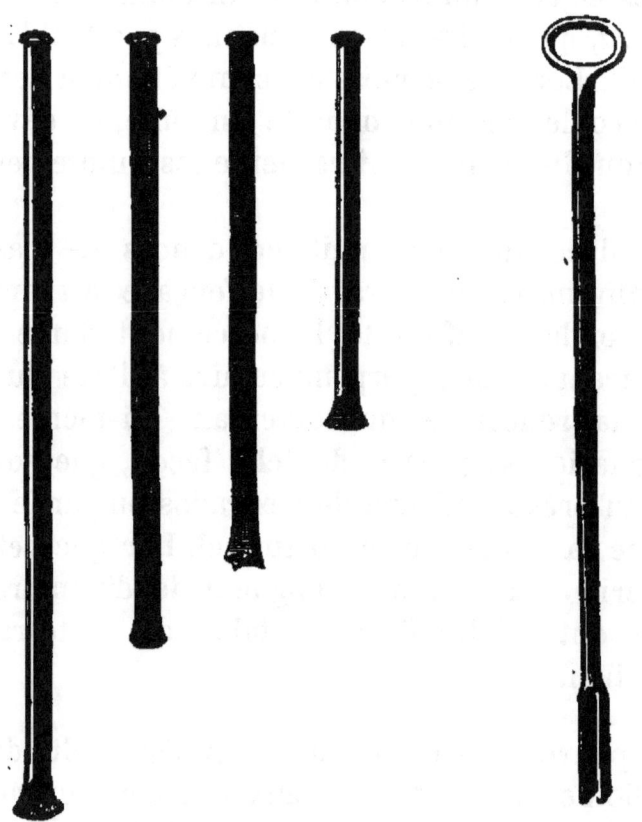

Fig. 22. — Burins.   Fig. 23. — Bourroir.

rables. Cette direction en ligne droite est facilement conservée au moyen d'opérations géodésiques très-simples, exécutées avec l'aide d'une lunette graduée, ou *théodolithe*.

L'attaque des galeries élémentaires commence sur les divers points découverts ou *chantiers*. Lorsque le terrain est tendre, comme il arrive pour les marnes par exemple, on se contente d'attaquer au pic et à la pelle, mais l'attaque se fait en général à la mine. Les

trous de mine sont forés à l'aide de *burins* en acier, sur
lesquels les mineurs frappent avec des *massettes* en fer.
Quand le terrain n'est pas très-dur, et que le trou se
creuse de haut en bas, on se sert aussi de la *barre à mine*,

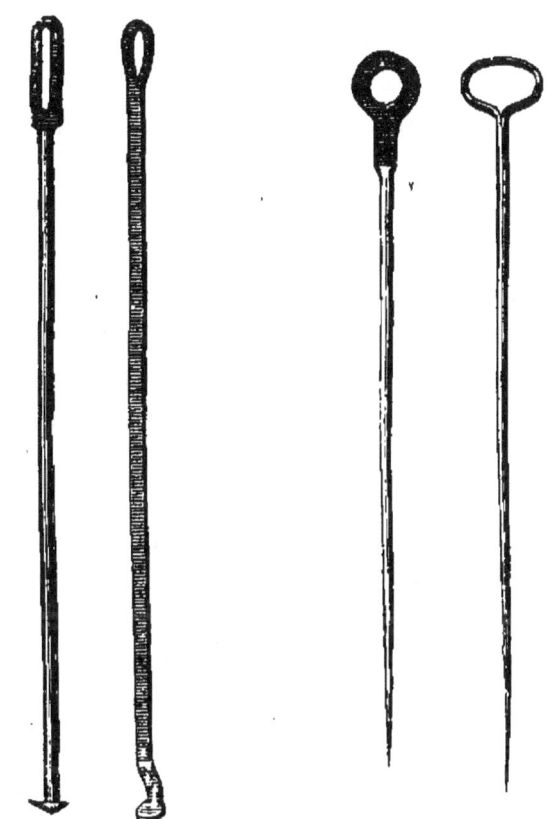

Fig. 24. — Curettes.   Fig. 25. — Epinglettes.

que le mineur soulève et laisse retomber. On a soin
de mettre de l'eau dans le trou pour que l'outil ne s'é-
chauffe pas, et on le cure de temps en temps avec une
petite cuiller appelée *curette*.

Lorsque le chef mineur juge que le trou de mine est
percé assez profond, on arrête le forage, et on bourre à
la poudre. Pour cela, on commence par introduire une
certaine quantité de poudre dans le trou de mine, on y
enfonce une mèche en corde tressée remplie de pulvé-

rin, et on bourre solidement le tout avec de la terre glaise.
Le feu est mis aux mèches, et la mine éclate. Le nombre des trous de mine percés varie avec la dureté de la
roche, l'inclinaison des bancs du terrain traversé, la
partie du tunnel dans laquelle on opère ; leur disposition est laissée à la sagacité du chef mineur.

Lorsque la mine a éclaté, les déblais sont jetés dans des
bennes amenées jusqu'au front d'attaque, et roulant sur
une petite voie ferrée établie à cet effet dans l'intérieur du
souterrain, et rallongée à mesure que le travail l'exige.
Ces bennes remplies sont ramenées jusqu'au point de
départ de la galerie, en face de l'orifice inférieur du puits,
et on les fait manœuvrer sur une petite plaque tour-
nante pour les diriger vers la chaîne d'accrochage. Le
signal de rencontre est donné, et les bennes roulent
sur la voie de déchargement.

Il semble d'abord que tout ce travail doit se faire très-
simplement. Il n'y pas grande difficulté en effet à forer
un certain nombre de trous, à les bourrer de poudre et
les faire sauter, à conduire les déblais à l'orifice inférieur
du puits, et de là à l'entrée supérieure et au lieu de dé-
charge. Nous n'avons rencontré jusqu'ici aucun instru-
ment, aucun outil bien compliqué : pour la direction de la
galerie, une lunette graduée et quelques jalons ; pour le
travail du souterrain, le burin ; la massette pour le
forage ; la pelle et la benne pour le relevage et le transport des déblais. A l'extérieur, un treuil et une locomobile composent toute l'installation mécanique.

Tout serait évidemment de la plus grande simplicité
si on avait toujours à opérer dans des roches consistantes, avec lesquelles on n'aurait point à craindre les
éboulements. Malheureusement il n'en est presque jamais ainsi ; la plupart du temps, la roche qu'il s'agit de
traverser a besoin, aussitôt après le travail, d'être sou-

tenue par une sorte de charpente provisoire composée
de solides madriers assemblés qui restent en place jusqu'à ce que la maçonnerie définitive soit achevée. Parfois même, on rencontre des terrains ne présentant pour
ainsi dire aucune consistance et tellement délités, que
le boisage en charpente devient insuffisant ; le travail
doit se faire à l'abri d'un *bouclier* en bois, et même en
tôle, si on ne veut pas s'exposer à voir l'irruption des
terres supérieures ensevelir et le travail en cours d'a-
chèvement, et les ouvriers qui y sont occupés.

L'exploitation souterraine des tunnels peut donc présenter trois cas bien distincts : le travail dans les
roches consistantes n'exigeant aucun boisage provisoire, — le travail dans les roches fissurées auxquelles un boisage provisoire suffit, — et enfin le cas,
exceptionnel heureusement, de la perforation d'une
galerie souterraine dans des terrains complétement
ébouleux, comme les argiles et les sables mouvants.
Dans ce dernier cas se trouvent les deux tunnels sous-
fluviaux, construits à quarante années de distance sous
la Tamise, mesurant chacun 400 mètres de longueur
environ, et le tunnel sous la Mersey à Liverpool, mesurant
1,600 mètres. Il est fort rare qu'un souterrain soit percé
dans toute sa longueur sans nécessiter un boisage provisoire quelconque. Seules, les roches particulièrement
dures et compactes, les granits, les calcaires compactes ou calcaires de montagne, ne nécessitent pas de boisage dans la plupart des cas ; par contre, les schistes
feuilletés, dont la structure intime est propice aux infiltrations et par suite au délitement à l'air, exigent toujours des revêtements provisoires d'une solidité plus ou
moins grande.

Les figures ci-après peuvent donner une idée exacte de

Fig. 26. — **Marche du travail d'un**

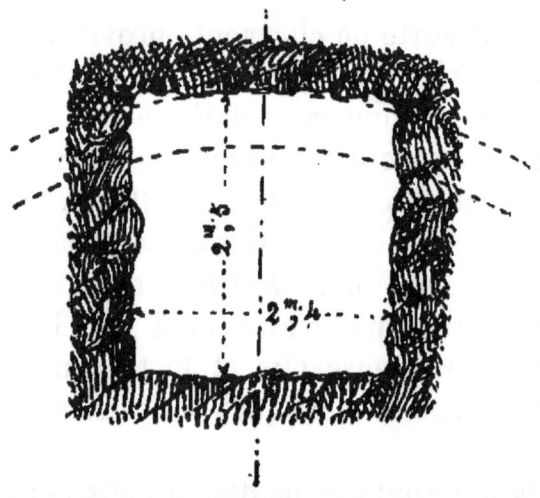

I. — Galerie de direction ou d'avancement.

la marche du travail dans toute galerie souterraine. On

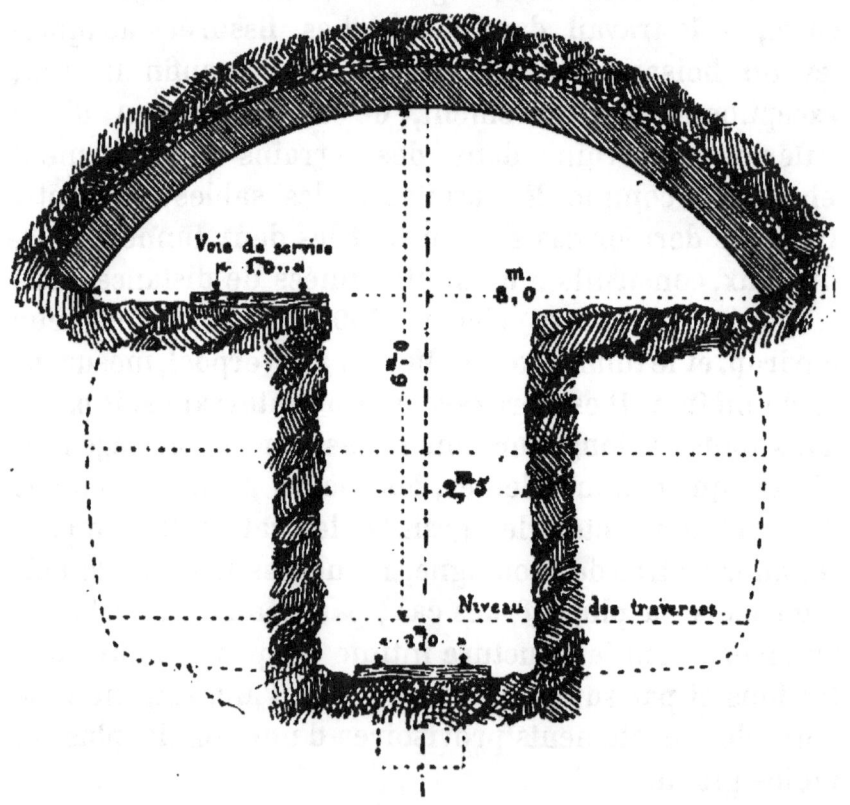

II. — Approfondissement du stross; revêtement et maçonnerie à la voûte.

commence par creuser à la partie supérieure une petite

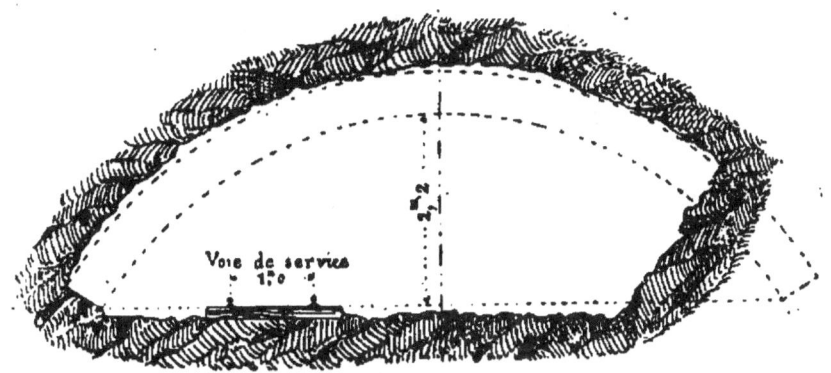

tunnel dans les terrains consistants.

III. — Élargissement de la galerie de direction.

galerie dite *galerie de direction* ou *d'avancement*, d'environ 2m,50 de hauteur sur une largeur équivalente.

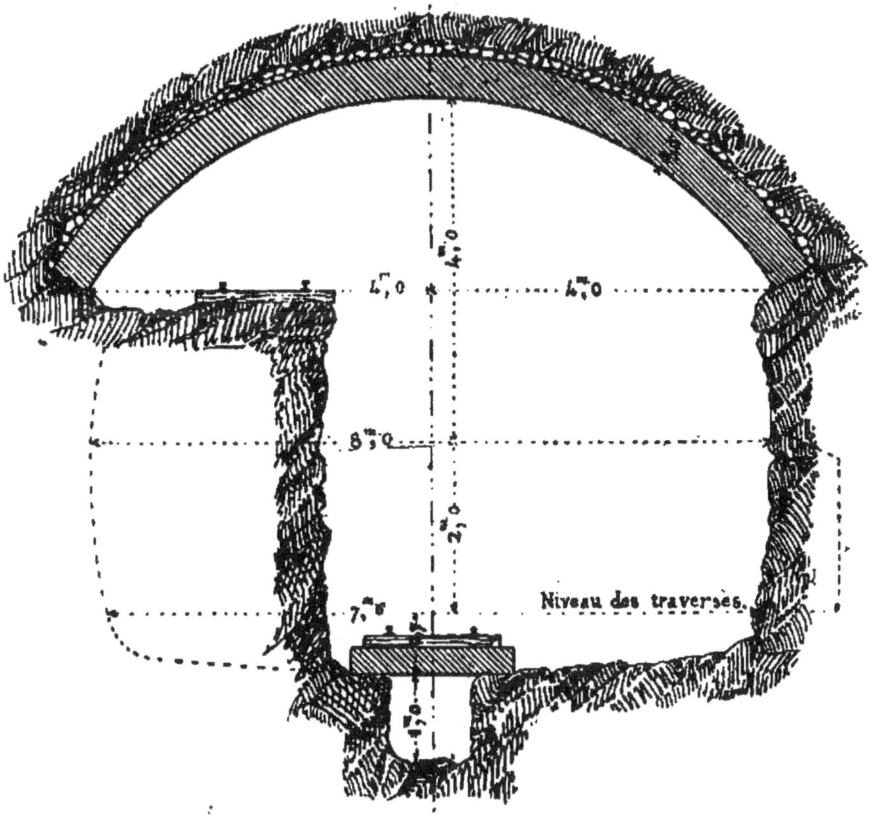

IV. — Excavation complète et creusement de l'aqueduc d'écoulement des eaux.

Cette galerie une fois percée par les moyens que nous avons indiqués, on pioche jusqu'à ce que la section ait épousé la forme de la voûte ; cette partie du travail a reçu le nom d'*abattage*. Le massif, qui remplit encore toute la partie inférieure de la galerie complète — le *stross* — est abattu d'abord par le milieu, ce qui permet de poser, sur chacun des deux massifs de côté, une voie de service communiquant avec la petite galerie d'avancement, et servant au transport des déblais. Ces deux derniers massifs sont enlevés à mesure que la galerie avance, et la section est ainsi complétement ouverte.

La méthode que nous venons de décrire est la méthode dite *française*, qui consiste à commencer l'attaque par une petite galerie supérieure. La méthode dite *allemande* attaque au contraire le souterrain par la partie inférieure ; elle a été suivie pour le percement du Mont-Cenis, tandis que la méthode française est actuellement employée au Saint-Gothard. Nous croyons la méthode française de beaucoup préférable. Le choix de l'un ou de l'autre procédé dépend du mode de travail qu'a adopté l'entrepreneur des travaux.

La nature de la roche exige souvent, comme nous l'avons dit, un revêtement provisoire en bois, ou *boisage*. Le vide produit dans le massif par le percement de la galerie détermine dans les couches voisines des tassements ou poussées considérables. On a vu des galeries ayant primitivement de $2^m,50$ à 3 mètres de hauteur, être complétement obstruées au bout de plusieurs années. Lorsque, sous le tzar Ivan Wassilewitch, des mineurs norwégiens retrouvèrent les vestiges des mines de cuivre exploitées par les anciens Tschoudes, et abandonnées par eux après l'invasion des Tartares, les galeries étaient complétement bouchées ; la montagne avait reconquis peu à peu, par l'irrésistible force de sa masse, ce que l'homme lui avait enlevé.

Les charpentes de soutènement sont plus ou moins

compliquées suivant le degré d'éboulement des terrains, les *cadres de boisage* d'autant plus rapprochés les uns des autres que la roche présente une solidité moins grande. On appelle cadre de boisage un assemblage de solides pièces de bois affectant les diverses formes par lesquelles passera la galerie avant son achèvement, et destinées à la soutenir avant que la maçonnerie de revêtement ait définitivement scellé le travail.

Nous ne pouvons encore mieux faire ici, pour présenter avec clarté la marche de l'opération, que de renvoyer à notre figure 27. La petite galerie de direction est d'abord soutenue par des cadres distants les uns des autres de 1ᵐ,50 environ, et réunis dans l'intervalle par de solides pièces de bois appliquées contre les parois de la galerie. Lorsque l'on procède à l'élargissement de la galerie, à l'abattage, la roche est soutenue latéralement par des jambes de force dont le nombre et la disposition varient avec les dangers d'affaissement. La galerie complétement élargie, la voûte est construite, puis le stross abattu d'un côté. Un boisage provisoire soutient le piédroit de la voûte jusqu'à ce que ce piédroit soit achevé. Le stross est complétement enlevé et le deuxième piédroit construit. Le revêtement est alors achevé ; il ne reste plus qu'à creuser l'aqueduc de déversement des eaux, à poser le ballast et la voie ferrée.

Tous ces travaux sont longs, dispendieux et difficiles. Il faut, à mesure qu'on avance, boiser pas à pas. Des hommes habiles et de sang-froid sont indispensables. En dépit de tous les accidents sont fréquents. Pendant le percement du tunnel du Hauenstein, près d'Olten, sur la ligne de Lucerne à Bâle, tunnel creusé à travers un terrain composé de calcaire, grès et sables, un éboulement engloutit vivants plus de soixante ouvriers, qui tous succombèrent avant que leurs camarades eussent pu déblayer jusqu'à l'endroit où ils avaient été englou-

Fig. 27. — **Marche du travail de percem**

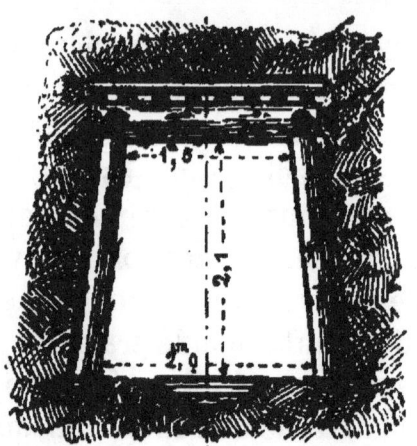

1. — Galerie de direction boisée dans les terrains ébouleux.

tis. Ils furent étouffés les uns après les autres par le manque d'air respirable. Détail touchant : ceux qui vécurent le plus longtemps soignèrent et ensevelirent leurs

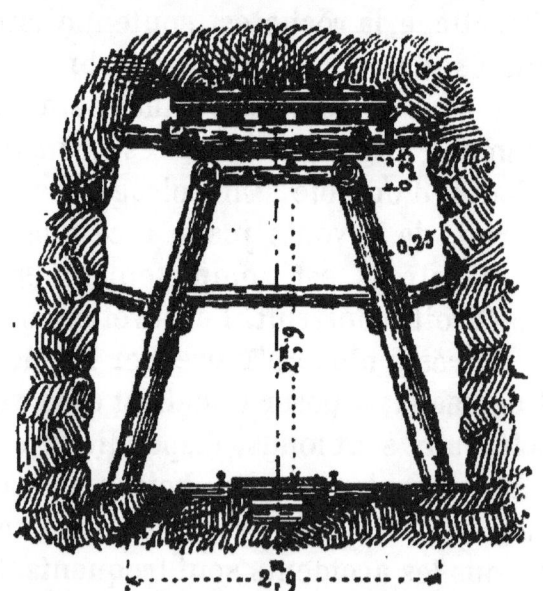

II. — Élargissement de la galerie boisée.

frères défunts avec le dévouement le plus religieux. D'un côté étaient ensevelis les cadavres des maçons, de l'autre, ceux des mineurs. Ils étaient rangés avec le plus grand

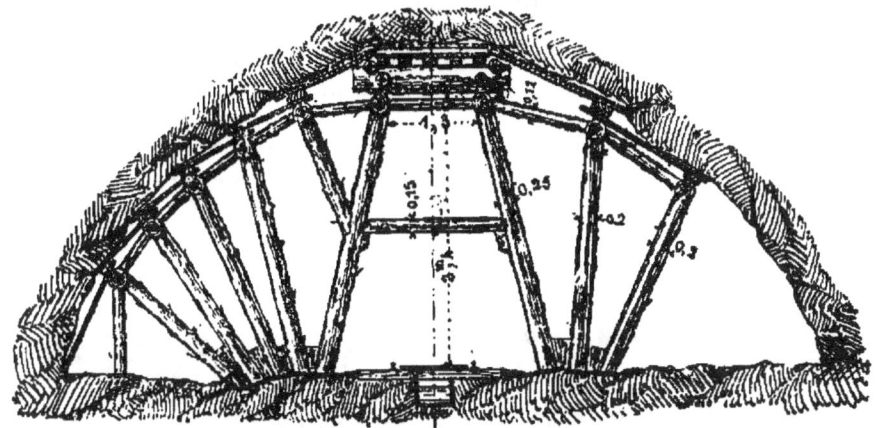

III. — Abattage boise.

ordre. Sous la tête, on avait disposé une planche et un peu de paille. Les mains avaient été pliées.

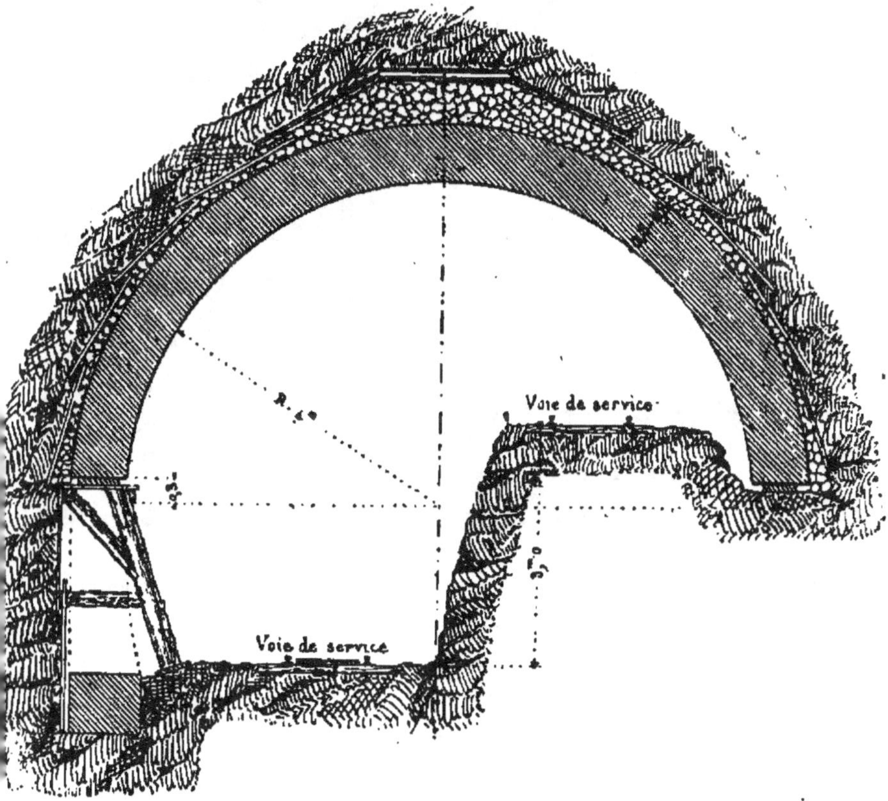

IV. — Approfondissement avec voûte et piédroit de gauche.

La dernière opération consiste dans le revêtement en

maçonnerie de la galerie souterraine. Cette maçonnerie est construite sur des *cintres* en chêne d'une disposition fort simple. On en pose un tous les deux mètres environ ; dans les terrains ordinaires, on en pose de six à douze à la fois, mais dans les terrains ébouleux on en pose seulement deux ou trois. Quand les cintres sont

Fig. 28. — Travaux de construction d'un tunnel. Boisage de la galerie provisoire.

poses, et qu'on s'est assuré, au moyen d'un fil à plomb, qu'ils sont bien dans l'alignement et exactement verticaux, les maçons commencent à bâtir la voûte, qu'ils élèvent d'abord jusqu'à hauteur d'appui, en posant les moellons contre des *couchis* jointifs, reposant eux-mêmes par leurs extrémités sur les cintres. Ces couchis

ont douze centimètres d'équarrissage et deux mètres
de longueur. Quand la voûte est construite jusqu'à hauteur d'appui, on établit des échafaudages, sur lesquels
montent les maçons qui continuent leur travail jusqu'à
ce qu'il ne reste que trois ou quatre assises à poser au
sommet de la voûte.

La maçonnerie du sommet de la voûte constitue une

Fig. 29. — Construction de la voûte en maçonnerie d'un tunnel.

opération à part, qui termine le revêtement ; c'est ce
qu'on appelle le *clavage* de la voûte. Le maçon claveur,
placé sur un échafaudage, pose les moellons devant lui
et maçonne en reculant. Quand il a terminé le clavage,
on laisse encore plusieurs jours l'anneau de maçonnerie
sur les cintres, après quoi on les enlève pour les employer à la construction des anneaux suivants.

Dans les parties où le terrain présente des infiltrations qui pourraient détériorer la voûte, on étend sur l'extrados une *chape*, ou couche de ciment qui rend la voûte imperméable. Le vide qui reste entre la chape et le terrain est rempli avec des pierres sèches ; c'est ce

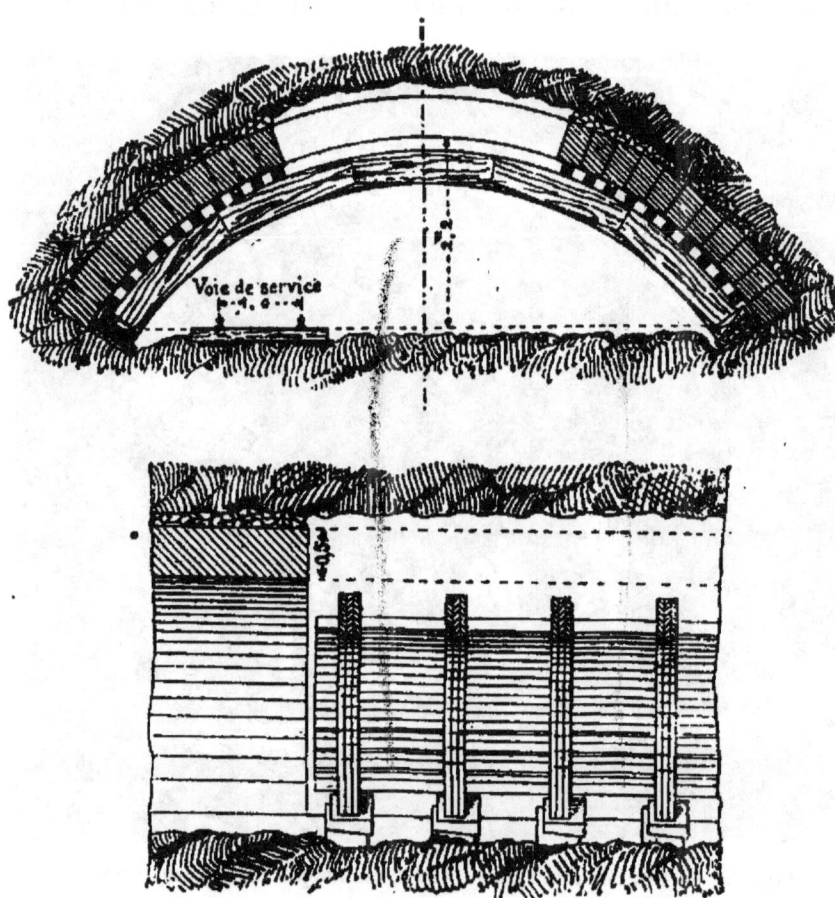

Fig. 30. — **Maçonnerie de voûte. Cintre supportant le revêtement.**

qu'on appelle le *blocage*. Pour que le poids de ces pierres ne rompe pas la chape, on les fait reposer sur des lambris ou planches très-minces, dont on la couvre en les disposant comme des ardoises sur le toit d'une maison.

Le revêtement est commencé d'habitude au milieu de

l'intervalle qui sépare deux puits. La petite galerie transversale se maçonne en dernier lieu et en suivant les procédés que nous venons d'indiquer pour la galerie principale. On emploie à cet effet de petits cintres se raccordant avec les dimensions de la galerie transversale — 1^m.40 environ — qu'on pose perpendiculairement aux génératrices de la voûte ; le *clavage* se fait en partant du puits. Les pierres d'angle qui raccordent la grande galerie avec la petite transversale sont en pierre de taille.

Les moellons sont descendus par les puits, et roulés jusqu'aux chantiers de maçonnerie sur des trucs. On les laisse séjourner quelques jours dans les galeries avant de les employer ; de cette façon ils sont entièrement dégelés.

Les profils de maçonnerie affectent des formes différentes, suivant la constitution du terrain. Tantôt le souterrain n'est revêtu qu'à la voûte : tantôt les piédroits sont en outre maçonnés. Quelquefois même, si la roche est très-délitée et sujette à des infiltrations considérables, le revêtement est complet, et dit avec *radier*. Le radier est une voûte renversée qui ferme la maçonnerie sous la voie même. On ménage dans les maçonneries des vides ou *barbacanes* destinées à conduire l'eau de suintement dans l'aqueduc central d'écoulement des eaux. Ces aqueducs offrent également des formes différentes suivant les terrains traversés ; ils sont tantôt simplement recouverts d'une dalle si le terrain traversé est consistant, tantôt maçonnés sur leurs parois, ou même entièrement en pierres de taille, suivant que les infiltrations de la roche sont plus ou moins considérables.

De distance en distance, de 50 en 50 mètres, on ménage, sur chaque côté du revêtement, des piédroits de la galerie principale, des *niches de refuge*, servant soit à ranger les outils, soit à garer les cantonniers. Les petites galeries transversales ont la même destination.

Pendant toute la durée d'exécution d'un tronçon, lorsque les galeries élémentaires dont la réunion formera le véritable souterrain, ne sont pas encore en communication les unes avec les autres, on établit, à

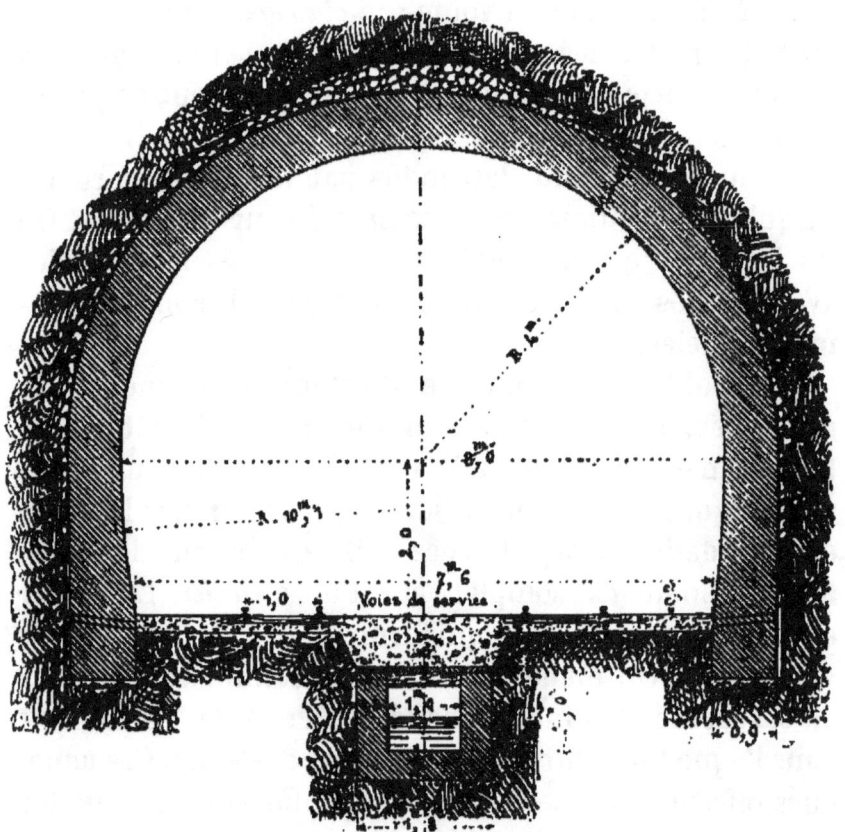

Fig. 31. — Maçonnerie du tunnel achevé avec l'aqueduc d'écoulement des eaux.

l'embouchure de chaque puits, un ventilateur nécessaire au renouvellement de l'air vicié. Ces ventilateurs sont la plupart du temps très-simples, et ne donnent lieu à aucune des installations considérables que nous trouverons plus tard dans le percement des grandes ga-

leries. On se contente d'une simple roue à aubes, tournant autour d'un axe dans une caisse établie au haut
du puits ; l'air frais extérieur est refoulé dans un tuyau
jusqu'au fond, et expulse par cela même l'air vicié dont
la température est plus élevée. Lorsque deux tronçons
consécutifs sont en communication l'un avec l'autre,
la ventilation se fait naturellement par les puits. Il en
est de même lorsque le souterrain est complétement

Fig. 32. — Revêtement complet d'un souterrain avec radier.

terminé. On a noté l'abaissement de température dû à
la ventilation par les puits dans une galerie souterraine :
pendant les travaux, lorsque les galeries ne sont pas
encore en communication, cette température est de
25 degrés environ pour des tunnels de moyenne profondeur; après l'ouverture des galeries, elle n'est plus que
de 14 degrés environ.

La dernière opération — ce qu'on appelle le *parachè-vement* du souterrain, consiste dans la pose de la voie. On étend d'abord une couche de ballast (sable ou pierres concassées), de 50 centimètres d'épaisseur environ, dont le but est d'amortir les vibrations produites par le passage des convois, et qui détérioreraient vite les rails. Les rails sont eux-mêmes fixés par des crampons sur des traverses en bois placées, comme leur nom l'indique, transversalement à la direction de la voie. Suivant les besoins de l'exploitation, le tunnel peut être à une ou deux voies. S'il y a deux voies, la largeur de chacune de ces deux voies est de 1^m,50, la largeur de l'entrevoie 2^m,16. Les deux dimensions principales d'un souterrain à deux voies sont en général de 8 mètres de largeur sur 6^m,50 de hauteur.

Nous sommes arrivés au terme de notre description. Si, après nous avoir suivi pas à pas dans cette histoire abrégée du percement des galeries souterraines, le lecteur veut bien récapituler avec nous les phases principales du travail, il pourra les résumer ainsi : tracé de la galerie — creusement des puits et des galeries transversales, servant en premier lieu à l'exécution rapide du souterrain, et ensuite à son aérage — travail à la mine des divers tronçons de la galerie principale — opérations géodésiques nécessaires pour conserver la direction en ligne droite — réunion des tronçons partiels — muraillement de la galerie — construction du radier et de l'aqueduc d'écoulement des eaux — ballastage, pose des traverses et de la voie.

Il nous reste à parler en dernier lieu de l'architecture des tunnels.

Au point de vue de l'art, nous sommes bien en retard il faut l'avouer, sur les peuples qui nous ont précédés, et dont nous avons décrit les œuvres imposantes. Plus de statues colossales, immobiles, les mains collées aux ge-

Fig. 33. — Viaduc et tunnel du Sommering sur la ligne de Vienne à Trieste.

noux, éternels gardiens funéraires, aux portes des *spéos* d'Ibsamboul : la ligne droite, froide, pratique, règle seule la décoration de nos galeries modernes. On peut citer, comme modèle de ce genre, le tunnel du Sömmering, sur la ligne de Vienne à Trieste, que nous représentons ici. Son embouchure est précédée d'un magnifique viaduc, dont les piliers, savamment distribués, forment, avec la tête du tunnel déjà encadrée dans les grands sapins de la montagne, un paysage qui ne manque pas de grandeur.

Parfois cependant, l'ingénieur s'est inspiré de souvenirs artistiques, donnant à l'entrée du tunnel une architecture qui rappelle quelque peu, les montagnes aidant, les châteaux-forts de la féodalité.

Nous nous sommes trouvés jusqu'ici dans des circonstances relativement favorables. Tantôt, avec une roche consistante, le travail était régulier ; tantôt, le terrain était plus ou moins ébouleux, mais, au moyen des méthodes longues et laborieuses que nous avons décrites, le travail et la patience de l'homme venaient à bout de la tâche qu'il s'était imposée. Il n'en est pas de même pour certains travaux d'art souterrains effectués de nos jours, dont la réalisation était plus ou moins hasardeuse, et qu'il a nécessairement fallu entreprendre dans des conditions différentes de celles que nous avons passées en revue. Les deux tunnels construits, à quarante années de distance, sous le lit de la Tamise, nous ont paru le sujet le plus propre à mettre en relief les moyens d'exécution employés dans ces circonstances exceptionnelles.

Londres possède deux tunnels sous-fluviaux : le vieux tunnel, *Thames-tunnel*, à double arcade, construit par l'ingénieur Brunel, en 1830, et dont le percement, accompli au milieu des circonstances les plus pénibles, dura quinze ans, — et le nouveau tunnel construit en 1870.

Le nouveau tunnel sous la Tamise, terminé et livré à la circulation dans les premiers mois de 1870, est situé en amont de la Tour, à 500 mètres environ du

Fig. 34. — Entrée de tunnel.

Pont de Londres. Il est destiné à relier *Tower-Hill* (rive gauche, comté de Middlesex), à *Vine-street* (rive droite, comté de Surrey). L'idée première de ce travail est due à M. Peter W. Barlow, père de l'illustre ingé-

nieur qui a dirigé les travaux. Le nouveau tunnel sous
la Tamise devait, dans le principe, faire partie d'un vaste
réseau de voies souterraines, imaginé dans le but de
remédier à l'encombrement forcé des rues de la Cité.

Les dépenses énormes et le temps considérable nécessités précédemment par l'établissement du premier
tunnel sous-fluvial de l'ingénieur Brunel, engagèrent
tout d'abord à chercher une autre solution, tout à la fois
plus prompte et moins dispendieuse. Les uns proposaient
l'établissement d'un viaduc, mais cette idée fut vite re-
jetée, en raison de la grande hauteur requise pour le passage des navires qui remontent jusqu'au pont de Londres ;
d'autres, l'établissement sur le fleuve de bacs à vapeur
semblables à ceux qui font le service entre New-York et
Brooklyn. Les embarras qu'aurait pu causer à la navigation, très-active en cette partie du fleuve, la réalisation d'un de ces deux projets, firent qu'ils n'eurent point
de suite. On s'arrêta définitivement à l'idée de creuser
sous la Tamise un second tunnel.

Le tunnel devait avoir 402 mètres de longueur ; le
point milieu n'était séparé du lit de la Tamise que
par une épaisseur de 6 à 7 mètres. En partant de
chacune des deux embouchures, Middlesex ou Surrey,
le souterrain se composait, dans sa demi-longueur
d'un palier de 30^m,50, puis sur le reste du parcours
jusqu'au point milieu du souterrain qui devenait le
point le plus bas, il accusait une pente de 0^m,025 par
mètre. De cette façon, chacun des paliers nord et sud
se trouvait à 15 mètres au-dessus du niveau des hautes
eaux.

Ces chiffres une fois déterminés, on dut creuser sur
chacune des deux rives opposées de Middlesex et de
Surrey, afin de découvrir les têtes du tunnel et de rendre
ainsi la perforation possible par le moyen qu'on s'était
proposé, à savoir l'établissement de deux puits, assez pro-

fonds pour atteindre le niveau des deux embouchures. Les deux puits, creusés par les procédés ordinaires, avaient un diamètre de 3m,10, avec des profondeurs de 19m,20 et 17m,10. Ils aboutissaient dans leur partie inférieure aux salles d'attente installées pour les voyageurs. Le percement de ces deux puits s'effectua dans des terrains de dépôts récents, et dans des couches argileuses séparées par un banc de graviers qui nécessita un revêtement en fonte. Le reste du puits fut revêtu en briques. Pendant la durée du travail, des eaux se rencontrèrent dans la couche de graviers ; il fallut employer des pompes d'épuisement.

Lorsque les puits eurent été creusés au niveau des deux embouchures du souterrain, le percement de la galerie commença. On se rend facilement compte des difficultés de toute sorte qui se présentaient dès le début à l'esprit de l'ingénieur chargé de diriger les travaux. Les moindres mouvements des terrains environnants pouvaient produire des fissures que le voisinage de l'eau rendait fort dangereuses. Les diverses méthodes que nous avons déjà examinées, consistant à soutenir par des boisages plus ou moins compliqués les roches peu solides, sujettes à des affaissements, ne pouvaient, malgré la sécurité qu'ils inspirent, être appliquées sans s'exposer aux plus grands dangers.

Qu'une fissure vienne à se produire dans le plafond, nul boisage, si solide qu'il soit, ne résistera au torrent qui va se précipiter dans la galerie, balayer devant lui tout ce qui s'opposera à son passage, matériel, hommes, détruisant d'une manière irréparable l'ouvrage déjà en construction, et opposant à la science de l'ingénieur l'inexorable *veto* de la nature. Les boisages ne peuvent en effet ni prendre la forme même de l'excavation sur laquelle ils sont appliqués, ni empêcher les tassements qui se produisent inévitablement. — Il fallait donc

Fig. 35. — Le nouveau tunnel sous la Tamise.

songer à une méthode qui procurât une sécurité plus
grande, et qui rendît parfaitement imperméable la voûte
légère au-dessus de laquelle, à six mètres seulement de
hauteur, était suspendue cette terrible « épée de Damo-
clès » toujours menaçante.

Le tunnel de la Tamise, de tout autre forme que les
souterrains ordinaires, présente une section circulaire
de $2^m,133$. Il est revêtu, non en maçonnerie, mais d'une
suite d'anneaux en fonte du diamètre même du tunnel,
distants les uns des autres de $0^m, 452$, et réunis par des
joints solidement boulonnés. L'idée qui présida à la marche du travail fut ingénieuse, en même temps que d'une
simplicité remarquable.

Imaginez une sorte de *bouclier* circulaire — c'est le
mot technique du reste — épousant la forme du tunnel, mais dont le diamètre est de cinq centimètres inférieur à celui du souterrain. Ce bouclier est formé de six
voussoirs symétriques en tôle, réunis par des joints solides, et d'une ouverture centrale hexagonale, comme le
montre la figure 36. Ce bouclier avance en même temps
que les travaux eux-mêmes, et précède toujours la partie terminée, de façon que dans le faible espace encore
inachevé aucun tassement ni aucun déchirement ne
puissent jamais se produire. Au devant de ce bouclier (ou
plutôt derrière si on se trouve dans la partie achevée),
les ouvriers creusent une petite galerie d'avancement
d'environ $1^m,80$ de hauteur sur un mètre de largeur, et
d'une longueur de 2 à 3 mètres. Les déblais sont enlevés
par l'ouverture hexagonale, et transportés à la benne
jusqu'à l'un des deux puits, où une locomobile les remonte au dehors.

Le bouclier supporte la partie antérieure d'un tube
en tôle sur lequel il glisse. Bouclier et tube en tôle sont
les deux engins protecteurs du travail. En cas d'accident grave, on peut fermer l'ouverture hexagonale

du centre du bouclier ; la partie achevée reste ainsi à l'abri de l'envahissement de l'eau et des terres, et, pour être nuisible, l'accident ne sera pas du moins irréparable.

Etant donnés le bouclier et le tube en tôle sur lequel il glisse, le procédé employé pour la pose d'un des an-

Fig. 36. — Bouclier ayant servi a la construction du tunnel sous la Tamise.

neaux de revêtement est facile à comprendre. Supposons que le bouclier soit en tête et tout près de la partie déjà achevée. Il s'agit de découvrir l'espace nécessaire pour loger un anneau, ce qu'on ne peut obtenir qu'en faisant glisser le bouclier de $0^m,452$ de course. A cet effet, près de sa circonférence extérieure, le bouclier est percé de six trous ou *gaines*, dans lesquelles s'engagèrent six vis ou *verrins* qui s'appuient eux-mêmes sur des *but-toirs*, fixés au dernier anneau de fonte déjà posé. Ce dernier anneau est fixe. Si vous imprimez un mouvement de rotation aux verrins, il s'en suivra forcément un mouvement de glissement ou d'avancement du bou-clier. Lorsque, par ce mouvement, le bouclier a laissé derrière lui une longueur de 0^m,452, nécessaire à la pose de l'anneau, on ramène les verrins dans leurs gaines, on enlève les buttoirs placés contre l'anneau déjà posé, et on pose le nouvel anneau. Le tunnel est avancé de 0^m,452 par cette opération. La longueur du tunnel de la Tamise étant de 402 mètres, il a fallu recommencer près de neuf cents fois l'opération que nous venons de décrire. Le tunnel a été complétement achevé en une année, le nombre des anneaux posés par jour était donc de deux à trois.

La figure 37, sur laquelle on peut suivre de nou-veau la marche du travail, représente l'opération que nous venons de décrire au moment où le bouclier est arrivé au terme de sa course. B est le *bouclier*; *g* chacune des six *gaines* dans lesquelles peuvent tourner les verrins *r*, imprimant par leur rotation un mouve-ment de translation de 0^m,452 au bouclier. Ces verrins s'appuient, sont buttés, contre la circonférence extérieure du dernier anneau ; *T* est le tube sur lequel glisse le bouclier. Au moment de l'opération que représente notre figure, il ne reste plus qu'à rentrer les verrins dans leurs gaines, et à poser le nouvel anneau.

Ce nouvel anneau posé, les mineurs qui travaillent à la petite galerie élargissent de nouveau l'espace néces-saire au glissement du bouclier dans la pose suivante, et le travail recommence, semblable en tous points à celui que nous venons de suivre dans les moindres dé-tails. Sur notre figure, on élargit en D. Derrière cette partie D, qui sera travaillée jusqu'à ce qu'elle atteigne la section du bouclier, la petite galerie est soutenue provisoirement par de solides boisages.

Entre deux anneaux consécutifs et entre les joints, on coule un ciment à prise rapide, dit ciment de Médina. L'intervalle de 0^m,05 laissé entre le terrain et l'anneau de revêtement est également bourré de ciment, afin de prévenir l'oxydation de la fonte qui surviendrait vite,

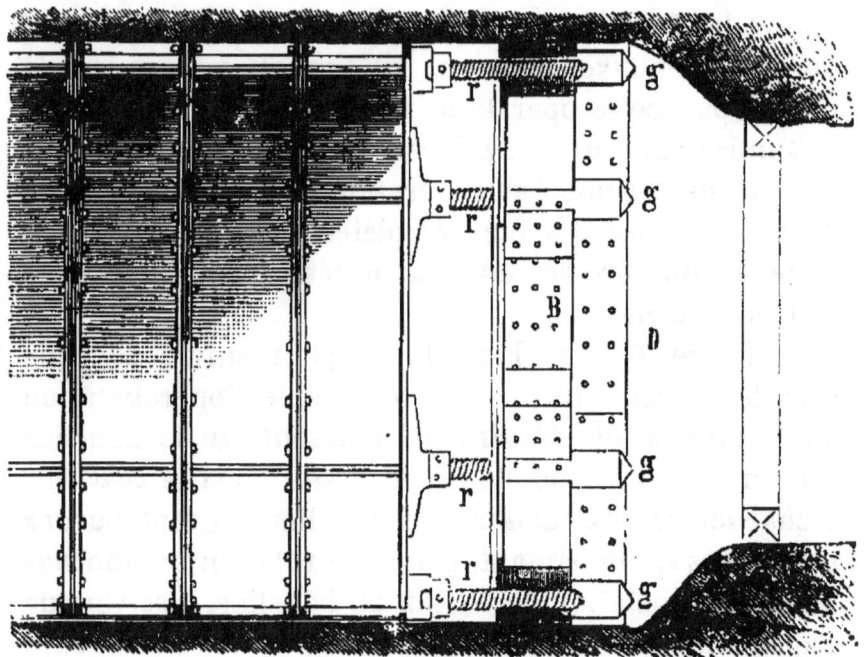

Fig. 37. — Pose d'un anneau métallique de revêtement.

dans ce milieu où les infiltrations entretiennent l'humidité.

Telle est, dans son ensemble, la suite des opérations au moyen desquelles on est parvenu, en une année, à accomplir un travail dans des conditions exceptionnellement défavorables. La dépense n'a pas été supérieure à 500,000 francs.

Dans l'esprit du promoteur de cet ouvrage, le nou-

veau souterrain de la Tamise, qu'on appelle encore souterrain, de la Tour, vu sa proximité de la Tour de Londres, devait être le premier anneau d'un immense réseau de voies souterraines analogues au *Metropolitan*
actuel. Le tunnel n'était destiné qu'au passage des voyageurs qui devaient être transportés dans un omnibus
métallique courant sur des rails d'acier posés avec le
plus grand soin. Nous croyons utile et intéressant, pour
compléter les explications que nous avons données,
de transcrire à cette place le récit d'une visite au souterrain de la Tour, récit que nous empruntons au jour-
nal anglais « *The Engineer.* »

« *Puits. Ascenseurs.* — En arrivant à Tower-Hill par
Lower-Thames-Street, on trouve à gauche le puits de
Middlesex. Sur ce point, il y a peu de choses à dire :
un modeste bureau en bois, un petit hangar où travaille
le forgeron, des briques, de la chaux, des décombres de
toutes sortes, une porte métallique équilibrée qui ferme
l'orifice du puits, c'est tout ce que l'on remarque. On
descendit par une petite échelle de fer qui est fixée aux
parois du puits ; on remonta par l'ascenseur. Cet ascenseur est muni d'un frein que l'on manœuvre de l'intérieur ; en cas d'accident, une paire de griffes, en pinçant
les guides, limiterait à quelques pieds la chute de l'appareil.

« *Machines. Traction.* — Au niveau du souterrain, à
la partie inférieure de chaque puits, se trouve une
chambre qui contient une machine de quatre chevaux.
Chacune de ces machines doit pourvoir au mouvement
des ascenseurs ; celle de Surrey doit en outre remorquer l'omnibus. La traction sera exercée au moyen
d'un câble sans fin en fils d'acier, passant autour de
deux poulies : l'une verticale du côté de Surrey, l'autre

horizontale placée entre les rails du côté de Middlesex [1].

« *Salles d'attente.* — Au fond des puits, les voyageurs
trouveront les salles d'attente : elles ont environ 7^m,90 de
longueur, 3 mètres de largeur, et 3 mètres de hauteur,
depuis le plancher jusqu'au sommet de la voûte qui les
recouvre. Les salles sont pourvues de siéges des deux
côtés, et contiennent aisément plus des quatorze voyageurs que l'omnibus peut recevoir.

« *Véhicule.* — L'omnibus, qui doit marcher avant et
arrière, sans tourner entre les deux stations, est un véhicule léger, construit, sauf les portes, entièrement en
fer. Il est pourvu de quatorze places disposées en vis-à-
vis. Les roues ont 0^m,405 de diamètre : un frein à pé-
dale que doit manœuvrer le conducteur, se trouve à
chaque extrémité. A chaque voyage, le véhicule est
amené contre les salles d'attente qui sont au même
niveau. Il est muni de portes à ses deux extrémités.
Il est aussi commode que possible, et certainement
il est plus spacieux et plus confortable que les omnibus
ordinaires. Il a environ 3^m,05 de longueur intérieure,
1^m,52 de largeur et 1^m,67 de hauteur. La distance entre
les banquettes est de 0^m,66. Les prix de passage seront
de 0^{fr},10 et 0^{fr},20 pour les voyageurs de première et de
seconde classe.

« *Absence d'humidité.* — Si l'on traverse le tunnel à
pied, et si l'on observe les joints entre les anneaux de
0^m,45 qui le constituent, on est frappé de l'absence d'eau
et même d'humidité. La chaux bleue du lias, qui enveloppe le tube, et le ciment de Médina, dont les joints
sont garnis, paraissent avoir admirablement donné ce

---

1. Nous trouverons dans la suite un mode de traction identique au moyen de machines fixes, lorsque nous parlerons des
Plans inclinés de la Croix-Rousse, à Lyon.

qu'on attendait d'eux. Au milieu du tunnel, point le
plus bas, où convergent des pentes de 0ᵐ,025 depuis
chaque extrémité, on voit combien le souterrain est
étanche, car la quantité d'eau recueillie là est assez
insignifiante pour être évaporée par l'aération que produit l'ouverture du puits. »

L'ancien tunnel sous la Tamise, construit par le célèbre ingénieur Brunel, en 1832, offrait les mêmes difficultés que le souterrain de la Tour. C'est avec intention
que nous l'avons déplacé de l'ordre chronologique
des faits pour le ranger après son successeur, la méthode suivie dans la perforation du nouveau tunnel
étant plus simple et par suite plus facilement compré-
hensible.

Le vieux tunnel — *Thames Tunnel* — fut tout entier
percé dans un banc d'argile dite « argile de Londres »
de 10 mètres d'épaisseur, séparé seulement du lit de la
Tamise par une épaisseur de 3 mètres environ de sables
d'alluvion. La couche d'argile reposait elle-même sur
un terrain aquifère composé de sables et de cailloux
roulés. On peut dire que le percement s'effectuait entre
deux eaux. Les suintements devaient forcément, dans de
pareilles conditions, être très-abondants. Il s'agissait en
premier lieu, comme on le fit plus tard pour le nouveau
tunnel de la Tour, de ne jamais abandonner le terrain à
lui-même, et d'opposer constamment aux tassements
inévitables du terrain sus-jacent un revêtement capable
d'une résistance énergique.

Le tunnel de Brunel fut excavé sur une section rectan-
gulaire de 11 mètres comprenant deux voies distinctes
séparées l'une de l'autre par des piliers, le tout construit
en briques. La méthode employée pour le percement
fut, aux dispositions de détail près, la même que celle
suivie depuis pour le nouveau tunnel, c'est-à-dire la

méthode par *Bouclier*. Le front d'avancement était à tout moment soutenu par un bouclier composé de forts madriers qui s'appuyaient, à la manière du blindage circulaire de Barlow, sur la partie extérieure du dernier anneau de maçonnerie achevé. Le revêtement était fait complétement en briques au lieu du cuvelage en fonte du nouveau souterrain décrit précédemment.

Le percement fut loin d'être effectué dans des circonstances aussi heureuses que celles qui présidèrent à l'achèvement du souterrain de la Tour. Pour une longueur de galerie à peu près égale, les dépenses exigées par le *Thames Tunnel* atteignirent près de treize millions, tandis que le second tunnel ne coûta, comme nous l'avons dit, que 500,000 francs. Les dimensions du *Thames Tunnel* étaient, il est vrai, bien plus considérables. Les deux puits de *Wapping* et de *Rothorhithe* avaient 25 mètres de profondeur; leur largeur était de 15 mètres, au lieu de 3^m,10 qu'avaient les puits de Middlesex et de Surrey. La section du premier mesurait 80 mètres carrés, celle du second trois mètres carrés seulement. Enfin, le souterrain de la Tour fut complétement achevé en une année, tandis que le *Thames Tunnel* exigea près de dix-huit années d'un labeur incessant. Aucun accident grave ne survint pendant l'exécution du nouveau tunnel, tandis qu'à plusieurs reprises, le lit de la Tamise déborda dans le *Thames Tunnel*, ensevelissant tous les travaux déjà achevés. Cette œuvre eut besoin, pour être menée à bonne fin, de toute l'énergie et de toute la science de l'illustre ingénieur qui l'avait entreprise.

Pendant longtemps, le premier tunnel ne fut point utilisé d'une façon vraiment pratique : dans les derniers temps il servait seulement de passage à de rares piétons d'une rive à l'autre du fleuve. On songea à lui lorsqu'il fut question d'étendre le réseau du *Metro-politan* et depuis peu de temps il fait partie du réseau des chemins de fer souterrains de Londres.

Dans la courte revue que nous avons faite, au commencement de ce livre, des travaux des anciens qui peuvent, jusqu'à un certain point, être assimilés aux travaux nécessaires à l'établissement des galeries souterraines, nous avons omis à dessein certaines entreprises, complétement analogues à nos travaux modernes. Il nous eût fallu, avant de les décrire, indiquer les méthodes employées encore aujourd'hui, et dont l'étude rentrait dans le présent chapitre. Arrivés à cet endroit de notre description, les rapprochements seront d'autant plus curieux que les procédés sont déjà connus de nos lecteurs, et qu'il leur sera facile dès lors de contrôler la similitude que nous annonçons. Les travaux de dessèchement du lac Fucino, et de dégorgement du lac Copaïs, déjà cités, montrent que les anciens avaient déjà songé pour le percement de leurs galeries souterraines à creuser des galeries verticales pouvant servir aux attaques des tronçons intermédiaires, comme on fait de nos jours.

Une découverte importante, faite récemment en Suisse, vient jeter un nouveau jour sur cette question délicate. Pendant le cours de l'exécution de la grande tranchée qui doit amener la rivière de l'Aar dans le lac de Bienne, on a mis à jour un tunnel, long de 800 à 900 mètres, construit par les Romains pour le passage de la route qui, partant d'Avenches, se dirigeait sur Soleure en passant par Arberg, et en traversant le marais de la vallée de l'Aar. Tout portait à croire que cette route, ensevelie aujourd'hui à bien des endroits sous une épaisse couche de tourbe, devait dès cette époque être protégée contre les envahissements de l'eau, mais rien n'était encore venu, jusqu'à ce jour, confirmer cette supposition.

Les travaux en cours d'exécution ont résolu victorieusement le problème. Creusé d'un bout à l'autre dans la molasse et les marnes molassiques, ce souterrain, véritable *tunnel*, s'est conservé tel qu'il était après son achèvement. Les extrémités seules sont éboulées sur une petite longueur. De nombreux puits, espacés de 50 mètres à 60 mètres de distance, restés intacts grâce à la couche de tourbe qui fermait hermétiquement leur extrémité supérieure, ont servi à la construction de la galerie. Les boisages opérés pour empêcher les éboulements de certaines parties du souterrain sont encore en parfait état de conservation ; la partie supérieure des poutres est seule carbonisée.

La grande tranchée de Hagdeck suit d'un bout à l'autre la direction de cette ancienne percée. L'entrepreneur des travaux a su habilement tirer partie de ces restes du passé pour l'exécution rapide de ses travaux. Les matériaux exploités dans les tranchées supérieures étaient lancées par les anciens puits dans le tunnel, où ils étaient reçus par des wagonnets qui les transportaient au lac. Six cents ouvriers environ, travaillant dans cet immense chantier, auront bientôt détruit, en quelques mois, un des rares travaux souterrains exécutés par les Romains.

En cherchant, dans ces derniers temps, l'endroit le plus convenable pour la disposition d'une conduite d'eau entre Tondja et Bougie, les agents des ponts-et-chaussées s'aperçurent que les Romains les avaient devancés dans ce travail. Un tunnel de $2^m,15$ de hauteur et $0^m,60$ de largeur fut mis à découvert. Ce tunnel est probablement celui dont l'existence est révélée par une inscription trouvée à Lambessa, datant du règne d'Antonin le Pieux ; il a été construit sur les indications d'un vétéran de la troisième légion Auguste. M. Feroud, dans son *Histoire de Bougie,* rapporte que le tunnel fut attaqué des deux côtés ; les alignements n'ayant pas été observés avec précision, il fallut avoir recours à l'ingénieur et le faire venir pour réparer la faute commise. Si l'on juge par les parties du tunnel qu'on a déjà déblayées, il pourra être utilisé pour l'aqueduc projeté.

CHAPITRE V

LA TRAVERSÉE DES COLS PAR LA LOCOMOTION

Impossibilité première du percement des grandes galeries souterraines. Le mont Cenis et le St.-Gothard. — La traversée
des cols par la locomotion. Les chemins de fer à rail central
et à crémaillère. Le chemin du Righi et le rail-way des Montagnes Blanches. Le chemin Fell. — Les moteurs funiculaires. Les plans inclinés de Liége et de la Croix-Rousse.
Le locomoteur Agudio. Les plans inclinés de Lausanne et
ceux du Vésuve. — Climatologie de la montagne. L'avalanche. Le tunnel de neige du St.-Gothard. — La grande
galerie souterraine.

Les progrès accomplis dans le percement des galeries
souterraines, si importants qu'ils soient et quelque admiration qu'ils méritent, se heurtaient cependant, jusqu'à ces dernières années, à des impossibilités pratiques
qui semblaient ne devoir jamais être résolues. Malgré
les difficultés énormes qu'il avait fallu surmonter pour
mener à bonne fin l'exécution de tunnels mesurant
deux à quatre kilomètres de longueur, il ne serait venu
à l'idée même des esprits les plus audacieux, d'entreprendre des travaux plus considérables, tels qu'en
exige le percement des grandes chaînes de montagnes,
dont l'épaisseur, dans les parties les plus minces des

cols, mesurent de 12 à 20 kilomètres. En Suisse les Alpes, en Italie les Apennins, en Autriche les monts du Tyrol et les Carpathes, dans le nouveau monde les Cordillières, formaient autant de barrières naturelles s'opposant au développement des voies ferrées, et par suite aux relations commerciales et aux exploitations industrielles qui sont les véritables sources de la richesse des nations.

Les différents cols à travers lesquels on pouvait songer à établir des galeries souterraines étaient tous trop élevés au-dessus de l'axe du souterrain, pour que la méthode par puits intermédiaires, exposée dans le chapitre précédent, fût employée. Si nous prenons comme exemples les deux grandes traversées des Alpes Cottiennes au col de Fréjus, et des Alpes Suisses au Saint-Gothard, séparant, les premières la France, les secondes la Suisse, de la haute Italie, nous voyons les différences entre les cotes de la montagne et celles de la galerie elle-même atteindre des moyennes de plus d'un kilomètre.

Au mont Cenis, l'entrée française du souterrain, Modane, est située à 1,202^m,82 au-dessus du niveau de la mer. Si nous suivons sur le dos du massif la direction du tunnel, les hauteurs correspondantes atteignent vite plus de 2 kilomètres pour arriver à 2,949 mètres, cote extrême, et retomber ensuite graduellement à 1,353^m,38 qui est la hauteur de l'embouchure italienne, à Bardonnèche.

D'après les chiffres précédents, on peut calculer exactement la profondeur qu'il faudrait donner aux puits intermédiaires, profondeur qui, nous venons de le faire remarquer, atteindrait souvent un kilomètre. S'il est difficile de se représenter le percement d'un seul puits de 1,500 mètres, il est plus impossible encore de comprendre la réalisation d'une œuvre, où l'on cherche l'économie de temps et d'argent, s'il faut d'abord creuser une vingtaine de galeries verticales accessoires, formant ensemble un développement de plus de 10 kilomètres de travail.

Les cols des grandes chaînes de montagnes, sauf de rares exceptions, se trouvent tous dans des circonstances analogues. Le Saint-Gothard, dont les altitudes, aux pieds du massif, sont de 1,109 mètres sur le versant nord, et 1,145 mètres sur le versant sud, parvient vite à des hauteurs de plus de 2,000 mètres. Le glacier de Santa-Anna, qui couvre le sommet extrême, est coté 2,977 mètres. A ce point, la hauteur de la crête de la montagne au-dessus du niveau du souterrain est supérieure à 1,800 mètres.

La grande profondeur des puits ne serait du reste pas le seul obstacle qui s'opposerait à leur exécution. La chaleur considérable qui règne déjà à cette distance du sol extérieur, les difficultés de la ventilation, les lenteurs accumulées par le transport des hommes et des déblais, feraient de ce travail une entreprise véritablement insensée.

Cette première solution reconnue inadmissible, il reste donc seulement à attaquer le tunnel par chacune de ses deux extrémités. En dehors des considérations techniques, aujourd'hui résolues, comme l'aérage du souterrain pendant son exécution, les craintes de rencontrer, sur le passage du tunnel, des nappes d'eau considérables dont l'irruption anéantirait le travail commencé, le premier et véritable obstacle, insurmontable par les méthodes alors connues, consistait dans le grand nombre d'années nécessaires à l'achèvement de l'entreprise.

Un souterrain de 12,000 mètres, comme celui du Mont Cenis, par exemple, dont il fut question le premier, n'eût pas exigé moins de trente années, jusqu'au jour où la locomotive pourrait rouler sous ses voûtes. Ce chiffre de trente années qui, à première vue, peut sembler exagéré, reste cependant dans les limites de la réalité. Les trois premières années 1858, 1859 et 1860, pendant lesquelles le travail du souterrain de Fréjus s'effectua à la main, donnèrent, pour une seule des embouchures, un total de 675 mètres d'avancement. La moitié du tunnel étant de plus de 6,000 mètres, trois années avaient donc été employées pour percer le dixième de ces six kilomètres, soit trente années pour l'achèvement complet de chacune des deux entrées percées simultanément.

Le massif du Saint-Gothard, qui mesure 15,000 mètres d'épaisseur, composé en général de roches plus dures que celles du mont Cenis, exigeait un laps de temps plus considérable encore. Il eût fallu près d'un demi-siècle pour perforer certains cols des massifs Alpins.

Les considérations précédentes nous expliquent suffisamment pourquoi, dans le principe, on abandonna l'idée de la perforation des longues galeries souterraines. La dépense eût été excessive en comparaison des résultats qu'il était permis d'attendre de leur exploitation ; le capital engagé fût trop longtemps resté improductif, tout en courant les chances inhérentes à tout travail nouveau, dont l'expérience n'a point encore sanctionné la réussite. Nous verrons plus loin les longues et laborieuses hésitations qui présidèrent au percement du col de Fréjus, et qui devaient aboutir à la solution pratique et définitive du problème mécanique de la perforation des cols élevés ; contentons-nous, à cette place, de constater l'impossibilité première qui, avant les découvertes récentes, s'opposait à la réalisation de telles entreprises, et qui arrêtait, au pied des massifs montagneux qui bornent nos frontières commerciales, les différents réseaux de nos voies ferrées.

Si, pour les raisons que nous venons d'exposer, l'établissement d'une galerie souterraine d'une longueur considérable ne peut être réalisé, ne pourra-t-on pas, du moins, tenter de hisser la locomotive sur les flancs du massif, en dotant le véhicule des organes exceptionnels indispensables pour cette dure traversée? Le problème, au point de vue mécanique seul, peut être résolu. Avant d'aller plus loin, on peut déjà citer, comme exemples concluants, les chemins à fortes rampes construits pendant ces dernières années dans les deux mondes, et qui gravissent, sans aucune chance d'accident, presque en ligne droite, des pentes considérables. Le plus célèbre d'entre eux, le chemin de fer du Righi, s'élève, sur une longueur de 5,100 mètres, à une hauteur de 1,121 mètres, ce qui donne à la voie ferrée une inclinaison moyenne de 20 centimètres par mètre.

Les chaînes de montagnes, dont les flancs s'élèvent parfois en pentes assez douces, changent brusquement d'aspect, lorsqu'on a atteint une certaine hauteur; la montée devient plus rapide à mesure qu'on s'approche davantage du col. La route abandonne forcément le tracé en ligne droite qu'elle ne pourrait plus suivre sans présenter une inclinaison trop fatigante, et s'étend en replis sinueux, recourbés sur eux-mêmes en zigzags étagés les uns au-dessus des autres, comme un long ruban qu'on aurait déroulé du sommet. C'est ce qu'on appelle des *routes à lacets*. Quiconque a voyagé dans les pays montagneux, en Suisse, en Autriche, se rappelle certainement ces longs et pittoresques trajets dans les lourdes diligences affectées au passage des cols, pendant lesquels le véhicule, pour gravir des hauteurs qui, en ligne droite, exigeraient un temps relativement insignifiant, tourne et retourne sur lui-même, décrivant toutes les courbes de la route, avant d'arriver au but qu'il paraît cependant si facile d'atteindre.

De nombreux essais ont été tentés pour résoudre victorieusement ce problème de la traction sur les rampes extrêmes des cols.

Les premières pensées qui marquèrent l'établissement des voies ferrées encore dans leur période d'enfantement, devaient fournir les rudiments de solution
de ce nouveau problème.

On crut en effet pendant longtemps qu'une roue,
dont l'essieu recevait un mouvement de rotation, tour-
nerait elle-même sur place, et on pensait que le mouvement de translation ne serait obtenu que si l'on pouvait
substituer au contact d'un rail et d'une roue lisse, le
contact d'une roue armée de *dents* ou de crochets s'imprimant dans le sol, ou même une véritable roue dentée
roulant sur une crémaillère longitudinale. On imagina
même de transmettre le mouvement alternatif des pistons à deux patins s'appuyant successivement sur le sol,
et faisant en quelques sortes des enjambées comme un
homme ou un animal [1]. Ce n'est qu'en 1812 qu'on
reconnut l'inutilité de ces complications, quand Ste-
phenson construisit une machine à six roues roulant sur
des rails lisses.

Dans les différents systèmes à fortes rampes où la
traction est effectuée par le véhicule lui-même (contrairement au système *funiculaire*, dans lequel le locomoteur est remorqué par des machines fixes), la voie est
triple. Elle se compose de trois rails, et dans celui du
milieu, en forme de crémaillère striée, s'engrène une
roue médiane, elle-même armée de *dents*.

La locomotive Jouffroy, dont le mécanisme repose sur
un châssis placé à l'avant et muni d'une roue striée,
est construite dans cet ordre d'idées. La chaudière est
portée sur un châssis roulant sur deux roues à jantes

[1] V. F. Jacqmin, *Des machines à vapeur*.

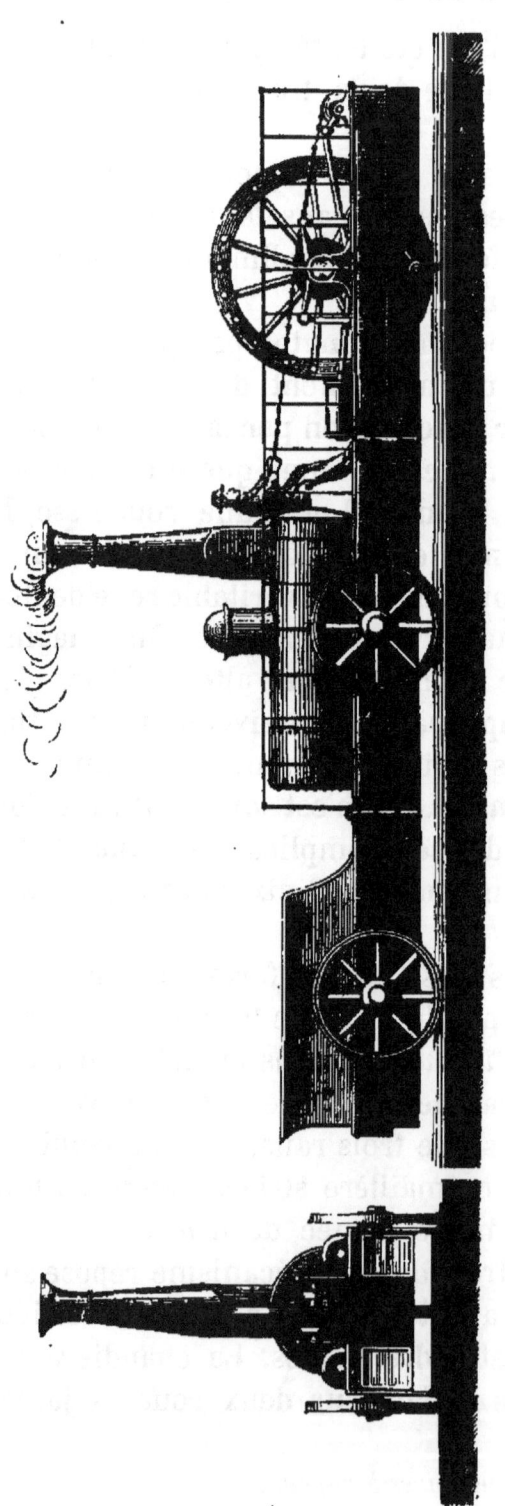

Fig. 38. — Locomotive Jouffroy.

plates. Pour remédier à la rigidité du système dans les courbes à faible rayon, les deux trucs portant le mécanisme et la chaudière sont réunis par une charnière verticale qui permet au système entier de s'infléchir au besoin.

Le véritable type des voies ferrées à rail central et à crémaillère, est certainement le chemin de fer destiné à franchir les rampes ardues du Righi.

La montagne du Righi, qui s'avance comme un promontoire dans le lac des Quatre-Cantons, s'élève à 2,000 mètres au-dessus du niveau de la mer. Sa hauteur propre est de 1,360 mètres, la cote du lac étant de 437 mètres.

Chaque année, plus de cent mille touristes font l'ascension du mont Righi, d'où l'on découvre l'un des plus beaux spectacles qu'il soit donné à l'homme de contempler. Toute l'immense chaîne des Alpes, les pics neigeux de l'Oberland, le mont Rose, la Jungfrau, le Finsterhorn, le mont Cervin, le mont Blanc, tous les rois et toutes les reines de ce gigantesque empire, présentent à vos yeux éblouis leur grand front couronné de neiges éternelles, sur lesquelles se jouent, aux premières lueurs du jour, les reflets étincelants du soleil levant.

Si on eût voulu développer le tracé en rampes ordinaires, la longueur de la voie ferrée eût atteint 40 à 50 kilomètres. Le railway du Righi, depuis le port de Vitznau jusqu'à la cime, mesure seulement 8,300 mètres, au moyen de rampes de 19 à 25 centimètres, interrompues par les paliers des trois gares de Vitznau, du Kaltbad et du Staffel.

Nous décrirons séparément les trois parties essentielles qui servent à l'exploitation : la voie, la locomotive et le wagon à voyageurs. La description de chacun de ces appareils, ainsi que leur fonctionnement, pourront être suivis sur notre gravure.

La voie se compose de deux éléments : la voie proprement dite, formée de rails Vignolle ordinaires, pesant 16 kilogrammes le mètre courant, et la crémaillère centrale qui court entre les deux lignes de rails. Cette crémaillère peut être comparée à une échelle de fer très-étroite — environ 25 millimètres de largeur — elle pèse 68 kilogrammes le mètre courant. Les échelons sont solidement rivés en dehors des montants ; c'est en effet sur ces échelons que viennent mordre les dents de la roue dentée de la machine ; c'est sur ce point d'appui que se hisse le train.

Le train se compose de la locomotive et d'un seul wagon à voyageurs,

Au premier coup d'œil, la locomotive présente un aspect assez singulier. Sa chaudière, au lieu d'être verticale, est inclinée. La forte inclinaison de la voie a nécessité cette disposition, afin d'éviter les dénivellations de l'eau. Tandis que la locomotive paraît inclinée sur palier, elle reprend sur rampe sa position complétement verticale. Le mécanisme, fort simple, est identique à celui des autres locomotives, sauf les dispositions particulières nécessitées par la crémaillère. Les cylindres qui reçoivent la force expansive de la vapeur, agissent sur un arbre muni de pignons qui font tourner l'essieu d'arrière. Sur cet essieu est calée la roue dentée en acier Krupp, destinée à engrener avec la crémaillère. L'essieu d'avant porte aussi une roue dentée qui mord le rail central, mais sa fonction est surtout de guider la machine et de servir de frein. A l'arrière de la locomotive se trouve le tender, contenant d'un côté une soute à charbon, de l'autre une caisse à eau, contenant environ 1,100 litres, qu'on remplit à la montée et à la descente.

Le wagon est construit très-légèrement. Seules les cloisons des extrémités sont vitrées, les fenêtres latérales sont munies de simples stores. Les voyageurs sont assis en amphithéâtre, de manière à tourner le dos au sommet et à regarder le bas de la rampe. A mesure qu'on s'élève, le paysage se déroule peu à peu, toujours plus grandiose. Les cimes neigeuses émergent, les unes après les autres, derrière le rideau noir des montagnes plus proches.

La machine pousse la voiture à la montée, et la retient à la descente. De cette façon, le garde-frein est maître de son wagon, qu'il peut arrêter alors même que la locomotive continuerait sa route. Pour plus de sécurité encore, il existe à l'avant de la machine et du wagon deux poulies à rainures, sur lesquelles peuvent s'abattre de solides mâchoires qui constituent un frein énergique. Les accidents sont ainsi rendus presque impossibles.

Le trajet est bien fait du reste pour qu'il soit utile d'être complétement rassuré. Afin d'éviter le percement de souterrains qui eussent encore augmenté la dépense déjà si considérable de l'établissement de la voie, on a dû suivre les flancs presque à pic de la montagne. Au sortir d'un tunnel de 80 mètres de longueur, le train s'engage sur un léger viaduc, à jour, sans tablier, au-dessous duquel, à 25 mètres de profondeur, coule le torrent du Schnurtabel. La longueur totale du pont est de 76^m,50; la pente de la voie est de 25 centimètres, et en outre la voie elle-même s'arrondit avec une courbe de 180 mètres de rayon. Le pont du Schnurtabel réunit donc les deux circonstances exceptionnelles du railway du Righi : maximum de pente et minimum de rayon.

A la descente, la machine n'emploie plus de vapeur, elle descend d'elle-même, sous la seule action de la pesanteur, en soutenant le wagon devant lequel elle est placée, Un frein ingénieux s'oppose à l'accélération du mouvement des roues dentées, qui ne manquerait pas de se produire sans cette disposition.

Le trajet se fait en moins d'une heure. Le prix est de 7 francs à la montée et de 3 francs à la descente. Il ne faut pas perdre de vue, en présence de ces chiffres, que chaque kilomètre parcouru correspond à une élévation de 200 mètres.

Avant que l'ingénieur suisse Riggenbach eût livré à l'exploitation — 20 mai 1871 — le chemin de fer du Righi, un ingénieur américain, Sylvestre Marsh, de Chicago, avait construit, en 1868, dans le New-Hampshire, une voie ferrée à crémaillère, montant de la base au sommet du mont Washington, la plus élevée des montagnes Blanches de l'Amérique du nord. La distance à

franchir était de 4 kilomètres, rachetant une différence
de niveau de 1,105 mètres; la pente atteint donc plus de
33 pour cent. Les ouvriers employés à la construction
de la ligne éprouvèrent de sérieuses difficultés à travailler sur des rampes aussi fortes.

Depuis l'établissement du Righi, on compte, dans les
diverses contrées de l'Europe, des applications intéres-
santes du système à crémaillère. En Suisse : le chemin
de fer d'Ostermündigen, près Berne, qui relie les carrières de pierre de même nom au railway de Berne à
Thoune, et le chemin de Rorschach sur le lac de Constance; en Autriche : le chemin qui gravit le Kahlenberg,
près Vienne, et celui de Pesth, entre Ofen et le Scha-
benberg. Plusieurs autres sont en projet, parmi lesquels
nous citerons celui qui atteindra la cime du Monte-
Generoso, dans le canton suisse du Tessin.

Ce ne fut pas seulement dans l'usage du rail central
et à crémaillère tel que nous venons de le décrire, que
fut cherchée la solution du problème de l'adhérence
dans les chemins à fortes pentes. Pendant la durée du
percement du col de Fréjus, l'Anglais Fell conçut l'idée
d'installer, sur les flancs de la montagne non encore
percée, une voix ferrée qui, en attendant la réalisation
de l'œuvre capitale, pût servir de communication entre
l'Italie et la France. Or, la route du mont Cenis, entre
Saint-Michel et Suze, soit une longueur de 77 kilomètres,
présente, sur la plus grande partie des deux versants,
des pentes qui varient entre 70 et 80 millimètres par
mètre, et atteignent parfois un maximum de 85 à 90 millimètres. Sur le versant français, la route se développe
en lacets dont les courbes sont encore assez douces, mais
sur le versant italien, les lacets sont très-raides, et
le rayon des courbes descend à 10 mètres. Le point

Fig. 39. — Chemin de fer du Righi. Le pont du Schnurtabel.

culminant est à 2,125 mètres au-dessus du niveau de la mer.

La société anglaise représentée par MM. Brassey, Fell et Cie, fut autorisée à occuper, sur toute la route du mont Cenis, une largeur de 4 mètres pour l'établissement d'une voie de 1 mètre d'écartement. Sur un grand nombre de points, la voie dut être placée en dehors de la route, notamment pour les courbes dont le rayon minimum avait été fixé à 40 mètres. Au sommet du versant italien particulièrement, on dut abandonner complétement la portion de route, dite des Échelles, et la voie Fell fut posée le long d'un ancien tracé.

La voie de fer établie, il fallait trouver un moteur capable de la parcourir et de conserver une force suffisante pour remorquer derrière lui un train de quelques voitures. Avec des rampes de quelques millimètres, aucune machine locomotive n'aurait pu se traîner elle-même à des vitesses acceptables. M. Fell eut alors l'idée de demander à un rail central, saisi latéralement par des roues tournant autour d'axes verticaux, le complément d'adhérence nécessaire au déplacement de la machine et du train. Cette idée d'un rail central n'était du reste point nouvelle ; elle avait, dès 1846, été présentée par M. le baron Séguier, plus peut-être, il est vrai, comme un moyen d'attacher en quelque sorte la machine au sol et de prévenir les déraillements, que comme un moyen de franchir les fortes rampes.

Dans la machine Fell, les roues horizontales sont serrées par des leviers à ressort auxquels le train est attaché : la pression contre le troisième rail augmente donc avec la pente. A la descente, afin de diminuer la force de l'accélération qui tendrait à précipiter la marche du train avec une vitesse de plus en plus grande, les roues horizontales servent de frein, et sa puissance est réglée par les ressorts dont nous venons de parler.

Une deuxième solution du problème de la tractino sur les fortes rampes consiste dans l'établissement des chemins funiculaires ou plans inclinés.

Dans les chemins à *plans inclinés*, le train à remorquer est fixé à un câble, qu'une machine fixe, située au sommet de la rampe, enroule et déroule à volonté. Tels sont les célèbres plans inclinés de Liége, rachetant des pentes qui varient de 0,014 à 0,030. La tension des câbles y est réglée par un chariot roulant, placé en arrière du bâtiment des machines, sur un chemin de fer incliné qui tend à l'éloigner sans cesse du bâtiment; un contre-poids de 7,000 kilogrammes qui peut se mouvoir dans un puits de 30 mètres de profondeur, retient en arrière le chariot de tension. Les plans inclinés de Liége ont longtemps joui d'une réputation méritée; les progrès réalisés dans la construction des locomotives permettent aujourd'hui de franchir des rampes de cette nature, et les plans inclinés de Liége ne servent plus aujourd'hui qu'à la remonte des trains de marchandises.

Le plan incliné construit entre la partie basse de la ville de Lyon et le quartier de la Croix-Rousse, nous offre encore un exemple de la solution du problème des fortes rampes au moyen de la traction par machines fixes. La longueur à parcourir étant de 489 mètres, et la hauteur à racheter de 70 mètres, le rail dut être établi sous une inclinaison de 0,168, plus de cinq fois plus considérable que celle des plans inclinés de Liége.

Au sommet du plan incliné se trouvent deux machines à vapeur horizontales fixes, de 150 chevaux, fonctionnant alternativement, destinées à se suppléer en cas de dérangement de l'une d'elles. Chaque machine fait marcher un tambour de 4m,50 de diamètre, sur lequel s'enroule le brin montant et se déroule le brin descendant. De cette manière on peut utiliser le poids du train descendant pour la remonte du train montant,

La durée d'un voyage est de 2 minutes 30″; il y a un départ toutes les cinq miuutes.

Le plan incliné de la Croix-Rousse, baptisé à Lyon du sobriquet significatif de *chemin à la ficelle,* donne une idée très-exacte de ce système de locomotion ou plutôt de remorquage d'un train au moyen d'un câble solide enroulé et déroulé sur un tambour recevant son mouvement d'une machine fixe. Nombre de chemins à fortes rampes ont ainsi été établis ; nous citerons par exemple le chemin de fer du Kahlenberg, qui gravit la montagne du même nom, aux portes de la capitale de l'Autriche. Le câble en acier qui remorque le train est soutenu le long de la voie par des galets qui rendent le mouvement très-doux.

Lorsque la distance à parcourir présente une longueur assez considérable, il devient indispensable de multiplier le nombre des machines fixes communiquant leur mouvement aux câbles de traction. Le plan incliné de la *Sierra de Mar,* au Brésil, qui parcourt une longueur de 9 kilomètres, avec une pente de 0,10, est divisé en cinq étapes. A chaque étape est installée une machine fixe commandant un tambour qui enroule et déroule le câble de traction, à la manière du plan incliné de la Croix-Rousse.

L'exécution des plans inclinés d'après le système remorqueur que nous venons d'exposer, exigeait inévitablement une pente relativement faible, sans quoi, avec une très-forte rampe, pour peu que le train fût pesant, la section du câble devait être considérable. La section du câble de la Croix-Rousse qui est appliqué à une déclivité de 0ᵐ,168 est de 0ᵐ,046 ; il est composé d'une âme en chanvre, recouverte de huit brins de fil de fer, et pèse 7 kilogrammes le mètre courant. La voie ne devait en outre présenter aucune inflexion, les courbes excluant l'emploi du câble plat, et les câbles ronds causant de grandes pertes de travail par leur raideur, tout en s'usant vite dans les courbes sur les poulies porteuses. Le *locomoteur funiculaire* Agudio remédie à ces derniers inconvénients, en même temps qu'il franchit des rampes de près de 40 pour cent. Nous décrirons aussi simplement que possible cet ingénieux système, qui a su réunir tous les avantages de la remorque par câbles des plans inclinés, et du complément d'adhérence dû au rail central.

Quelques-uns de nos lecteurs ont pu voir fonctionner à l'Exposition universelle de Paris, près des Catacombes de Rome, le *locomoteur funiculaire Agudio*. On l'essayait encore l'an dernier au mont Cenis, sur le même chemin qu'avait parcouru autrefois la locomotive Fell, de Lanslebourg au refuge n° 20. Il se compose essentiellement :

1° De deux machines fixes, mises en mouvement par la vapeur ou par des chutes d'eau;

2° D'un câble sans fin en acier, mis en mouvement par ces machines avec une très-grande vitesse ;

3° D'un chariot ou locomoteur, destiné à recevoir la force motrice développée par les machines fixes;

4° Enfin, d'un rail central placé entre les deux rails ordinaires, et servant de point d'appui au chariot locomoteur.

La voie ferrée de ce chemin funiculaire diffère peu en elle-même de celle du Righi. Comme cette dernière, elle est composée de trois rails, dont deux lignes de rails ordinaires Vignolle, et un rail central, taillé en crémaillère sur chacune de ses deux faces latérales. Le tout est monté sur trois files de longrines solidement reliées pas des entretoises en charpente.

Fig. 40. — Le chemin de fer à plan incliné de la Croix-Rousse a Lyon.

De chaque côté de la voie circulent deux câbles sans
fin agissant parallèlement, mais par un seul brin, sur
des poulies symétriques placées de chaque côté du *locomoteur*. De distance en distance, des poulies, horizontales, inclinées ou verticales, suivant la courbure de la
voie, supportent les câbles et les infléchissent.

Les câbles ont pour mission de donner le mouvement
au locomoteur, qui opère la traction. Pour cela, les câbles, en s'enroulant autour des quatre grandes poulies,
symétriques deux à deux, qui sont situées de chaque
côté du locomoteur, transmettent, au moyen d'un mécanisme simple, leur mouvement à deux roues dentées qui viennent engrener dans les faces latérales dentées du rail central, et déterminent le démarrage du
train.

Le *locomoteur*, qui est la partie essentielle du système,
n'est donc pas, à proprement parler, un moteur ou une
machine motrice, puisque, comme la locomotive, il ne
porte pas avec lui le générateur d'impulsion. Le locomoteur est plutôt un récepteur de la force, emmagasinant,
saisissant au passage la force accumulée par les machines fixes dans le câble toueur, et l'utilisant pour la
remorque du train.

Avec des pentes aussi considérables que celles qui
sont franchies par le chemin funiculaire, il serait dangereux de remorquer le train à l'arrière du locomoteur.
Aussi, de même qu'au Righi, le locomoteur pousse le
convoi sur la rampe.

En dehors des mécanismes qui emmagasinent et
transmettent le mouvement, le locomoteur est pourvu
d'un frein à mâchoires de fer, qui saisissent la longrine
en bois supportant la crémaillère centrale, et l'arc-
boutent sur elle. Cet appareil est manœuvré par le
garde-frein au moyen d'une manivelle placée en tête
du locomoteur. Quatre cliquets battent en outre sur les

dents de la crémaillère, et e pêchent tout mouvement
rétrograde en cas d'accident.

Le locomoteur funiculair Agudio réalise un immense progrès pour l'exploit tion des chemins de fer de
montagnes, puisqu'il peut f anchir des rampes de 40
pour 100, avec une vitesse e 14 kilomètres à l'heure,
en remorquant des trains d 60 tonnes, comme l'ont
montré les expériences fait s au mont Cenis. L'ingénieuse combinaison de l'e loi simultané du *locomoteur* et du *rail central* a pu eule obtenir ces merveilleux résultats.

« Le locomoteur est un poids mort comme la locomotive ordinaire — dit M. l'inspecteur général des mines
Couche, dans son Rapport du jury international de l'exposition universelle de 1867 ; — mais il y a une différence
capitale, c'est que le locomoteur est un poids mort cons-
tant (10 à 12 tonnes), indépendant du poids du train et
de l'inclinaison de la rampe, tandis que le poids de la
locomotive croît rapidement avec les deux éléments. De
plus la puissance de la machine locomotive est limitée
par les dimensions restreintes de sa chaudière, tandis
que celle de l'appareil de M. Agudio est presque sans
limite. Avec une vitesse de 20 mètres par seconde, et un
effort de traction de 2,500 kilogrammes sur le câble, le
locomoteur transmettra une force de 1,200 chevaux-
vapeur, et pourra remorquer des trains de 100 tonnes,
à la vitesse de 20 kilomètres à l'heure, sur des rampes
de 0^m,100. Dans ces mêmes conditions, le poids utile remorqué par une machine locomotive serait presque nul.

« En résumé, le locomoteur Agudio, dans lequel le
poids mort est invariable, est par cela même d'autant
plus avantageux que les rampes sont plus fortes, et le
rail central a, de son côté, la propriété très-précieuse
de se prêter à des moyens d'arrêt très-énergiques. »

Avant de quitter les chemins à traction par câbles

métalliques, nous citerons le railway en construction qui doit relier Ouchy, port du lac de Genève, à la ville de Lausanne. La distance à parcourir est de 1,496 mètres, et la différence de niveau franchie de 103 mètres. Le tracé est complétement en alignement droit. Les rampes varient de 0^m,055 à 0^m,116. Les moteurs agissant sur les câbles métalliques sont des turbines alimentées par l'eau provenant de la dérivation du lac de Bret, situé à 10 kilomètres de Lausanne et à 150 mètres au-dessus. De Lausanne à Ouchy, le chemin sera à double voie, avec l'écartement normal. Chaque départ donnera lieu à un train montant et à un train descendant. Le trajet direct n'exigera que six minutes.

L'établissement de ce chemin de fer nécessitera le percement de deux tunnels ; et les moteurs desservant le chemin à câbles métalliques serviront également à la compression de l'air nécessaire au fonctionnement d'un chemin pneumatique de 230 mètres de longueur, reliant la ville de Lausanne à la gare du chemin de fer de la Suisse occidentale.

Nous mentionnerons également le chemin projeté qui doit s'étendre de Naples au sommet du Vésuve. Afin de détourner, en cas d'éruption du volcan, le courant de lave de la voie ferrée, le débarcadère doit être établi à plus de vingt mètres de profondeur sous la lave elle-même. Une forte saillie du mont Somma servirait de refuge protecteur au matériel, dans ce cas extrême. Les observations de M. le professeur Palmieri ayant montré que le courant de lave suivait de préférence l'un des deux versants de la montagne, c'est sur le versant opposé qu'on compte installer la voie ferrée, dont le développement atteindra 23 kilomètres. La voie par câbles métalliques aura 3,200 mètres de longueur.

Parmi les chemins à câbles déjà construits, nous signalerons encore le railway espagnol établi en 1854,

pour relier au port de Gijon les mines de la vallée du
Caudin, qui appartenaient à la reine Christine. Il comprend un plan incliné (destiné à faire éviter un circuit
de 8 à 9 kilomètres), d'une longueur de 754 mètres, et
présentant une pente continue de 125 millimètres. Ce
plan est à double voie, et est desservi par deux machines
fixes conjuguées, de 75 chevaux, placées au niveau supérieur. Comme dans les exemples déjà décrits précédemment, ces deux machines agissent sur un arbre portant
deux tambours sur lesquels s'enroulent en sens inverses
deux câbles ronds en fil de fer, de 6 centimètres de
diamètre. Pour les trains de marchandises, on fixe directement l'extrémité du câble au dernier wagon; lorsqu'il s'agit de faire monter ou descendre les voitures à
voyageurs, on a soin d'interposer un wagon-frein portant un mécanisme particulier, analogue à ceux du
Righi et du système Agudio, et qui agit, en cas de rupture du câble, en appliquant contre les rails de fortes
machines de fer, opposant ainsi une résistance suffisante au mouvement de descente

Une troisième solution du problème des rampes, que
nous mentionnerons seulement à présent, nous réservant d'y revenir lorsque nous parlerons de l'air comprimé et de ses applications, consiste dans l'établissement d'un chemin de fer atmosphérique. Le *chemin
atmosphérique* se compose essentiellement d'un piston
manœuvrant dans un tube placé à la surface du sol. Le
convoi est relié au piston par une tige rigide, de sorte
qu'il se trouve entraîné en même temps que le piston
lui-même. Au moyen de machines puissantes, l'air est
raréfié sur l'une des deux faces du piston qui reçoit
alors un excès de pression en rapport avec le degré de
raréfaction de l'air. Ce système a permis de franchir la
pente de 35 millimètres qui s'étend de la plaine du Vési-
net au plateau de Saint-Germain. Nous avons précé-

demment signalé son application à la rampe de Lausanne.

Telles sont, en résumé, les solutions mécaniques qui ont été proposées en vue de la traversée des cols par la locomotion. En dehors du chemin de fer atmosphérique, nous pouvons les diviser en deux grandes classes : la première ajoute au moteur des organes spéciaux destinés à rétablir l'adhérence perdue, tels que la roue dentée et la crémaillère du Righi, les roues horizontales et le rail central du chemin de Fell ; la seconde

Fig. 41. — Le chemin de fer pneumatique.

remplace le moteur générateur d'impulsion par un locomoteur, mû par des machines fixes, remorquant le convoi par touage au moyen de câbles, comme le font les plans inclinés de Liége, de la Croix-Rousse, et surtout le locomoteur funiculaire Agudio.

Nous avons, dès le commencement de ce chapitre, fait entrevoir les inconvénients graves qui sont inhérents à toute exploitation d'une ligne ferrée présentant de très-fortes déclivités. Si ingénieux et relativement économiques que soient les systèmes que nous avons passés en revue, aucun d'entre eux ne peut surmonter les difficultés que nous avons signalées. La descente particulièrement présente peut-être dans les chemins à fortes rampes plus d'obstacles encore que la montée. Le mécanisme fonctionnant à vide, l'usure des pièces est beaucoup plus rapide ; les freins qui agissent directement sur les rails exigent le renouvellement fréquent de la voie.

Une solution mécanique définitive viendrait-elle à être découverte, qu'elle ne pourrait être appliquée que partiellement, sur des cols peu élevés. La climatologie des hautes montagnes s'oppose à toute réalisation pratique d'une voie ferrée.

Nul n'ignore, en effet, qu'à partir de certaines altitudes, les neiges qui tombent souvent sans interruption pendant cinq ou six mois de l'année, les avalanches qui glissent des hauts sommets aux premiers rayons du soleil de printemps, ensevelissent la montagne sous un épais linceul, qui atteint souvent cinq ou six mètres de hauteur.

A de faibles altitudes déjà, il devient nécessaire, pour protéger la voie ferrée, de la recouvrir d'un véritable toit en solides boisages, comme cela se fit lors de la traversée du mont Cenis par le chemin Fell, et comme cela se pratique encore sur le chemin du Pacifique.

Lorsque, en 1872, on mit la première main à la gigantesque percée du mont Saint-Gothard, il me souvient que, pour traverser le col, on avait dû creuser dans la neige, au val Tremola, un véritable tunnel de 300 mètres de longueur, sous lequel glissaient les traîneaux.

Aussi la véritable solution du problème consiste à traverser les hautes montagnes par de longues galeries souterraines.

CHAPITRE VI

LE TUNNEL DU MONT CENIS

Historique du projet. L'air comprimé. — Première idée d'un percement des Alpes. Les vallées de l'Arc et de la Dona Riparia. Bardonnèche et Modane. — Le projet du géomètre savoisien Joseph Médail. — L'ingénieur belge Henri Mauss et ses transmissions par câbles. La machine haveuse du Val d'Oc. — Imperfections du système Mauss. Le problème de la transmission intégrale des forces à grande distance. — La vapeur et l'air comprimé. Le fusil à vent. Les fondations à air comprimé. — La machine perforatrice Bartlett. — Daniel Colladon. — Les ingénieurs Sommeiller, Grattoni et Grandis. Les plans inclinés du Giovi et la machine de la Coscia. — Le vote du Parlement piémontais. Le comte Camille de Cavour et Menabrea. — La première mine.

Le premier en date, et le plus célèbre des percements des Alpes, est celui des Alpes Cottiennes au col de Fréjus.

Les origines de ce grand travail nous forcent de nous reporter à plus de quarante années en arrière, lorsque le Piémont et la Savoie, séparés après la guerre de 1859, étaient encore réunis sous le sceptre du roi Charles-Albert.

L'immense chaîne des Alpes qui, partant de la Méditerranée où elle se soude aux Apennins, s'étend du mont Viso au mont Cenis, et va se mêler ensuite aux massifs des Alpes suisses, formait entre ces deux provinces une barrière naturelle, jusque-là infranchissable. Dès que la découverte des chemins ferrés eut imprimé un nouvel essor à l'établissement des voies de communication, des deux côtés des Alpes, on chercha les moyens de franchir la montagne.

Il y a peu d'exemples d'une ténacité semblable à celle dont firent preuve les promoteurs de cette entreprise hardie. Son étude fut poursuivie à travers toutes les vicissitudes politiques que traversa le Piémont, sa défaite à Novare et à Custozza, l'abdication et l'exil de son roi, les charges ruineuses imposées par le vainqueur après la victoire, la reconstitution lente de sa liberté, et finalement la fondation définitive de l'unité italienne. Au milieu de ces préoccupations politiques dont nous n'avons pas à faire l'histoire, l'idée du percement des Alpes marchait droit à son but, sans se préoccuper des critiques dont elle était l'objet, des clameurs qui s'élevaient autour d'elle, et qui ne craignaient pas de taxer de folie l'œuvre grandiose dont il nous était réservé de voir l'accomplissement.

Dès 1832, un pauvre géomètre savoisien, Joseph Médail, originaire de la vallée de la Dora, conçut le projet d'un percement des Alpes. Dans ses nombreuses courses à travers la montagne, il avait examiné avec soin les endroits les plus favorables, relevé les altitudes, et avait conclu au projet qui devait être réalisé plus de trente années plus tard : l'ouverture d'un souterrain de 12,000 mètres environ de longueur, entre Bardonnèche et Fourneaux, reliant entre elles les deux vallées de l'Arc et de la Dora Riparia.

Ce projet n'indiquait nullement, il est vrai, les moyens pratiques de réalisation, les machines et outils nécessaires pour surmonter les obstacles, mais l'idée n'en était pas moins lancée, et des mains plus habiles, sinon plus dévouées, complétant l'esquisse du géomètre, allaient mettre au service de l'œuvre qu'il avait tracée toutes les ressources de la science de l'ingénieur.

On ne pouvait tout d'abord songer à perforer un tunnel de 12,000 mètres de longueur avec les procédés ordinaires; plus de quarante années eussent été nécessaires, la grande élévation de la montagne ne permettant point d'établir des puits intermédiaires. Le tunnel devait donc être attaqué seulement par ses deux extrémités; chacune des deux galeries devait atteindre à un moment donné une longueur de plus de 6 kilomètres. Comment remédier en second lieu au défaut d'air respirable, renouveler cette atmosphère viciée par tant de causes différentes, la poussière de la roche, la fumée des lampes, la respiration des travailleurs, la chaleur intérieure du globe, qui va croissant à mesure que la profondeur devient plus considérable? Dût-on enfin découvrir un outil creusant le roc avec une vitesse suffisante pour vaincre la question du temps, de quelle façon transmettrait-on à cet outil, à plusieurs kilomètres de profondeur, la force motrice nécessaire à son fonctionnement?

L'ingénieur belge Henri Mauss, célèbre déjà par sa remarquable installation des plans inclinés de Liége, appelé en Piémont par le roi Charles-Albert, pour diriger l'exécution du chemin de fer de Turin à Gênes par-dessus les Apennins, présenta le premier un projet mécanique pour le percement du tunnel des Alpes. Nommé inspecteur honoraire du génie civil du Piémont, Mauss consacra, en compagnie du géologue Sismonda, quatre années entières aux études nécessaires à la complète élaboration du percement des Alpes. Bien que, dans les installations définitives, il ne soit rien resté du projet de Mauss, il est néanmoins utile de se rendre compte comment, pour la première fois, le problème de la perforation rapide des souterrains fut envisagé, au triple

point de vue de l'économie du temps, du bon fonctionnement de l'aérage, et de la transmission de la force
aux machines perforant le roc au fond du tunnel.

Pour la première fois, dans l'histoire du percement
des galeries souterraines, nous verrons apparaître le
travail mécanique remplaçant le travail à la main.
L'idée de l'outil naquit du travail manuel lui-même, dans
lequel l'ouvrier mineur lance avec force sa barre à
mine sur le rocher qu'il entame, en même temps qu'il
lui imprime à chaque coup un mouvement de rotation.
Il s'agissait, au moyen de mécanismes récepteurs ou
transformateurs de mouvement, habilement combinés,
de communiquer mécaniquement à un burin ou fleuret,
le double mouvement que lui transmet la main du mineur.

La machine Mauss était une véritable *Perforatrice*
du genre de celles que nous étudierons dans le chapitre
suivant, ou plutôt encore une haveuse analogue à celles
qui sont employées dans les mines. Elle se composait
essentiellement d'étages parallèles de ciseaux ou burins
de mineurs, pouvant glisser horizontalement dans les
trous d'un châssis. Au moyen d'un système de cames
très-ingénieux, ces fleurets, en reculant, bandaient de
puissants ressorts qui, lors de l'échappement des cames,
lançaient les ciseaux dans les entailles. Des lignes de
ciseaux, indépendants entre eux, saisis et abandonnés
alternativement par les cames, découpaient le front
d'attaque par bandes parallèles, qu'on abattait ensuite
avec le pic, le levier ou les coins de fer enfoncés dans
les rainures. Le mécanisme était en lui-même analogue
à celui d'une boîte à musique, dans laquelle les pointes
d'acier fixées sur le tambour, agrafent successivement
les ressorts abandonnés ensuite à leur vibration res-
pective.

Dans le projet définitif, la roche eût été attaquée sur

une section d'environ cinq mètres carrés, au moyen de la machine précédente. Une centaine de ciseaux perforateurs devaient être étagés, en cinq rangées horizontales, les uns au-dessus des autres, et découper simultanément la roche en quatre blocs, qu'on eût fait sauter ensuite avec des coins. La machine eût été placée alternativement à droite et à gauche de l'axe du souterrain, et la galerie de direction perforée eût ainsi mesuré 4^m,50 de largeur environ. Afin d'éviter l'échaufement des fleurets et l'encrassement des rainures, on injectait de temps à autre, au moyen d'une pompe adaptée à l'appareil, la partie entaillée du rocher.

M. Mauss supprimait complétement l'emploi d'une matière explosive. Il revenait ainsi au système des anciens, qui exploitaient les carrières au pic, soit en divisant d'abord la roche par des rainures dans lesquelles on faisait ensuite jouer les coins, soit en « l'étonnant » par le feu. M. Mauss, en rejetant l'emploi de la poudre, supprimait un des plus actifs agents de viciation de l'air du souterrain, et pensait pouvoir renouveler suffisamment l'atmosphère, débarrassée déjà des vapeurs délétères provenant de l'explosion, au moyen de ventilateurs centrifuges, tournant sur l'axe des poulies, et refoulant l'air impur dans un tube d'expulsion communiquant avec l'entrée du souterrain.

Nous n'avons encore rien dit de la force motrice nécessaire à la mise en mouvement des ciseaux perforateurs, des pompes hydrauliques destinées à l'arrosage des rainures creusées dans la roche, des appareils de ventilation, ni du système particulier que M. Mauss comptait employer pour transmettre, sans une déperdition sensible, cette force motrice au front de taille du rocher.

La force motrice, fournie par des roues hydrauliques, alimentées elles-mêmes par les deux torrents de l'Arc

et de Rochemolles, qui coulent à proximité de chacun
des deux chantiers assignés de Bardonnèche et de Modane, était transmise au moyen d'un câble sans fin en
fil de fer, de 44 millimètres de diamètre, reposant dans
l'intérieur de la galerie sur des poulies porteuses dis-
tantes de 10 en 10 mètres pour l'aller, et autant pour
le retour. La dernière de ces poulies, au fond du souterrain, commandait le système mécanique des cames
et des ciseaux percusseurs. L'appareil perforateur de
M. Mauss était muni d'un récepteur de puissance, qui,
à la façon du locomoteur Agudio, précédemment décrit,
portait deux fortes poulies de 2 mètres environ de diamètre, sur lesquelles s'enroulait plusieurs fois le câble
avant de retourner vers les machines fixes qui lui com-
muniquaient leur mouvement.

Des expériences furent faites avec la machine Mauss,
au moulin du Val d'Oc, sur d'énormes blocs apportés de
la montagne. Ces expériences réussirent pleinement,
et les résultats furent tels qu'on alla jusqu'à espérer un
avancement quotidien de 5 mètres par jour, pour chaque tête du tunnel. La petite galerie de direction pouvait ainsi être percée en moins de cinq années ! Les essais du Val d'Oc eurent un très-grand retentissement :
le roi Charles-Albert vint y assister, et malgré les
nombreux inconvénients de l'installation, on put croire
un instant que la barrière des Alpes allait être attaquée,
et que l'œuvre si longtemps rêvée allait enfin être
accomplie. Sur ces entrefaites, survint la guerre Aus-
tro-Piémontaise, dont l'issue fatale conduisit Charles-
Albert en exil, et dévora les millions lentement amassés
en vue du percement des Alpes.

Lorsque la paix de 1849 eut été signée, on revint au
projet de l'ingénieur belge. Une commission fut nom-
mée pour rédiger un rapport sur l'opportunité de l'application de son système. Parmi les membres de cette

commission, on remarquait MM. Menabrea et Paleocapa, le premier, mathématicien distingué, professeur à l'Académie royale de Turin, le second, ingénieur vénitien réfugié en Piémont après la chute de Venise, longtemps ministre des travaux publics et collaborateur du comte Camille de Cavour. Malheureusement l'enthousiasme des jours prospères s'était un peu affaibli, et la commission conclut simplement à l'ajournement du projet Mauss, tout en rendant un juste hommage au talent de son auteur.

En analysant les imperfections du projet, faciles à signaler aujourd'hui que l'œuvre est achevée, nous arriverons à faire entrevoir une solution définitive.

En dehors du mode de perforation mécanique, de séparation par havage de la roche, et de son arrachement au pic et au coin, excluant l'emploi de la poudre, et supprimant ainsi un auxiliaire puissant pour obtenir un faible résultat au point de vue de la ventilation, le défaut capital du projet Mauss consistait dans le système même de transmission de la force.

Les poulies porteuses étant placées de 10 en 10 mètres, pour chaque brin montant ou descendant du câble métallique, on aurait eu ainsi, pour 6,000 mètres de tunnel, 1,200 poulies porteuses, encombrement fâcheux dans un souterrain, où la plupart du temps, on n'a déjà point assez de place pour installer les voies de services utiles au transport des hommes et des déblais. Bien plus préjudiciable encore étaient les pertes de force dues au frottement, à la résistance des poulies porteuses, à la roideur du câble métallique, pertes évaluées aux deux tiers de la force primitivement transmise. Pour cent chevaux transmis à l'origine, il en restait 20 à la distance de six kilomètres !

Cette dernière remarque fait entrevoir le problème capital qu'il faut résoudre avant tous les autres, et

dont dépend le percement des grandes galeries souterraines : transmission intégrale de forces à grande
distance, possibilité de transporter sans perte notable,
au fond du souterrain où travaillent des machines, de
quelque système qu'elles soient, la force emmagasinée à l'extérieur par des moteurs hydrauliques ou à
vapeur.

C'est sur cette étude que désormais vont se porter
les recherches; et c'est seulement lorsque ce problème
sera résolu, qu'il sera permis de se mettre sérieusement
à l'œuvre, et d'espérer un résultat favorable.

Les systèmes par câbles devant être écartés, en raison des difficultés d'établissement que comportent les
poulies porteuses et les chances de rupture, nous ne
ferons que mentionner les câbles télodynamiques inau-
gurés aux usines du Logelbach (Alsace) par M. Hirn,
avec lesquels les pertes de force sont sensiblement
diminuées. Nous considérerons seulement les forces
motrices fluides, pouvant être transmises par canalisation, au moyen de conduites métalliques d'un diamètre
restreint fixées au sol de la galerie , recevant des
embranchements si le besoin s'en fait sentir, et mises
en activité ou interrompues par un simple jeu de ro-
binets.

La vapeur semblerait satisfaire à toutes ces conditions d'installation. Nous connaissons sa puissance ;
nous la voyons chaque jour devant nous mettre en
mouvement des machines colossales, traînant à leur
remorque des trains d'un poids considérable. C'est elle
qui commande et crée les pulsations de ces énormes
machines hydrauliques servant à l'élévation des eaux
de la Seine; c'est elle encore qui élève et abaisse à volonté, aux forges des grosses œuvres du Creuzot, l'immense marteau-pilon qui écrase le fer comme un fétu
sous la main d'un enfant. Il est facile de la canaliser, de

lui faire suivre tous les coudes des tubes dans lesquels on la renferme; seulement sa force élastique diminue rapidement à mesure qu'elle parcourt une plus grande longueur de conduite. C'est cette raison qui rend son application presque impossible pour l'exécution des travaux souterrains où il faut pouvoir transmettre la force à plusieurs kilomètres de profondeur, suivant le degré d'avancement des travaux.

L'air respirable qui forme l'atmosphère au milieu de laquelle nous vivons, devait fournir, par sa compression, et ensuite par sa distribution habilement ménagée, la force motrice indispensable au percement des Alpes.

Nul n'ignore que tous les gaz, quels qu'ils soient, de même que la vapeur, possèdent une force élastique. Si vous abandonnez une masse gazeuse dans un espace vide et clos, elle remplira cette espace, se détendra jusqu'à ce qu'elle vienne se briser contre les parois, sur lesquelles elle exercera une certaine pression qu'on appelle *force élastique* du gaz. Sans aller plus loin, on peut déjà comprendre comment il fut possible d'utiliser la force élastique de l'air pour créer le mouvement de divers organes de machines.

.Cette force élastique de l'air, dans les conditions normales où il se trouve autour de nous, est prouvée par des expériences de physique très-simples, qui sont devenues classiques dans les cours publics. Sous la cloche d'une machine pneumatique, placez une vessie dont l'ouverture est fermée par un cordon. Faites le vide. Au bout de quelques coups de piston, la vessie se gonfle, la force élastique de l'air contenu dans la vessie n'étant plus équilibrée par l'air raréfié de la cloche qui pressait auparavant sur ses parois.

Sous la même cloche, introduisez une bouteille remplie d'air et bouché. Donnez quelques coups de piston;

le bouchon saute de lui-même, si on a eu soin de le tremper d'abord dans l'huile pour diminuer les frottements contre les parois de la bouteille.

Cette force élastique, cette pression, peut être évaluée en poids. L'air exerce sur un centimètre carré de surface une pression équivalente à celle qu'exercerait $1^{kil},033$, ou encore 10,336 kilogrammes sur un mètre carré.

Fig. 42. — Gonflement d'une vessie sous la cloche de la machine pneumatique.

Cette unité de pression est appelée en mécanique, *atmosphère*. Lorsqu'on dit, par exemple, qu'une machine à vapeur ou à air comprimé marche à 5, 6, ou 7 amosphères, on veut exprimer que la vapeur ou l'air comprimé agit sur la surface du piston ou sur les parois de la chaudière, avec une force égale à 5, 6 ou 7 fois la pression atmophérique, ou à 5, 6 ou 7 fois 10,336 kilogrammes par mètre carré de surface.

La loi de Mariotte, si connue en physique, nous apprend en outre que les pressions varient en raison inverse des volumes, c'est-à-dire que plus le volume devient restreint, plus la pression augmente. Si nous avons, par exemple, dans un espace fermé, de l'air à la pression atmosphérique, c'est-à-dire qui presse sur les parois de cet espace clos à raison de 10,336 kilogrammes par mètre carré de surface, et que nous comprimions cet air de manière qu'il n'occupe plus que la moitié de l'espace primitif, sa force élastique deviendra double; la pression qu'il exercera sur les parois du vase sera de deux atmosphères. Si nous réduisons notre fluide au tiers, au quart de son volume primitif, sa pression sera trois, quatre fois plus considérable que la pression initiale; elle sera de trois, quatre atmosphères.

L'air comprimé est donc un générateur de pression comme la vapeur; sa force élastique peut transmettre le mouvement à des organes de machines. La canonnière des enfants en est l'exemple le plus simple et le plus facile à comprendre. Elle se compose d'un bâton de sureau creux qu'on bouche à frottement dur à ses deux extrémités avec de l'étoupe mâchée; si l'on pousse l'un des tampons avec une baguette, l'air comprimé entre les deux balles d'étoupe chasse la balle supérieure.

Le fusil à vent est encore un exemple très-simple de la force élastique de l'air comprimé. Dans la crosse M, on accumule de l'air à une pression de 8 ou 9 atmosphères. Une batterie, analogue à celle des fusils ordinaires, permet d'ouvrir à volonté la soupape s, qui donne passage à l'air comprimé. Si on presse sur la détente d, le chien s'abat contre la pièce e; le recul de la tige t ouvre alors la soupape s. Le projectile placé au fond du canon est chassé assez violemment pour pouvoir percer à

20 mètres une planche de chêne de 0,015 d'épaisseur.
On peut ainsi tirer six à huit coups de fusil à vent; cer-

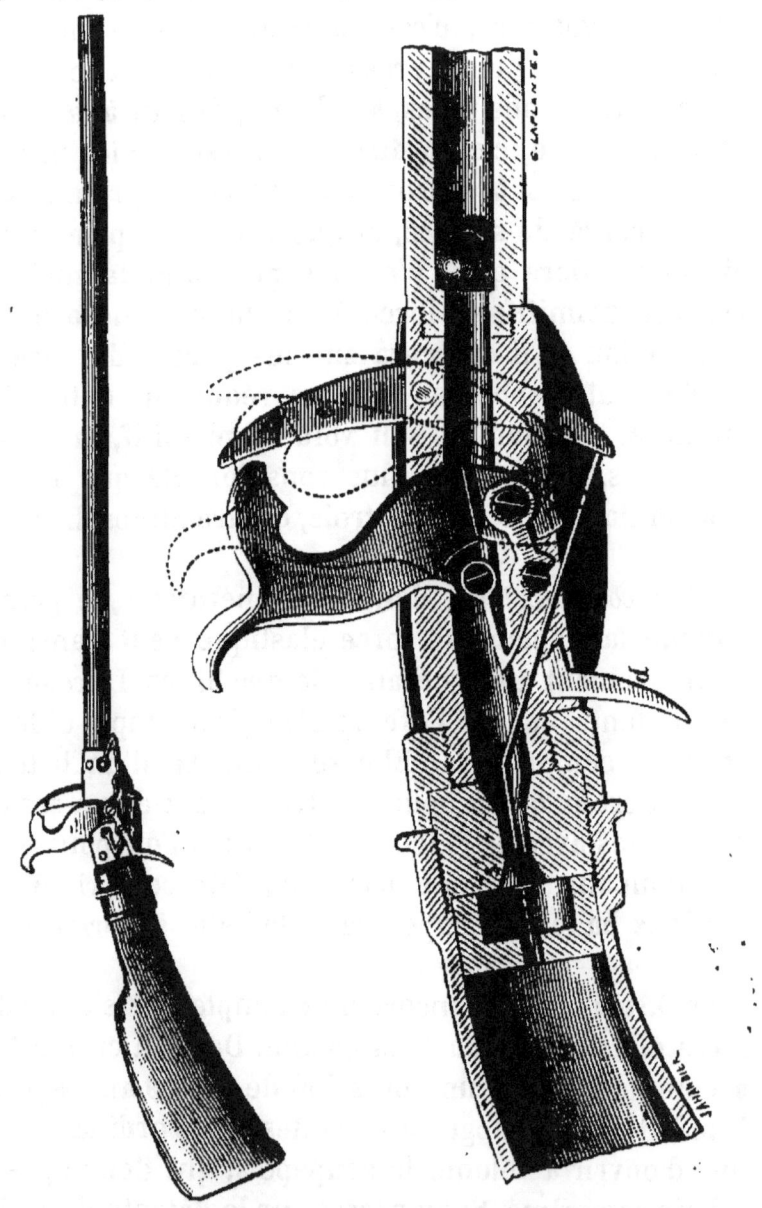

Fig. 43. — Fusil à vent.

taines armes de ce genre permettent même de tirer cent
coups avec la provision d'air accumulée dans la crosse.

Fig. 44. — Fondations sous l'eau à l'air comprimé.

Le fusil à vent, dont le tir ne provoque aucun bruit, est pour cette raison même une arme interdite, et ne se rencontre guère que dans les cabinets de physique.

L'air comprimé est souvent utilisé dans les travaux d'art pour les fondations des piles de ponts à établir au milieu des rivières ; c'est en employant cette force qu'on a, par exemple, fait les fondations du pont de Kehl sur le Rhin.

Le procédé consiste d'une façon générale à amarrer dans la rivière un solide cuvelage et à en expulser l'eau par la forte pression de l'air comprimé, de manière qu'il soit permis aux ouvriers de travailler à sec. Le cuvelage, ouvert à son extrémité inférieure, descend à mesure que les déblais s'exécutent. Il est fermé à sa partie supérieure par un couvercle qui laisse passer deux tubes, dont l'un sert à l'introduction de l'air comprimé, et l'autre au refoulement vers l'extérieur de l'eau expulsée. L'air est comprimé dans le premier tube au moyen d'une machine à vapeur installée à proximité des travaux (voir fig. 44).

Les chemins de fer atmosphériques, les installations de postes ou de télégraphes pneumatiques, sont également des applications, aussi simples qu'ingénieuses, de la force élastique de l'air à une ou plusieurs atmosphères de pression. Le principe de toutes les transmissions pneumatiques consiste essentiellement en un piston engagé dans un tube, et sollicité sur ses deux faces par des pressions différentes ; on obtient cette différence de pression soit en raréfiant l'air sur l'une des deux faces, soit en donnant au contraire un excédant de force élastique par la compression. Le piston sert de guide, et entraîne dans son mouvement un wagon s'il s'agit d'un chemin de fer, une boîte à dépêche, s'il s'agit d'un système télégraphique. Ainsi fonctionnent, à Paris, la poste atmosphérique, établie entre les stations du Grand-Hôtel et de la place de la Bourse, — à Londres, le *Pneumatic Dispatch*, entre les stations d'*Euston* et d*Eversholt-Street*. Un projet de poste atmosphérique entre la France et l'Angleterre, reposant sur ces principes, a été proposé tout récemment.

Le chemin de fer atmosphérique, construit ces temps derniers à New-York, circule dans un tunnel de fonte de forme cylindrique. Le wagon glisse sur deux rails placés à la partie inférieure du tube souterrain. Le véhicule, de même profil extérieur que le tube, est poussé à la montée par la compression de l'air sur la face d'avant. La descente s'effectue au contraire par la raréfaction du fluide déjà comprimé.

Ces exemples suffisent largement à démontrer que l'air qui nous environne possède, de même que la vapeur, une force élastique que nous pouvons augmenter à volonté, en lui faisant subir une compression plus ou moins grande. L'air comprimé a sur la vapeur l'avantage immense de ne pas perdre sa force élastique par le refroidissement; on peut l'emmagasiner à volonté, et installer ainsi des réservoirs de force à tout instant disponible, transportable même si le besoin s'en fait sentir, comme le gaz d'éclairage que nous voyons circuler tous les jours, et qui se distribue à domicile.

L'idée d'utiliser l'air comprimé comme force motrice n'est point nouvelle; sa force expansive est depuis longtemps connue. Aucune expérience n'était cependant venue mettre en évidence la propriété essentielle de la force qui allait être employée au percement des Alpes. Il était réservé à un professeur genevois, M. Daniel

Colladon, déjà célèbre par de nombreux travaux de physique, et qui, de concert avec Sturm, avait exécuté sur le lac de Genève les fameuses expériences d'acoustique aujourd'hui classiques, de démontrer que l'air comprimé pouvait, au moyen d'une canalisation d'un diamètre restreint, être transporté à de grandes distances.

A la suite de sa découverte, la première en date qui se rattache à la solution définitive du problème du percement des grandes galeries souterraines, M. Colladon proposa au gouvernement sarde un projet de perforation des Alpes au moyen de l'air comprimé. Par suite de diverses circonstances sur lesquelles nous n'avons pas à insister ici, le projet de M. Colladon, qui devait plus tard être adopté pour le percement du Saint-Gothard, ne fut pas mis à exécution au Col de Fréjus. L'illustre Menabrea rendit toutefois au professeur genevois un témoignage public de considération, dans le discours qu'il prononça le 26 juin 1857, et qui décida le parlement sarde à voter le percement du mont Cenis :

« L'honneur d'avoir émis le premier une idée ration-
« nelle — disait Menabrea — revient à M. Colladon, sa-
« vant physicien de Genève, qui proposait de faire
« agir les outils de la machine Mauss, non plus au moyen
« de cordes et de poulies, mais avec le précieux con-
« cours de l'air comprimé. »

Nous avons abandonné l'exposé historique du percement des Alpes dans sa curieuse période d'enfantement et d'hésitations, après la paix qui mit fin à la guerre de l'indépendance du Piémont. Les développements qui précèdent étaient nécessaires pour faire connaître la force nouvelle que nous verrons employer dans la suite pour les travaux de percement. Nous reprenons la question au point où nous l'avons laissée, après l'ajournement du projet Mauss.

En 1855, un ingénieur anglais, M. Bartlett, vint proposer une machine de son invention, destinée à forer mécaniquement les trous de mines. C'était une machine locomobile, à vapeur, à cylindre horizontal, à laquelle était accolé un mécanisme spécial servant à comprimer l'air nécessaire au mouvement de va-et-vient d'un piston muni d'un fleuret perforateur. L'ensemble de la machine se composait ainsi d'une véritable perforatrice juxtaposée à son générateur de puissance. La machine Bartlett sortit victorieuse des expériences qu'on fit à Chambéry et à Gênes sur des rochers des Alpes; mais malheureusement sa disposition même, excellente pour un travail à ciel ouvert, devait la faire rejeter. Comment, en effet, faire fonctionner au fond d'une galerie de plusieurs kilomètres de profondeur, ce foyer de chaleur et de fumée? L'invention péchait par la base principale. Une machine à vapeur, pour ne pas rendre irrespirable l'atmosphère de la galerie, devait en effet être placée à l'extérieur du souterrain, et nécessitait ainsi une canalisation jusqu'à l'outil perforateur. Les longues canalisations de vapeur ne pouvant être admises, l'application du projet Bartlett devenait par cela même presque impossible.

Pendant que se poursuivaient les essais, trois ingénieurs italiens, dont les noms, à jamais célèbres dans la science, sont restés attachés à l'œuvre du percement des Alpes : Germano Sommeiller, Severino Grattoni, Sébastien Grandis, dirigeaient tous leurs efforts sur l'application possible de l'air comprimé, comme moyen de traction sur les fortes rampes.

Au sortir du tunnel du Giovi, sur la ligne de Turin à

Gênes, au flanc des Apennins, existe une rampe de 35 millimètres, dont l'exploitation, onéreuse par la machine locomotive, avait déjà suggéré à M. Mauss son projet d'établissement d'un plan incliné permettant la traction par câbles. Les trois ingénieurs piémontais conçurent alors l'idée d'un chemin de fer pneumatique, qui, au lieu de fonctionner comme celui de Saint-Germain, par la raréfaction de l'air, utiliserait au contraire la compression sur l'une des deux faces du piston. Il était possible d'obtenir ainsi un excès de pression de plusieurs atmosphères, tandis qu'avec les chemins pneumatiques ordinaires, la différence de pression sur les faces n'atteint jamais une atmosphère, le vide parfait ne pouvant être obtenu. La suite des expériences devait conduire à vérifier les propriétés de l'air comprimé que nous avons déjà signalées, et à formuler un projet complet de percement rapide des Alpes.

Ce nouveau projet fut présenté au comte Cavour, en même temps que le ministre Paleocapa le portait à la tribune du Parlement.

A partir de cet instant seulement, la question entre dans sa véritable phase d'accomplissement. Le 17 juin 1856, la Chambre vote à l'unanimité un ordre du jour, par lequel le gouvernement est invité à procéder sans délai aux expériences destinées à établir d'une manière définitive le système de percement des Alpes. A la fin d'avril 1857, les appareils de compression, construits en Belgique par l'usine Cockerill de Seraing, arrivent à la Coscia, près Saint-Pierre-d'Arena, où ils sont installés provisoirement. Les expériences qui allaient être faites, sous les yeux de la Commission gouvernementale, devaient décider de l'avenir de l'œuvre à laquelle s'étaient vouées déjà tant d'intelligences supérieures. Rien ne fut épargné par les trois ingénieurs pour la réussite défini-

tive de leur découverte. Moins d'une année avait suffi
pour amener de Belgique en Piémont les énormes machines à compression ; et, dans ce lieu désert de la Coscia, selon l'énergique expression de Sommeiller au Parlement, il avait fallu « tarauder le fer avec ses ongles. »

Les critiques les plus vives s'élevaient contre cette
entreprise grandiose. Les uns soutenaient que dans les
entrailles de la montagne, on rencontrerait des roches
d'une dureté telle, que le coup de mine, semblable à
un canon, vomirait sa charge sans éclater. D'autres
redoutaient, dans ces profondeurs mystérieuses, des
cavernes, des abîmes, des lacs intérieurs, une chaleur
torride. Quelques-uns encore, comme un épouvantail
suprême, montraient du doigt, par-dessus les pics estom-
pés de nuages, un lac très-connu, dont, disaient-ils, il
était possible de rencontrer le fond. Une irruption
des eaux devait s'ensuivre. Travail, ouvriers, seraient
entraînés dans un courant irrésistible ! les vallées de
l'Arc et de la Dora seraient inondées ! nouveau déluge
amené par la main des hommes, assez audacieux pour
s'attaquer aux massifs éternels des Alpes ! Heureusement, le lac — car il existait à la vérité — coupait la
montagne à plus de 30 kilomètres en arrière de la ligne de percement !

Il ne fallut rien moins que l'énergique impulsion de
Cavour et de ses amis, aidés par le patriotisme attaché
à la réalisation d'une œuvre si longtemps méditée, pour
faire taire ces appréhensions aventureuses que beaucoup
d'incrédules conservèrent malgré cela, jusqu'au jour où
le dernier coup de barre à mine perça la dernière barrière qui séparait encore les deux pays.

La science elle-même venait opposer son *veto* solennel.
S'appuyant sur le principe nouvellement émis par Tyn-
dall, que toute force vive est le produit du calorique, de

savants ingénieurs avançaient que le travail de la compression allait dégager une telle quantité de chaleur que
les compresseurs seraient bientôt « chauffés à blanc, »
et alors, disait l'un d'eux, « ils ne serviront qu'à allumer la cigarette des inventeurs. »

Les promoteurs du percement n'en marchaient pas
moins à leur but : « Si nous rencontrons de l'eau, —
« s'écria en plein parlement Menabrea, faisant allusion
« aux partisans des lacs intérieurs, — nous la laisserons
« couler par le bas. Si nous nous trouvons en face des
« cavernes et des abîmes que vous nous annoncez, tant
« mieux! nous les comblerons, nous les franchirons par
« des ponts, ce sera autant de percé! »

Une telle confiance dans la réussite d'une œuvre à
laquelle applaudissait secrètement d'avance l'opinion
publique, exigeait l'approbation unanime du parlement
sarde. Sur le rapport favorable de la Commission chargée d'examiner les expériences de la Coscia sur la perforation des tunnels au moyen de l'air comprimé, la
loi décidant le percement des Alpes fut votée avec ac-
clamations. Le 31 août 1857, le roi Victor-Emmanuel
mettait le feu à la première mine qui entamait le massif
du col de Fréjus.

CHAPITRE VII

LE TUNNEL DU MONT CENIS.

LE COMPRESSEUR ET LA PERFORATRICE. — La pompe élémentaire
de compression des cabinets de physique. — Le *compresseur à choc*. Son fonctionnement. — Soupapes d'alimentation
et de déchargement de l'eau, d'aspiration et de refoulement
de l'air. Installation des compresseurs à choc à Bardonnèche
et à Fourneaux. — Le *compresseur hydropneumatique à piston*. Son fonctionnement. — Rendement des compresseurs.
— Les réservoirs d'air comprimé et sa canalisation jusqu'au
fond du tunnel. — La *perforatrice* Sommeiller. Mouvements
de rotation et de percussion de la barre à mine. Le piston
percusseur et le rochet de rotation. — L'affût porteur des
perforatrices. — Résumé.

Produire cette force, l'air comprimé, dont nous venons
de reconnaître les propriétés précieuses, l'emmagasiner, la transporter à plusieurs kilomètres de distance
sans qu'elle abandonne sa force élastique, installer au
fond du souterrain un moteur capable, par le jeu de ses
divers organes, de la transformer utilement, telle est,
dans son ensemble, l'installation nécessaire à la perforation mécanique d'une galerie souterraine, comme
celle du col de Fréjus.

Il faut donc deux machines très-distinctes, l'une destinée à comprimer l'air, l'autre à forer les trous de
mine : le *compresseur* et la *perforatrice*.

Les simples pompes utilisées dans les cabinets de

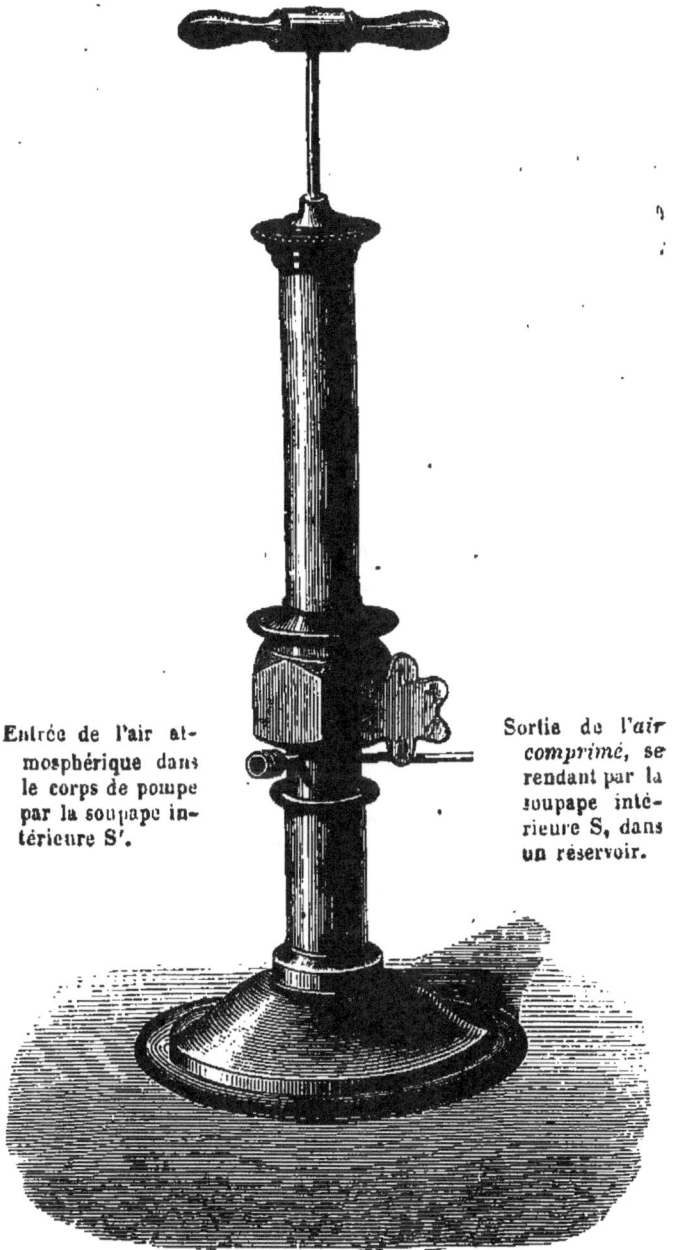

Entrée de l'air at-
mosphérique dans
le corps de pompe
par la soupape in-
térieure S'.

Sortie de l'air
comprimé, se
rendant par la
soupape inté-
rieure S, dans
un réservoir.

Fig. 45. — Pompe de compression.

physique pour la compression des gaz, donnent une
idée première des procédés employés pour recueillir

l'air comprimé. Supposons qu'on veuille comprimer
dans un réservoir une certaine quantité d'air puisée
dans l'atmosphère, la description succincte qui va suivre
donnera une idée exacte de l'appareil (fig. 44).

Un piston peut se mouvoir dans un corps de pompe
sur le fond duquel sont adaptées deux soupapes, la première S faisant communiquer le corps de pompe avec
un réservoir, la seconde S' avec l'air extérieur. La soupape S s'ouvre de haut en bas, la soupape S' de bas en
haut. Ces deux soupapes intérieures S et S' ne sont point
vues sur notre gravure, mais leur fonctionnement est
facilement intelligible.

Si, par exemple, le piston est au bas de sa course, et si
nous le soulevons, le vide se formera au-dessous de lui,
la soupape S restera fermée, l'air extérieur ouvrira
par sa pression la soupape S', et remplira le corps de
pompe. Abaissons le piston, il comprimera l'air contenu
dans le corps de pompe, la soupape S' restant fermée,
et la soupape S s'ouvrant pour chasser dans le réservoir l'air comprimé. — Si nous remontons le piston,
la même succession. de phénomènes se reproduira : la
soupape S restera fermée, S' s'ouvrira, l'air extérieur
envahira le corps de pompe, et par le jeu descendant
du piston, il sera de nouveau comprimé et chassé dans
le réservoir. — Au bout d'un certain nombre de coups de
piston, le réservoir contiendra de l'*air comprimé* à une
certaine tension. La capacité de ce réservoir restant cons
tante, la force élastique de l'air augmentera avec le nom
bre des coups de piston, et la compression de l'air sera
limitée par la seule résistance des parois du réservoir.

Les deux systèmes employés pour la compression de
l'air sur les chantiers d'attaque du col de Fréjus, le
compresseur à *choc* et le compresseur à *piston*, que
nous décrirons l'un après l'autre, reposent sur le même

principe que la pompe élémentaire de compression. Dans ces énormes appareils, nous allons retrouver, fonctionnant alternativement, les deux soupapes d'admission et de refoulement de l'air.

Le *compresseur à choc*, primitivement essayé à la Coscia, installé ensuite à Bardonnèche, tête sud du tunnel, se compose essentiellement d'un gigantesque siphon renversé, dont les deux branches communiquent, d'un côté avec une prise d'eau, de l'autre avec un réservoir d'air (fig. 45). L'eau qui descend dans la première branche du siphon, en s'ouvrant passage à travers une soupape d'alimentation, remonte dans la petite branche en comprimant l'air qui s'y trouve. Arrivé à un degré suffisant de force élastique, cet air comprimé soulève une soupape par laquelle il est introduit dans le réservoir principal.

La colonne d'eau qui, par son poids, sert à comprimer l'air, a 26 mètres de hauteur, ce qui correspond à une pression d'environ 2,5 atmosphères.

Le tube siphon a $0^m,62$ de diamètre, il communique, du côté de la grande branche, avec un réservoir, dit réservoir de compression, placé à 26 mètres de hauteur au-dessus de la branche horizontale, et, du côté de la petite branche, avec un réservoir d'air affectant la forme d'un cylindre en fer terminé par deux fonds hémisphériques.

En A se trouve une soupape, dite soupape d'*aumentation*, destinée à ouvrir ou fermer la grande branche, suivant qu'on veut établir ou interrompre la communication de la colonne d'eau avec la petite branche du siphon.

En B, une seconde soupape, dite soupape de *déchargement* ou d'écoulement, ménage la communication de l'eau avec l'air libre, et permet de vider la petite branche, lorsque le travail de la compression est terminé.

En C s'ouvre une soupape dite de *refoulement*, destinée à établir ou intercepter la communication de la petite branche avec l'air comprimé, renfermé dans le réservoir.

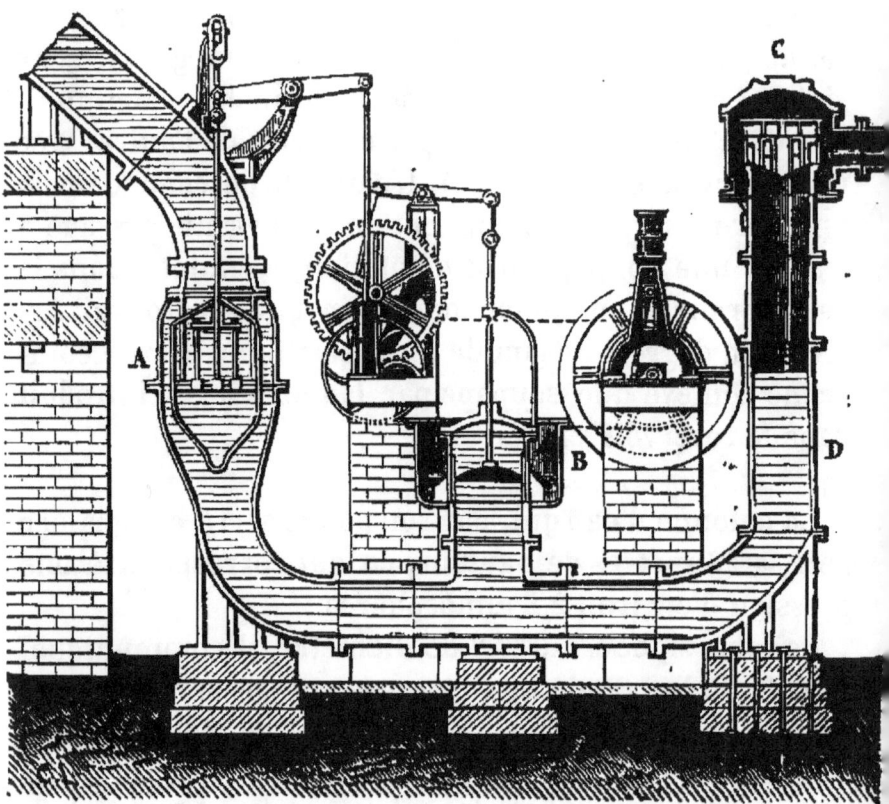

Fig. 46. — Compresseur d'air à choc du tunnel du Mont-Cenis.

Enfin, en D, une quatrième soupape dite d'*aspiration*, permet à l'air atmosphérique de pénétrer dans la petite branche lorsqu'elle se vide.

L'air du réservoir est toujours maintenu à une pression de 5 atmosphères effectives. Pour cela, à sa partie inférieure, débouche un tube manométrique communiquant avec un réservoir d'eau situé à 50 mètres de hauteur, correspondant alors à une pression égale à 5 fois celle d'une colonne d'eau de 10 mètres de hauteur, c'est-à-dire à 5 atmosphères. Au commencement de l'opération, lorsqu'on met l'appareil en marche, et que le réservoir est vide d'air comprimé, on ouvre le robinet qui met ce réservoir en communication avec le tube manométrique ; l'eau se précipite dans le réservoir jusqu'à ce que l'air, réduit au sixième de son volume, fasse équilibre à la pression due à la hauteur de chute de 50 mètres de l'eau contenue dans le tube manométrique.

Nous pouvons, avec ces données, nous rendre facilement compte du jeu de l'appareil.

Supposons que la soupape A d'alimentation soit fermée, et qu'on ouvre la soupape B de déchargement. La pression de 5 atmosphères du réservoir maintiendra fermée la soupape C de refoulement. La soupape D d'aspiration va s'ouvrir, pour donner passage à l'air atmosphérique, qui remplira la petite branche du siphon, pendant que l'eau accumulée pour la précédente opération s'écoulera par la soupape B. Il restera dans la partie inférieure un matelas d'eau dont nous reconnaîtrons tout à l'heure l'utilité. Cette première phase du jeu complet de l'appareil est la phase d'*aspiration*, pendant laquelle l'air servant à la compression est accumulé dans la petite branche du siphon, en vue de l'opération définitive.

Si maintenant, on ferme la soupape B de déchargement, et qu'en même temps la soupape A d'alimentation soit ouverte brusquement, la colonne d'eau descendant du réservoir supérieur se mettra en mouvement, refoulera le matelas d'eau restée dans la branche horizontale après la première opération, comprimera l'air contenu dans la partie supérieure de la petite branche du siphon, et fermera par cela même la soupape D d'aspiration. L'air comprimé, agissant par sa force élastique nouvellement acquise, ouvrira la soupape C de refoulement, et pénétrera dans le réservoir, dès qu'il aura dépassé la pression de 5 atmosphères de l'air contenu dans ce réservoir.

Lorsque cette seconde période de *compression* sera achevée, par le jeu des mécanismes accessoires, la soupape A d'alimentation se fermera, et celle B de déchargement s'ouvrira pour donner passage à l'eau qui doit être expulsée. En même temps, la soupape C de refoulement se maintiendra fermée par la pression du réservoir, et l'air extérieur, aspiré par la soupape D d'aspiration, remplira de nouveau la partie supérieure de la petite branche du siphon. Les deux périodes d'aspiration et de refoulement de l'air dans le réservoir se succéderont ainsi sans autre interruption que le temps nécessaire au renouvellement du jeu des organes de la machine.

Il est à remarquer, dans le fonctionnement du *compresseur à choc*, que la force nécessaire à l'eau pour comprimer l'air contenu dans la petite branche du siphon, ou chambre à air, consiste dans la vitesse qu'elle prend dans le tube de descente, en vertu de la hauteur du réservoir d'alimentation au-dessus du plan même du compresseur. La hauteur de la colonne d'eau, qui est de 26 mètres, correspond seulement, à la vérité, à une pression statique de 2,5 atmosphères; et, pour vaincre la résistance de la soupape C de refoulement, il est nécessaire que le fluide, contenu dans la chambre à air, possède une force élastique supérieure à celle du réservoir, dont elle est séparée par la soupape C. La vitesse qu'acquiert la colonne d'eau par l'ouverture brusque de la soupape A d'alimentation, lui permet seule de donner le *coup de bélier* au moyen duquel la force élastique de l'air de la petite branche est portée à 5 atmosphères, au lieu des 2, 5 atmosphères qu'elle atteindrait seulement, si la colonne d'eau n'agissait que par son poids.

Dans la description que nous venons de donner du compresseur à choc, nous avons vu que lorsque l'air comprimé a été refoulé, il restait toujours à la partie inférieure de l'appareil, après l'ouverture de la soupape de déchargement, un matelas liquide refoulé ensuite, après l'ouverture de la soupape d'alimentation, par l'eau qui fait irruption dans la petite branche. Cette disposition est absolument nécessaire, car si l'appareil était complétement vidé, l'eau se précipiterait tumultueusement, et l'ascension dans la chambre à air ne se ferait pas avec la régularité voulue. Cette provision d'eau restante amortit le choc brusque de la colonne d'eau : elle fait matelas. On évite ainsi en même temps l'introduction d'une certaine quantité d'eau dans le réservoir d'air par la soupape C de refoulement, ce qui ne manquerait pas d'arriver si le coussin d'eau n'existait pas.

Le tube du compresseur ayant 0^m,62 de diamètre, et la chambre d'air 4^m,05 de hauteur, l'air comprimé pendant chaque période de refoulement mesure en volume 1 mètre cube 223. Les compresseurs à choc donnant 3 coups de bélier par minute, compriment par jour 5,283 mètres cubes d'air, sous un volume de 880 mètres cubes 500. A l'origine des installations mécaniques du col de Fréjus, aux deux chantiers de Bardonnèche et de Modane, lorsque les *compresseurs à pompe* ou à piston n'étaient point encore installés, dix compresseurs à choc fonctionnaient ensemble, donnant un total de 52,830 mètres cubes d'air comprimé sous un volume de 8,805 mètres cubes, à 5 atmosphères de pression.

L'examen attentif des deux périodes principales d'aspiration et de compression de l'air, nous montre que ces deux périodes sont commandées chacune par le jeu alternatif des soupapes A et B d'alimentation et de déchargement ou vidange. Lorsque l'une s'ouvre, l'autre se ferme et réciproquement. La soupape A est ouverte, B est fermée; si au contraire A se ferme, B s'ouvre pour donner passage et déverser à l'extérieur l'eau qui a servi au travail de la compression. Pour régler ce jeu alternatif des soupapes d'alimentation et de vidange, une petite machine aéromobile N met en jeu un arbre sur lequel sont montées des cames qui, à l'aide de leviers, mènent les tiges de ces soupapes.

Il nous reste à décrire encore brièvement les soupapes elles-mêmes. La soupape A d'admission est placée dans le renflement du tube d'arrivée de l'eau. Le coup frappé par elle sur le siége qui la supporte est très-violent, parce qu'elle doit s'ouvrir très-vite, afin que la colonne d'eau qui la surmonte puisse prendre toute sa vitesse. La soupape B de vidange est construite d'après les mêmes principes que la soupape d'admission. La soupape C de refoulement de l'air est un disque plein en cuivre, reposant sur une gorge parfaitement alésée; ce disque est susceptible d'être soulevé de bas en haut. La soupape D d'admission de l'air atmosphérique est un simple clapet s'ouvrant de l'extérieur à l'intérieur.

Les compresseurs à choc exigent une hauteur de chute assez considérable, un très-fort battant, comme

Fig. 47.˜ — Les chantiers de l'attaque sud du tunnel du mont Cenis. Bâtiment des compresseurs à choc.

on dit, pour fonctionner régulièrement. Du côté de
Bardonnèche, embouchure sud du souterrain, le torrent du Mélézet offrait des circonstances favorables à
l'établissement du réservoir de compression. L'eau
nécessaire fut dérivée, près de la bourgade des Ar-
nauds, par un canal en maçonnerie, d'une largeur
moyennne de 1^m,20, et d'une longeur de plus de trois
kilomètres, recouvert sur tout son parcours. Avant
d'arriver au réservoir de compression d'où elle retom-
bait directement dans les compresseurs, cette dérivation traversait plusieurs bassins d'épuration, et finalement s'engageait dans d'énormes conduites en fer qui la
conduisaient à sa destination définitive.

Dix compresseurs à choc, divisés en deux groupes,
pouvant fonctionner alternativement ou ensemble, furent
installés à Bardonnèche. Leur agencement sur le chantier même peut être suivi sur la figure ci-contre. Du
réservoir d'eau de compression, situé à la partie supérieure, sortent les dix énormes conduites en fonte de
0^m,62 de diamètre, qui reçoivent l'eau nécessaire au
fonctionnement des dix compresseurs à choc, placés
dans le grand bâtiment inférieur.

L'installation mécanique que nous venons de passer
en revue — dérivation du torrent du Mélézet, réservoir
de compression, compresseur — était complétée par la
grande conduite d'air qui, se détachant du récipient
hémisphérique, et suivant toutes les inflexions des
chemins de service des chantiers, s'en allait porter la
force précieuse aux machines travaillant au fond du
souterrain.

Si l'installation des compresseurs à choc avait été relativement facile à Bardonnèche, il n'en était pas de
même à Modane, ou plutôt à Fourneaux, où se trouvaient
les chantiers de l'embouchure nord du tunnel. Le tor-

rent de l'Arc, qui coule au pied de la colline dans laquelle s'ouvrait le souterrain, ne fournissait pas la hauteur de chute indispensable au fonctionnement des puissants appareils. On avait dû, pour acquérir la hauteur de 26 mètres, si facilement obtenue à Bardonnèche élever l'eau au moyen de pompes jusqu'à un réservoir suspendu, d'où elle s'engouffrait dans les colonnes servant à l'alimentation des compresseurs.

Cette élévation artificielle de l'eau ne manquait pas d'occasionner une grande déperdition de force, puisqu'elle devait être tout d'abord élevée mécaniquement pour retomber ensuite, et remonter de nouveau pour accomplir, dans la chambre à air du compresseur, le travail de la compression. Aussi, à peine les appareils à choc étaient-ils installés à Modane, que l'esprit inventif et fécond de Sommeiller avait décidé la construction des nouveaux compresseurs à piston, dont le jeu, plus simple dans sa conception, n'exigeait plus ni l'immense réservoir de compression, ni le réseau des gigantesques conduites d'alimentation des compresseurs primitifs

Le *compresseur hydropneumatique à pompe* se compose essentiellement d'un corps de pompe horizontal, dans lequel se meut un piston, actionné lui-même par une bielle qui reçoit son mouvement d'une roue hydraulique. Aux deux extrémités du corps de pompe, s'élèvent deux cylindres verticaux remplis d'eau seulement en partie, et dans lesquels les deux colonnes liquides sont divisées par le piston interposé. Ce piston, doué d'un mouvement rectiligne alterné, élève et abaisse tour à tour les deux colonnes dans leurs cylindres respectifs, effectuant ainsi l'aspiration et la compression de l'air.

Suivons le jeu de l'appareil sur la figure ci-jointe (fig. 48), qui représente une coupe d'un compresseur à piston faite par l'axe des deux cylindres.

Le tube recourbé à deux branches égales est muni, à la partie supérieure des branches verticales, des soupapes AA′, BB′, les premières s'ouvrant de l'air extérieur dans le tube, les secondes du tube dans le réservoir d'air comprimé, absolument comme dans le compresseur à choc. Le jeu de ces soupapes d'aspiration et de refoulement de l'air est, du reste, le même que celui des soupapes de la petite branche du compresseur précédemment décrit. Dans la branche horizontale du tube se meut le piston, qui oscille entre les points extrêmes D et D′. Des deux côtés, ce piston est baigné par une colonne d'eau qui remplit à moitié les tubes verticaux, lorsqu'il occupe sa position médiane.

Supposons que, par le mouvement de la bielle action-

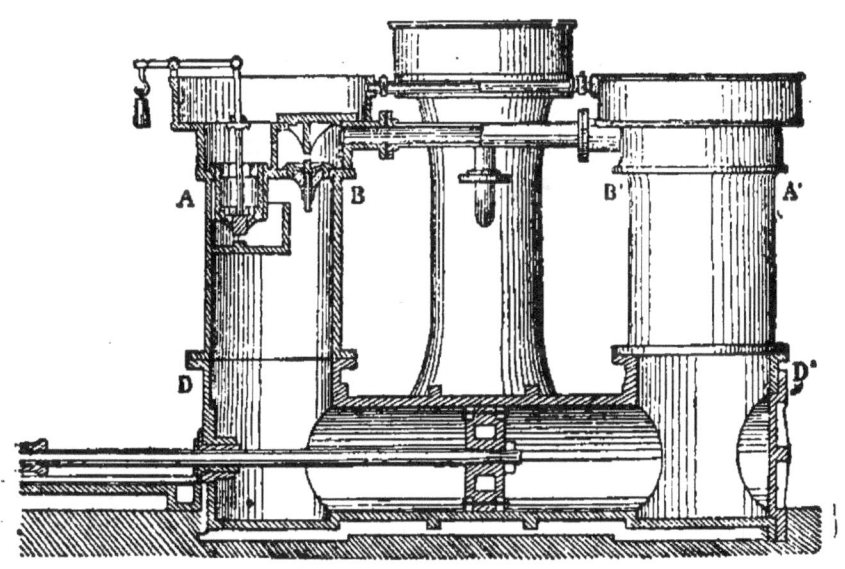

Fig. 48. — Compresseur d'air à pompe et à colonne d'eau
(Système Sommeiller.)

née par la roue hydraulique, le piston se dirige vers le point D. Le niveau de l'eau dans la colonne de droite va descendre jusqu'en D′; la soupape A′ s'ouvrira et la colonne correspondante s'emplira d'air atmosphérique, pendant que la soupape de refoulement B' restera fermée sous la pression de l'air comprimé contenu déjà dans le réservoir.

Si le piston revient vers le point D', la soupape A s'ouvrira, la soupape B de refoulement restant fermée. L'eau exhaussée dans la colonne de droite comprimera l'air qui y est contenu, et qui pressera sur la soupape B' de refoulement de façon à donner passage à l'air comprimé, qui se rendra dans le réservoir.

En un mot, dans son mouvement de haut en bas, la colonne d'eau appelle alternativement l'air atmosphérique par les soupapes A et A', et dans son mouvement de bas en haut, elle comprime l'air et le refoule dans le réservoir, aussitôt que les soupapes B et B' de refoulement peuvent être soulevées.

Le piston faisant 8 oscillations complètes par minute, sa course étant de $1^m,20$, et le diamètre du corps de pompe de $0^m,57$, le volume d'air comprimé par chaque oscillation est de $0^{mc},61$, soit par minute $4^{mc},88$, et par vingt-quatre heures 7,027 mètres cubes, c'est-à-dire à peu près autant que les compresseurs à choc qui marchent à quatre coups par minute.

Les difficultés rencontrées à Fourneaux pour l'établissement des installations hydrauliques devant alimenter les compresseurs à choc, déjà installés à Bardonnèche, firent activer la construction et la pose des compresseurs définitifs. Les deux systèmes fonctionnèrent bientôt côte à côte, et on reconnut vite la supériorité du second sur le premier, de la machine simple et élégante, mue par une roue hydraulique, à l'énorme appareil exigeant un réservoir de compression, des organes gigantesques, sans que le rendement fut pour cela supérieur.

Tels sont, dans leurs organes principaux, les appareils — compresseurs à choc ou à pompe — servant à la fabrication, sur les chantiers extérieurs au souterrain, de la force motrice qui va servir à son percement. Pour compléter l'installation mécanique de l'outillage du tunnel, il nous reste encore à conduire cette force jusqu'au front d'attaque de la petite galerie de direction, où elle sera utilisée pour la perforation des tours de mine. De là deux organes nouveaux, compléments indispensables des appareils de compression : la *conduite d'air* et la *perforatrice*.

Au sortir des compresseurs, l'air comprimé est emmagasiné dans dix réservoirs en fer de 17 mètres cubes de capacité, ce qui donne une réserve de 170 mètres cubes d'air comprimé à 6 atmosphères, ou 1,020 mètres cubes à la pression atmosphérique.

La transmission du fluide comprimé, depuis ces réservoirs jusqu'au fond du tunnel, se fait au moyen d'une conduite formée de tubes en fonte de $0^m,20$ de diamètre, assemblés bout à bout.

L'air est ainsi amené jusqu'à peu de distance du front d'attaque. A ce point, la conduite en fonte se termine et vient se loger dans une niche pratiquée sur le côté. On y adapte alors les tubes mobiles, en caoutchouc recouvert d'une forte chemise de toile, qui doivent distribuer l'air aux machines perforatrices en activité. Dès que, par suite de l'avancement journalier, ces tubes deviennent assez longs pour gêner le travail, on prolonge la conduite en fonte, et on reporte les conduites mobiles à l'extrémité nouvelle.

L'outil récepteur de la force, employé à la perforation des trous de mine — la *perforatrice* — reposait en somme sur les mêmes principes que les outils élémentaires proposés jadis par MM. Mauss et Bartlett. La machine Mauss, il est vrai, découpait le roc qu'on attaquait ensuite à la pince ; mais la machine Bartlett, comme nous l'avons vu, perforait les trous de mine qu'on faisait ensuite sauter à la poudre. Ce fut sur ce dernier système que Sommeiller concentra ses études. En même temps qu'il présidait, avec ses deux collègues, à l'installation des compresseurs, il construisait dans son esprit la merveilleuse machine que nous allons voir fonctionner au fond du tunnel, œuvre définitive, que des perfectionnements ingénieux ont pu, de nos jours, rendre plus apte à la perforation, mais qui compose encore, dans son ensemble, les organes principaux des machines nouvelles. .

Faire donner à une barre à mine, ou burin, des corps rapides et très-violents sur la roche, — communiquer automatiquement à ce burin le mouvement de rotation sur lui-même qui lui est indispensable pour qu'il ne s'engage pas dans le trou qu'il a creusé, — faire avancer ce burin au fur et mesure que le trou de mine s'approfondit : — tels étaient les trois mouvements principaux auxquels devait obéir le mécanisme complet de la *perforatrice*.

Extérieurement, une perforatrice mesure environ $2^m,10$ de longueur, sur $0^m,20$ de largeur et $0^m,40$ de hauteur. Le mécanisme qui commande la percussion est placé au centre de la machine, celui qui commande la rotation est situé à la partie antérieure, la manivelle qui détermine l'avancement est placée à l'arrière. Tous trois reposent sur un bâti qui peut s'accrocher à de solides barres de fer reliées entre elles, et composant ce qu'on appelle l'*affût porteur*.

Le mécanisme de *percussion* est d'une simplicité remarquable. La barre à mine est manœuvrée par le prolongement de la tige d'un piston à laquelle elle est solidement fixée. Le mouvement d'avant et d'arrière de ce

piston dans son corps de pompe est déterminé par un
organe complétement identique dans sa construction á

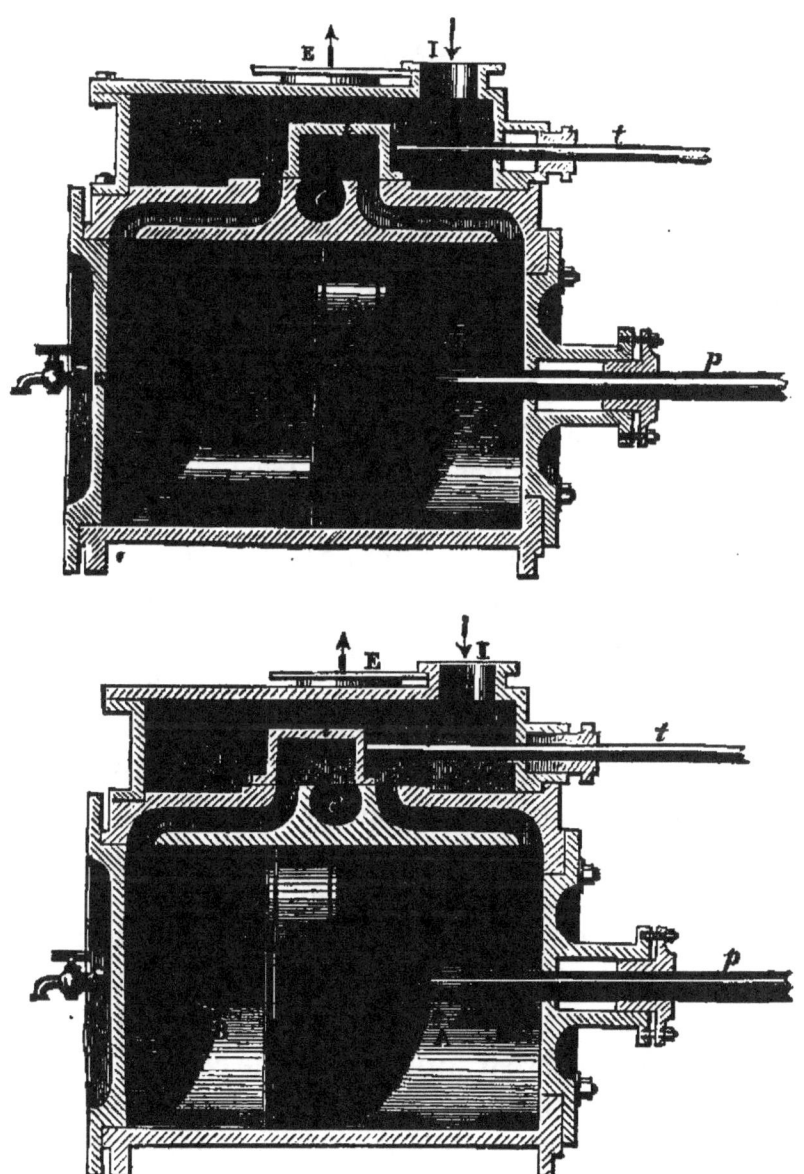

Fig. 49. — Tiroir des machines à vapeur montrant le fonctionnement
élémentaire de la perforatrice.

celui des machines à vapeur. Deux lumières, communiquant avec les deux faces antérieure et postérieure

du piston, sont alternativement ouvertes et fermées par un *tiroir*, donnant passage à l'air comprimé ou ménageant son expulsion [1].

Le coup contre la roche devant être frappé avec force, à la façon d'un ressort qui se détend brusquement, on a dû, pour arriver à ce résultat, construire la face postérieure du piston plus grande que la face antérieure ; de cette façon, la pression de l'air étant en raison directe du carré de la surface sur laquelle il pèse, le mouvement en avant de la barre à mine est plus puissant que le mouvement de retour.

Afin de prévenir encore les ébranlements considérables auxquels donnerait lieu le choc du piston contre les deux fonds du cylindre qui le renferment, on a placé les lumières de telle façon qu'il soit loisible au piston, avant d'atteindre le fond du cylindre, de comprimer un certain volume d'air s'opposant à un choc brusque contre les parois métalliques : c'est ce qu'on appelle un *matelas d'air*, analogue, dans son fonctionnement, au coussin d'eau ménagé dans les compresseurs à choc. En outre, les deux fonds du cylindre sont garnis d'un tampon en caoutchouc aidant encore à amortir le choc.

En dehors du mouvement rectiligne du va et vient, le piston, et par suite la barre à mine, par un agencement ingénieux du mécanisme, tourne sur lui-même, afin, comme nous l'avons dit, d'éviter l'engagement du fleuret dans le trou qu'il a creusé. L'empreinte laissée sur le roc par la barre à mine, à chaque coup du piston, pourrait être représentée par les différentes positions successives du diamètre d'un cercle marquant la place du trou, en supposant que ce diamètre tourne, à chaque coup, d'un angle très-petit.

La course du piston ayant une longueur déterminée,

1. Nos lecteurs pourront consulter à ce sujet l'ouvrage de M. A. Guillaumin. *La vapeur*. Bibliothèque des merveilles.

il arrivera certainement un moment où le trou creusé
sera assez profond pour que le fleuret n'atteigne plus la
roche. La machine battra alors à vide, et, en dehors du
travail négatif de la perforatrice, les pièces se détérioreraient vite par ce mode de fonctionnement insolite, si
on n'y remédiait en rapprochant le piston porte-outil
du front d'attaque.

Dans la machine Sommeiller employée au Mont-
Cenis, le jeu des organes mêmes de la machine produi-
sait automatiquement ce mouvement, à mesure que le
besoin s'en faisait sentir. Dans certaines machines nouvelles, le rapprochement de la machine du front d'attaque se fait simplement à la main. Une longue vis, que
manœuvre une manivelle placée à l'arrière de la perforatrice, court tout le long de la machine dont le corps
fait écrou. L'ouvrier doit savoir reconnaître le moment
où la machine a besoin d'être avancée. Ainsi se manœuvrent les perforateurs Dubois-François, que nous verrons appliqués au Saint-Gothard.

Reconstituons notre perforatrice entière, et regardons-
la toute prête à fontionner, immobile, suspendue devant
le roc, n'attendant pour battre ses coups furieux, que
l'ouverture du robinet à air qui va lui donner la vie.
Au fond de la galerie d'avancement, les machines sont
accrochées, au nombre de 6 à 9, à un énorme châssis en
fer, roulant sur une ligne de rails ordinaires qui permettent de remiser l'appareil pendant l'explosion de la
mine. Des barres de fer horizontales, faisant écrou, se
déplacent à volonté sur des vis verticales qui supportent
les perforatrices, auxquelles on est libre de donner
ainsi l'inclinaison exigée par la direction du trou à forer.
Le mécanisme porteur s'appelle l'*affût*. De solides crampons le fixent sur la voie.

L'affût est accompagné de son *tender* contenant de

l'eau comprimée à 5 atmosphères. Ce tender sert à alimenter les tubes d'injection des trous de mines. Le jet d'eau comprimée, dirigé à intervalles réglés dans le trou pendant le forage, chasse à mesure les détritus qui se forment, et empêche l'échauffement du fleuret

Nous venons d'étudier les deux organes essentiels nécessaires à l'achèvement d'une galerie souterraine perforée par le travail mécanique, le *compresseur* et la *perforatrice*, le premier alimentant le second, lui fournissant la force nécessaire à son fonctionnement. Le compresseur est installé à l'extérieur du tunnel, sur les chantiers, — la perforatrice, à l'intérieur, au fond de la petite galerie. C'est elle qui trace le sillon que compléteront plus tard les travaux d'élargissement.

Compresseurs et perforatrices sont reliés par la conduite d'air partant des réservoirs, longeant les parois du souterrain jusqu'à l'affût porteur du mécanisme de perforation.

Compresseurs fabriquant l'air comprimé, *conduite* en fer le transmettant sans déperdition sensible de force, *perforatrice* utilisant sa force élastique pour le forage des fourneaux de mine, notre matériel est complet. Il nous reste à suivre pas à pas les phases diverses du travail souterrain.

CHAPITRE VIII

LE TUNNEL DU MONT CENIS.

L'ACHÈVEMENT DE L'ŒUVRE. — Revue des travaux. — Le bâtiment des compresseurs. — La galerie terminée. Le battage au large. — La petite galerie d'avancement. Le travail mécanique. Les perforatrices et leur affût. Le tender d'injection. Le poste mécanique. La perforation. Le sautage et le déblaiement. Ouvriers mécaniciens, foughistes, mariniers. Le nouveau poste. — L'aération du tunnel : les cheminées d'appel, les ventilateurs à force centrifuge et les cloches aspirantes. L'aération par l'air comprimé des machines. — Influence de la dureté des roches traversées. Le banc de quartzite. Tableau des perforations mécaniques. — Installation des deux chantiers d'attaque de Bardonnèche et de Fourneaux. Prix de revient de chacun des deux chantiers. Six millions d'installations préparatoires. — Le dernier coup de barre à mine. 25 décembre 1870. — Dépenses occasionnées par les travaux. Nombre d'ouvriers employés. — Les morts. — Les découvertes de la science, les couches géologiques, la chaleur intérieure du globe. — Agencement du tunnel. Son profil. Les courbes de raccord. Les voies ferrées aboutissantes. — Les auteurs du grand travail. L'inauguration.

Avant d'entrer dans la galerie, arrêtons-nous un instant sur les chantiers d'attaque.

Voici le bâtiment des compresseurs à pompe, où se fabrique l'air comprimé. D'un côté, les roues hydrauli-

ques qui, par un système de bielles et de manivelles,
produisent le mouvement de va-et-vient des pistons ; de
l'autre, les énormes colonnes verticales en fonte, où s'é-
lèvent et s'abaissent, par le jeu alternatif des bielles et
des pistons qu'elles commandent, les colonnes d'eau
servant à la compression de l'air. Huit ou dix groupes
sont debout sous la charpente en fer, reliés les uns aux
autres par des balustrades, de légers ponts en treillis,
sur lesquels courent, affairés, les mécaniciens surveil-
lants. On entend battre les clapets d'aspiration et de
refoulement ; l'air souffle bruyamment dans les tuyaux,
et va s'emprisonner dans les réservoirs d'où part la conduite qui le transmet jusqu'aux perforatrices du front
d'attaque.

Comme dans les souterrains ordinaires, trois parties bien distinctes partagent le tunnel, lorsqu'on le parcourt depuis l'embouchure jusqu'au point extrême où
travaillent les machines perforeuses.

C'est d'abord la partie complétement terminée, tout
entière revêtue de maçonneries, avec l'aqueduc de déversement des eaux creusé à la partie inférieure. Après,
viennent les travaux d'élargissement, le *battage au
large*, soutenu par des boisages analogues à ceux qui
ont été décrits dans un précédent chapitre. Ici, on élève
les pieds-droits qui supportent la voûte, on pose les
cintres, on place côte à côte sur ces cintres les moellons
qui doivent composer le revêtement. Plus loin, on fore
à la main le trou de mine qu'on va tout à l'heure
bourrer de poudre, et faire sauter, jusqu'à ce que l'excavation ait épousé le profil de la galerie définitive.

Nous entrons bientôt dans la petite galerie de direc-
tion, large d'environ 3^m,40, haute de 2^m,50. Le bruit sec,
strident, des perforatrices, arrive déjà jusqu'à nous.
nous croisons en route les wagons de service qui trans-

Fig. 50. — Le bâtiment des compresseurs à pompe du tunnel du mont Cenis.

portent à l'extérieur les débris de l'explosion. La mine vient de sauter, et dans les nuages de fumée bleuâtre que les ventilateurs n'ont point encore aspirée, tremblottent confusément les flammes jaunies des lampes de mineurs.

L'affût porteur du mécanisme de perforation se présente sur le front d'avancement, armé de neuf ou dix perforatrices accrochées aux solides barres de fer qui le composent, comme à un véritable porte-manteau, disposées les unes parallèlement à l'axe du souterrain, perpendiculairement au rocher, les autres obliques, travaillant en éventail, sur les côtés, creusant les trous sous des angles différents, afin de faciliter, lors du sautage de la roche, le travail de la matière explosive.

Le long de l'affût, se détachant de la conduite d'air comprimé, pendent les tubes en caoutchouc garnis de fourreaux de toile, qui fournissent soit la force motrice aux pistons perforateurs, soit l'eau nécessaire à l'injection des trous.

Ces dix perforateurs et l'affût qui les supporte, le tender qui renferme l'eau comprimée, le renouvellement des burins usés par la roche, nécessitent un personnel de trente-cinq à quarante ouvriers. formant ensemble ce qu'on appelle un *poste mécanique*, soit : un chef de poste, quatre ouvriers mécaniciens, deux mineurs, huit ouvriers pour la manœuvre des burins, neuf pour la conduite des machines, la répartition de l'air comprimé et de l'eau d'injection, huit autres pour le service des perforateurs, et cinq manœuvres pour le graissage des machines. Quelle activité dans ce coin de la montagne, et quel rude combat !

Nous pouvons suivre dès lors les opérations diverses

que nécessite une attaque entière, se composant, 1° de
la perforation mécanique elle-même par les ouvriers
du *poste mécanique*, 2° du bourrage des trous à la poudre
et du sautage de la roche par les ouvriers *foughistes*,
3° du relevage des déblais et de leur conduite à l'extérieur par les ouvriers *mariniers*.

A chaque attaque, on pratique en moyenne 80
trous [1], de la profondeur de 75 à 80 centimètres. La
majeure partie de ces trous sont creusés au centre
du front d'attaque, que l'on fait sauter avant de mettre
le feu aux mines du périmètre. C'est ce qu'on appelle
les trous de *rainure*, aidant au premier déchausse-
ment de la roche. Lorsque les quatre-vingts trous sont
forés à la profondeur voulue, on enlève la communication entre la conduite d'air et les perforatrices ; l'affût
ainsi que son tender d'injection, sont ramenés en arrière à l'abri de l'explosion. Les *foughistes* prennent
la place des ouvriers perforateurs, bourrent de matière explosive les trous de mines, la roche éclate, et
les déblais sont rejetés contre les parois de la galerie,
en dehors de la voie de service sur laquelle roule l'affût. Ces débris sont tout d'abord chargés dans de petits
wagonnets roulant sur deux voies accessoires placées
de chaque côté de la voie principale, puis déversés
dans les wagons de déblayage, et finalement transportés à l'extérieur, au lieu choisi pour le déchargement.

Pendant ces deux dernières opérations du sautage de
la roche et du déblaiement, les ouvriers mécaniciens

---

[1] L'emploi des poudres explosives nouvellement découvertes, comme la *dynamite*, employée presque exclusivement
aujourd'hui dans les travaux souterrains, permet de réduire
beaucoup le nombre des trous de mines. Au Saint-Gothard,
une section d'avancement de 6 mètres carrés dans le granit
exige seulement 22 trous en moyenne.

Fig. 51. — La perforation mécanique au front d'attaque du tunnel du mont Cenis.

qui vont succéder au poste mécanique qui a déjà accompli son travail, nettoient les perforatrices et changent celles qui ont besoin d'être remplacées.

Lorsque la voie est devenue libre, l'affût, ses perforatrices, et son tender d'injection, — le mécanisme d'avancement tout entier — sont ramenés devant le front d'attaque, et la perforation recommence avec un nouveau personnel de mécaniciens et de manœuvres.

Une des questions les plus graves, celle qui, avant même que la première main eût été mise au percement des Alpes, quand la grande idée était encore à l'état de projet, suscita les critiques les plus acerbes, était celle de la ventilation du souterrain, dès que la distance du front d'attaque à l'embouchure aurait atteint plusieurs kilomètres. Les ventilateurs employés dans les exploitations souterraines ordinaires, ne pourraient certainement point suffire au renouvel-

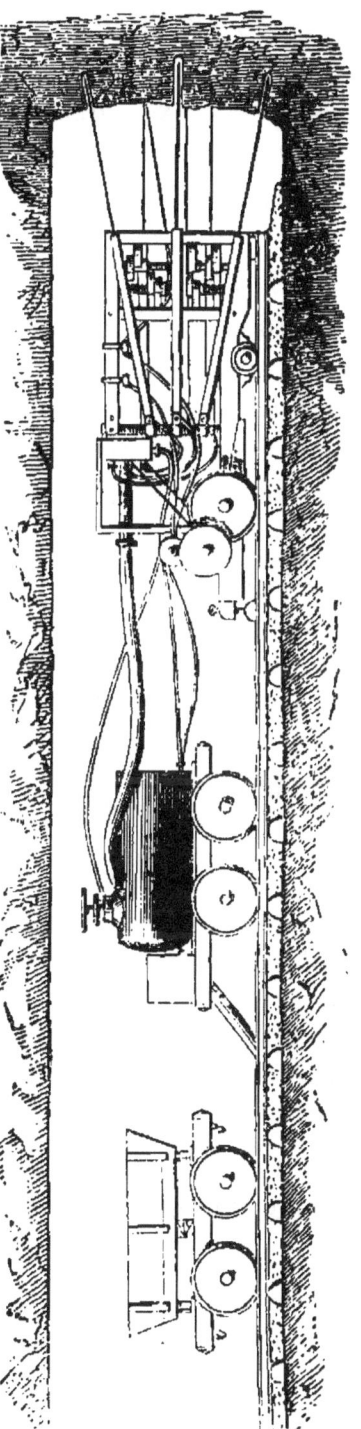

Fig. 52. — Marche du travail au front d'attaque du tunnel du mont Cenis. L'affût et le tender d'injection.

lement de l'air irrespirable, à ces grandes profondeurs !
L'expérience eut heureusement raison des malencontreuses prévisions des timorés, et la ventilation, en dehors du précieux concours de l'air comprimé sortant des perforatrices, fut constamment assurée par des appareils fort simples.

Au commencement des travaux, une cheminée d'appel fut installée à l'orifice extérieur de l'aqueduc central d'écoulement des eaux, qui servait ainsi de conduite d'aspiration de l'air vicié [1]. Plus tard, on établit à l'extérieur du tunnel des ventilateurs à force centrifuge et des cloches aspirantes semblables à celles que nous verrons dans la suite installées au souterrain du Gothard.

L'emploi de l'air comprimé comme force motrice assurait tout d'abord l'aération de la petite galerie d'avancement. Chaque coup de piston perforateur fournissait en effet au front d'attaque une cylindrée d'air qui, pour se détendre, empruntait à l'atmosphère environnante une partie de la chaleur qu'elle possédait, renouvelant ainsi l'atmosphère viciée par les gaz de l'explosion et de l'éclairage. Pour assurer mieux encore cette aération, après avoir bourré les fourneaux de mine, et avant d'allumer les mèches et de quitter le front d'attaque, les fonghistes tournaient le robinet de la conduite d'air qu'ils laissaient ouvert pendant toute la durée du déblaiement.

Maintenant que nous avons décrit, dans ses parties principales, le travail mécanique qui préside à la perfo-

---

[1] Il ne faut point perdre de vue que, au mont Cenis, la petite galerie de direction fut creusée à la partie inférieure du souterrain, contrairement à la méthode française qui commence la perforation par la partie supérieure.

ration des longues galeries souterraines, tel qu'il fut
exécuté au col de Fréjus, il n'est point inutile de faire
ressortir l'avantage pratique qu'on en a retiré, l'économie de temps qui est résultée de son emploi. Les chiffres que nous allons donner ici, et qui se rapportent
spécialement au percement du Col de Fréjus, sont loin
d'être définitifs, des retards nombreux étant toujours
inhérents aux premières applications d'un système nouveau.

L'avancement obtenu à la main depuis le commencement des travaux, dans les derniers mois de 1857, jusqu'en 1862, avait donné une moyenne de 50 à 70 centimètres par jour. La perforation mécanique, dès les
premiers mois de son fonctionnement, doubla ces résultats plus qu'insuffisants, qui eussent assigné à l'achèvement de l'œuvre des limites véritablement trop reculées.
La moyenne du travail mécanique quotidien atteignit
vite 2 mètres à chaque embouchure du souterrain, et
dépassa même ce chiffre. Les progrès étaient plus que
triplés. Les trente années prévues pour l'achèvement
se réduisaient ainsi à dix !

Des trois opérations qui, réunies, composent ce qu'on
appelle un poste complet, la perforation, le bourrage à
la poudre et le sautage, l'enlèvement des déblais, la première est certainement la plus importante. La perforation mécanique exigeait souvent à elle seule huit à
neuf heures de travail. Ce dernier chiffre varie beaucoup avec la nature des roches traversées. Aussi, la
première étude à faire, d'après laquelle on peut fixer
approximativement la durée du percement d'une longue
galerie souterraine, est-elle l'examen attentif des couches
géologiques rencontrées par l'axe du tunnel. Sans entrer ici dans des détails qui nous entraîneraient bien
loin en dehors du cadre de cette description élémen-

taire, nous pouvons cependant rappeler ce que chacun sait de la différence de dureté des couches qui composent la partie de l'écorce terrestre accessible à nos expériences.

Les roches compactes, qui ne présentent aucune stratification, sont en général des roches dures. Leur origine est la plupart du temps ignée. Tels sont les granits et leurs diverses variétés, dans lesquelles on rencontre les trois éléments composants, le feldspath, le quartz et le mica. Parfois, un de ces éléments apparaît seul dans la roche qui se compose alors exclusivement de quartz : c'est le *Quartzite*, roche d'aspect vitreux, dont la dureté extrême émousse les fleurets les mieux trempés. Les roches feuilletées, les ardoises, les calcaires, les nombreuses variétés connues sous le nom de schistes cristallins, tels que les micaschites, talcschistes, — selon que domine dans leurs parties constitutives l'un des deux minéraux bien connus, le talc et le mica, — les pierres à plâtre, les dolomies, sont des roches tendres [1].

Sur le plus long parcours du tunnel du mont Cenis, la roche traversée se composait de calcaires compactes ou schisteux, dans lesquels la perforation s'exécutait assez facilement, ces roches rentrant dans la catégorie des roches tendres, si on les compare aux granits et aux gneiss granitiques rencontrés plus tard dans le travail similaire du Saint-Gothard.

La plus lourde tâche qui fut imposée aux nouveaux engins de perforation fut de traverser le banc de quartz pur ou *quartzite*, rencontré à 2,100 mètres de l'entrée française (Modane), et qui se prolongea jusqu'à 2,475 mè-

[1] Nous ne pouvons mieux faire que de renvoyer, pour de plus amples renseignements, au volume : *les Minéraux usuels*, par Jean Reynaud. (*Bibliothèque des Merveilles.*)

tres. Sa puissance était donc de 375 mètres. Les fleurets les mieux trempés s'émoussaient sur cette masse d'une dureté extrême. Il fallut toute l'énergie et toute la patience dont étaient doués les promoteurs de l'œuvre pour qu'ils ne fussent point arrêtés devant cette muraille presque infranchissable. L'avancement quotidien était souvent inférieur à 50 centimètres par jour ! Rencontrée en juillet 1865, la couche de quartzite ne fut abandonnée qu'en mai 1867. Plus de vingt mois avaient été dépensés pour traverser moins de 400 mètres ! Cet obstacle vaincu, le percement reprit sa marche normale.

Le tableau que nous plaçons ci-dessous permettra de se rendre un compte exact des avancements obtenus pendant les treize années que dura le percement, soit par le travail à la main, soit par la perforation mécanique. Il sera ainsi facile de mettre en regard les résultats atteints par l'une ou l'autre des deux méthodes, et de se représenter les progrès remarquables qu'a permis d'accomplir la découverte des trois ingénieurs italiens. La dernière année de travail donna un avancement quatre fois plus considérable que celui obtenu manuellement dès l'installation de l'entreprise. Prenons note toutefois, avant tout, des quatre points de repère suivants.

Le 31 août 1857, le feu était mis à la première mine du côté de Modane, le 14 novembre à Bardonnèche. Le 12 janvier 1861, commença la perforation mécanique à Bardonnèche, le 25 janvier 1862, à Modane. Le dernier diaphragme séparant les deux galeries nord et sud devait être traversé le 25 décembre 1870.

TABLEAU des progrès obtenus aux deux têtes du souterrain du mont Cenis, par les procédés manuels ou mécaniques, du 31 août 1857 au 25 décembre 1870.

SPÉCIFICATION du TRAVAIL.	ANNÉES.	CHANTIER.				TOTAL pour les 2 embou. hurés	
		BARDONNÈCHE.		MODANE.		Travail total pour chaque année.	Avancement général.
		Progrès.	Total.	Progrès.	Total.		
		mètres.	mètres.	mètres	mètres.	mètres.	mètres
Avancement à la main.	1857	27.28		10.80		38.08	
	1858	257.57		201.95		459.52	
	1859	236 35	725.00	132.75	921 00	369.10	1646.10
	1860	203.80		139.50		343.30	
	»	»		193.00		193.00	
	»	»		243.00		243.00	
Avancement mécanique.	1861	170.00		»		170.00	
	1862	380.00		»		380.00	
	1863	426.00		376.00		802.00	
	1864	621.20		466.65		1087.85	
	1865	765.80	6355.25	458.40	4132.25	1223.70	10587.55
	1866	812 70		212.29		1024.99	
	1867	824.30		687.81		1512.11	
	1868	638.60		681 55		1320.15	
	1869	837.70		603.75		1431.45	
	1870	889.45		745 85		1635 30	
... au 25 décembre 1870.	»	»	7080.25	»	5153.30	»	12233.55

Pendant que, à chacune des deux embouchures, les travaux s'effectuaient à la main, c'est-à-dire de décembre 1857 à décembre 1860 à Bardonnèche, et à décembre 1862 à Modane, s'élevaient, les uns près des autres, entre les rochers, aux pieds des massifs couronnés de neiges, les édifices de toute sorte exigés par les colossales installations dont le but était la mise en pratique du nouveau système de perforation mécanique.

Bâtiments pour les énormes compresseurs, hangars pour les réservoirs d'air comprimé, ateliers de réparations de machines, magasins pour les matières utiles à l'entretien et au renouvellement des outils, magasins pour les bois, le charbon, poudrières, usine à gaz, chemins de service creusés dans le roc, toute une dépense de plus de six millions, telles sont en résumé les installations qui grandissaient de jour en jour, soit à Bardonnèche, soit à Modane.

En même temps se construisaient, dans la vaste usine de Seraing, les compresseurs à choc et leurs réservoirs, les mécanismes de transmissions, les affûts, perforatrices, toute cette forêt de fer et de fonte qui allait bientôt peupler le rude paysage des Alpes.

Dans les ateliers et les magasins se déversaient les engins de tout genre : machines-outils, machines à percer, à tourner, à raboter, tubes en fer pour conduites d'air ou d'eau comprimés, tubes en caoutchouc pour les perforateurs, rails pour les voies de service, plaques tournantes, approvisionnements de fer, d'acier, de bronze, modelés plus tard par des mains habiles, wagons pour les déblais, barils de poudre. Tout cela s'entassait, au fur et à mesure que les bâtiments sortaient de terre, comme on accumule des munitions la veille de la bataille.

Dans son rapport sur le *Percement des Alpes*, un des trois ingénieurs dont nous avons déjà cité les noms,

Grattoni, calcule ainsi la dépense occasionnée pour l'établissement d'un chantier complet :

Chantier normal avec l'estimation des objets qui le composent :

		Fr.
1.	Expropriation du terrain. Mètres carrés, 100,000.	100,000
2.	Conduites pour les eaux par le moyen de tubes ou canaux artificiels, canaux de déchargement, bassins d'épuration, etc.	250,000
3.	Édifices pour les compresseurs................	240,000
4.	Hangars pour les réservoirs..................	25,000
5.	Ateliers de réparations de machines...........	100,000
6.	Magasin central..............................	30,000
7.	Magasins succursales........................	54,000
8.	Poudrières..................................	10,000
9.	Habitations pour la direction des travaux........	150,000
10.	Habitations pour mille ouvriers................	300,000
11.	Chambre d'attente à l'embouchure du souterrain.	8,000
12.	Infirmerie..................................	8,000
13.	Magasins de subsistances...................	40,000
14.	Écuries pour 50 chevaux.....................	10,000
15.	Chemins de service.........................	45.000
16.	Clôture des chantiers.......................	10,000
17.	Usine à gaz................................	25,000
18	Mouvement de matières pour plans, fouilles, murs de soutènement, etc........................	100,000

Machines.

		Fr.
19.	Compresseurs et moteurs hydrauliques.........	480,000
20.	Réservoirs d'air............................	160,000
21.	Conduites d'air extérieur....................	60,000
22.	Ustensiles divers. Robinets, vannes, etc........	40,000
23.	Outils pour les ateliers, transmissions, courroies.	140,000
24.	Provisions de tout genre. Perforatrices, affûts, tubes en fer et en caoutchouc. Rails, plaques tournantes, wagons, fer, bronze, acier, etc....	600,000
5 .	Divers.....................................	15,000
	Total....	3,000,000

Les frais d'établissement des deux chantiers d'attaques nord et sud ne furent donc pas inférieurs à six millions. Si on tient compte des dépenses extraordinaires imprévues, il est même plus que probable que ce chiffre fut surpassé.

On peut se faire une idée de la grandeur de ces installations en considérant seulement celles qui, à chacune des deux têtes du souterrain, avaient été établies pour présider au fonctionnement même des machines productrices de l'air comprimé. A Bardonnèche, le canal couvert en maçonnerie, qui conduisait l'eau aux réservoirs de compression, après qu'elle avait été détournée du torrent du Mélézet, mesurait plus de trois kilomètres de longueur. A l'embouchure nord, ce canal, dérivé de l'Arc, mesurait seulement 630 mètres. Une autre dérivation, partant du torrent du Charmaix, confluent de l'Arc, avait été établie à Fourneaux, pour mettre en mouvement les machines destinées à la ventilation du tunnel.

On remarquait encore, du côté de Fourneaux (Modane), le plan incliné ou plan automoteur, qui servait à relier le chantier des ateliers de réparations, situé au fond de la vallée, avec le chantier ouvert sur le flanc même de la montagne, élevé de 106 mètres au-dessus de la plaine. Le long du plan incliné montaient et descendaient alternativement deux wagons réunis entre eux par un câble métallique passant sur une poulie. Le véhicule du sommet, qu'on remplissait d'eau, obligeait par son propre poids le wagon inférieur chargé de matériaux à monter. Un frein puissant, du genre de ceux que nous avons déjà vus appliquer en pareille circonstance, réglait la descente.

Pendant près de dix années, on travailla ainsi, nuit et jour, sans relâche. Les compresseurs ne cessaient point de souffler, les perforatrices de battre le roc. Mètre par

mètre, les deux galeries se creusaient, marchant à la
rencontre l'une de l'autre, ne s'écartant point du sillon
qui leur était tracé d'avance par le théodolithe. Lorsque
la rencontre s'effectua, l'erreur n'avait point été, sur
une longueur de plus de 12 kilomètres, supérieure à
30 centimètres ! Nul repos dans le travail, sauf toutefois
le jour sacro-saint de la Sainte-Barbe, patronne des
mineurs. Ce jour-là, les énormes compresseurs s'arrê-
taient comme par enchantement. Le tunnel, la veille
encore plein de bruits, restait muet. La *Sancta Barbara*
était copieusement fêtée. Chacun portait son toast à
l'accomplissement de l'œuvre nationale. Le lendemain,
les chantiers reprenaient leur activité accoutumée.

Combien de fois, dans les derniers mois qui précédè-
rent l'achèvement de l'œuvre, lorsque, dans les rares
intervalles nécessités par les réparations des machines,
le silence se faisait au front d'attaque, — combien de fois
les mineurs ne durent-ils pas prêter l'oreille pour saisir,
à travers l'épais diaphragme de pierre qui séparait encore les deux galeries, le bruit des mines qu'on faisait
sauter dans le chantier d'attaque opposé ! Le jour arriva
enfin où ce bruit fut perçu distinctement. Dès le mois
de novembre 1870, le 9 au matin, on entendit du chantier nord (Modane), les coups de mine tirés au front d'a-
vancement de Bardonnèche. A cette époque cependant
la distance qui séparait les deux chantiers d'attaque était
encore de plus de 200 mètres. Dans les premiers jours
de décembre, on entendait déjà le bruit sec des fleurets
qui entamaient la roche. Les ouvriers s'appelaient d'un
chantier à l'autre, sans qu'il fût encore possible de dis-
tinguer les voix. On s'aperçut enfin que l'explosion de
la mine sur un chantier détachait au front d'attaque
opposé des parcelles de rocher. Le but était proche. Le
soir de Noël, 25 décembre 1870 — vers quatre heures

et demie, une sonde de 4 mètres passait d'outre en outre. L'ingénieur Grattoni, qui, de même que ses collègues, ne quittait plus l'avancement, put alors envoyer à Turin la dépêche suivante :

« Quatre heures vingt-cinq minutes. La sonde passe « à travers le dernier diaphragme de 4 mètres, juste au « milieu. Nous nous parlons d'un côté à l'autre. Le « premier cri poussé des deux parts a été : Vive l'Italie ! « Vive la France ! »

Le lendemain 26, s'écroulait le dernier obstacle. Les Alpes étaient percées !

Cet immense travail, dont nous avons désormais suivi toutes les phases, avait coûté environ 75 millions de francs. La loi du 15 août 1865, qui autorisait le percement des Alpes après le vote du parlement sarde, avait seulement fixé la dépense à 42 millions. Après la paix de Villafranca et la cession de Nice et de la Savoie, la France s'engagea à concourir pour 19 millions à l'achèvement de l'œuvre. Ces 19 millions n'étaient exigibles que si le percement était achevé dans une période de 25 années. En revanche, une prime de 500,000 francs était accordée pour chaque année gagnée sur ce délai. Dans le cas où les travaux dureraient moins de 15 ans, cette prime était portée à 600,000 francs. Le 31 décembre 1867, le gouvernement italien conclut avec les ingénieurs Grattoni et Sommeiller un contrat par lequel ils s'engageaient à livrer le tunnel à la fin de l'année 1871, moyennant le prix de 4,600 francs le mètre courant. C'est en tenant compte des diverses conventions précédentes qu'on arrive à un total de 75 millions pour le prix de revient du souterrain achevé.

Le nombre d'ouvriers employés au percement fut, à

chaque embouchure, d'environ 1,500 pendant l'hiver et 2,000 pendant l'été. Si on tient compte des familles que la plupart amenèrent avec eux, on peut calculer une moyenne de plus de 3,000 personnes qui vinrent augmenter la population de chacun des deux villages à proximité des chantiers. Bardonnèche, qui comptait seulement 1,000 habitants, fut vite rempli par cette subite invasion, et on dut construire à la hâte les habitations ouvrières dont nous avons déjà parlé.

Côte à côte avec les dépenses matérielles, plus précieux encore, plus douloureux, furent les sacrifices imposés par cette victoire de la science ; bien des existences disparurent dans cette rude bataille contre la nature. J'ai sous les yeux la liste lugubre des morts, pauvres inconnus, victimes du travail, ensevelis par les éboulements, déchiquetés par la mine, écrasés par les blocs qui se détachaient de la galerie en construction, écharpés dans l'obscurité par les wagons de déblais, dévorés par la fièvre, étiolés par le manque d'air respirable, brisés par les dures nécessités d'une vie héroïquement laborieuse. Le 6 novembre 1865, l'explosion de la poudrière de Bardonnèche coûtait la vie à six hommes. De 1858 à 1870, pour une seule embouchure du tunnel, on compte quarante morts violentes.

La science ne pouvait manquer de s'enrichir de résultats précieux, au double point de vue mécanique et géologique. Le percement du massif des Alpes allait permettre de détacher un à un, au pic et à la mine, les feuillets mystérieux du livre de la création, qui, pour la première fois, livrait ainsi ses secrets. Disons tout de suite que les savantes prévisions des Elie de Beaumont, Sismonda, et autres célèbres géologues, furent pleinement réalisées. Chaque couche, chaque terrain se trouvait, dans les entrailles de la montagne, à la place qui leur avait été assignée d'avance. Ici, ce sont les schistes ardoisiers ou talqueux, ici les calcaires, là les anhydrites, les grès. Il n'est pas jusqu'à l'effrayante barrière de quarzite qui n'ait été signalée avec précision. « Les géologues voient clair à travers les montagnes », répétaient les ouvriers.

Les observations thermométriques, faites chaque jour au front d'attaque, permirent également d'établir que la température intérieure de la montagne s'éleva progressivement jusqu'à un maximum de 29°,05, à une distance de 6,450 mètres de l'entrée du souterrain. Au point extrême, le massif avait 1,600 mètres d'épaisseur, depuis le sol de la galerie jusqu'au sommet de la montagne. Si donc, on admet 2° pour température moyenne du sol à la surface, il en résulte un accroissement de température de environ 1° par 50 mètres de profondeur, tandis que, selon les chiffres reposant sur des observations plus restreintes, la chaleur intérieure s'augmentait de 1° par 30 mètres.

L'achèvement du tunnel réduisit à néant les objections faites contre le projet à cause des difficultés de la ventilation du souterrain. L'inclinaison de la galerie, qui présente sur le versant français une rampe prononcée, provoqua, dès la rencontre des deux tronçons, un tirage analogue à celui qui s'opère dans les cheminées ordinaires par la différence de température. S'il arrive aujourd'hui que la vapeur et la fumée s'engouffrent dans le souterrain, le voyageur, pour ne pas être incommodé, n'a qu'à fermer la portière de son wagon, qui contient une quantité d'air largement suffisante pour tout le parcours. Le tirage pouvant s'exercer dans un sens ou dans l'autre, on voit souvent, tantôt vers Bardonnèche, tantôt vers Modane, un nuage s'échapper de l'embouchure. Au bout d'une heure ou deux, le souterrain est complétement balayé.

Le tunnel du mont Cenis mesure 12,233^m,55 de longueur. Les altitudes au-dessus du niveau de la mer sont de 1,291^m,52 pour Bardonnèche, et 1,158^m,96 pour Modane. La différence du niveau est donc de 132^m,56. Pour racheter cette différence de niveau, on a ainsi distribué les pentes. On s'élève d'abord insensiblement à partir de Bardonnèche avec une rampe de 0^m,50 pour mille jusqu'à ce qu'on atteigne le point culminant, 1,294^m,59, où l'on rencontre un plan horizontal ou palier pendant 360 mètres. On redescend ensuite vers Modane avec une pente de 23 mètres pour mille. Cette dernière pente, lorsqu'on traverse le tunnel de Modane vers Bardonnèche, de France en Italie, est assez pénible à franchir; elle atteint en effet la limite maxima que nous avons précédemment fixée, et dont nous avons cité des exemples. L'exploitation devient encore plus défavorable, lorsque de pareilles rampes se présentent en souterrain.

Le profil de la galerie est celui d'un tunnel à deux voies. Sa largeur maxima est de 8 mètres à une hauteur de 1^m,26 au-dessus du niveau des rails. Au niveau même des rails, elle est de 7^m,87, y compris deux trottoirs latéraux de 0^m,70 chacun. La hauteur correspondant à la clef de voûte est de 6 mètres. Suivant la constitution géologique et le degré de solidité des couches traversées, on a établi, soit un revêtement ordinaire avec pieds droits, soit un revêtement complet avec radier.

Afin d'assurer le mieux possible la ventilation, et pour éviter de quitter pendant le percement même la direction qui avait été choisie, on résolut de creuser le sou-

terrain en ligne droite. Il fut donc nécessaire, pour raccorder la voie ferrée intérieure avec les deux tronçons
aboutissant au pied du massif, de perforer deux nouveaux tunnels en courbe, destinés à relier les voies extérieures aux voies souterraines, en conservant les limites
de courbure adoptées dans la construction des lignes de
chemins de fer. Environ 600 mètres de tunnel furent
abandonnés, dont 250 du côté italien, et 350 du côté de
la Savoie. A ces deux fractions, on substitua les deux *courbes de raccord* mesurant, l'une 757 mètres (Bardonnèche),
l'autre 454 mètres (Modane), en tout 1,210 mètres de
souterrain de raccord. La véritable distance parcourue
par la locomotive est donc de 12,848 mètres. Si l'on
ajoute les 600 mètres de souterrain abandonnés, on
trouve la longueur totale de rocher perforé, soit 13,448
mètres.

Les lignes de raccord, soudées entre elles par la grande
galerie de Fréjus, se font remarquer par la multiplicité
de leurs travaux d'art, et par les énormes difficultés de
tout genre, qu'il a fallu surmonter pour mener leur
exécution à bonne fin.

Sur le versant italien, en montant vers Bardonnèche,
on rencontre : le tunnel de Meana, qui mesure 1,100
mètres de longueur, ceux de Balme (539 m.), d'Exilles
(1,767 m.), de Serre-la-Voûte (1,094 m.). Du point de
bifurcation, Bussoleno, jusqu'à l'embouchure du grand
souterrain, la voie ferrée traverse, sur un parcours de
49 kilomètres, 26 tunnels, d'une longueur totale de 8
kilomètres. Du côté de la Savoie, sur une longueur de
21 kilomètres, entre Saint-Michel et l'entrée septentrionale du tunnel, on rencontre 11 souterrains d'une longueur totale de 3,186 mètres.

Avant de clore l'historique du percement du col de

Fréjus, nous transcrirons à cette place les noms de ceux qui, à un point de vue quelconque, ont contribué à l'accomplissement de cette merveille du génie humain. En premier lieu, par ordre chronologique, les inventeurs des projets non réalisés, mais à qui il faut cependant rendre la justice qui leur est due : le géomètre savoisien Médail et son projet primitif ; l'ingénieur belge Mauss, ses câbles et les ciseaux perforateurs du Valdocco ; l'ingénieur anglais Barttlet, sa locomobile et sa perforatrice à vapeur ; le professeur genevois Daniel Colladon et ses Études remarquables sur l'air comprimé. Viennent ensuite les promoteurs politiques de l'œuvre, les ministres Cavour et Paleocapa, le sénateur Menabrea ; — les trois ingénieurs Sommeiller, Grattoni, Grandis, les expériences décisives de la Coscia, les compresseurs et la perforatrice définitive ; — les géologues Angelo Sismonda, Élie de Beaumont et Giordano ; — les ingénieurs des deux têtes, Borelli, Copello, l'ingénieur Boni ; — le chef des ateliers Camille Ferroux, mécanicien habile dont les conseils furent d'un précieux secours lors de la première mise en marche des perforatrices, et que nous retrouverons au percement du Saint-Gothard avec la machine de son invention ; — les chefs de galerie Ostano, Planchamp ; — et tant d'autres, dont les noms ne resteront point dans l'histoire de la science, et qui forment cette grande cohorte des travailleurs, venant mettre au service des plus hautes intelligences l'expérience qu'ils ont acquise dans leurs rudes labeurs de chaque jour.

Au succès d'une œuvre pareille ne pouvait manquer l'hommage des puissances intéressées. Le 17 septembre 1871, le tunnel du mont Cenis était inauguré officiellement. Un immense banquet réunissait tout ce que le monde savant compte d'illustrations dans ses différentes branches. M. Victor Lefranc, alors ministre du commerce et des travaux publics, y représentait le gouvernement de la République française.

Combien, parmi les assistants qui, aux heures des premières hésitations, avaient été incrédules, s'avouaient tout bas leurs terreurs passées désormais évanouies! Au nombre de ceux qui n'avaient jamais désespéré, qui avaient voué, à l'accomplissement de cet ouvrage unique dans les fastes de la science de l'ingénieur, toute leur énergie et tout leur talent, les deux plus croyants, les deux plus illustres, étaient absents. Le 6 juin 1861, alors qu'on mettait la première main au percement mécanique de la galerie, son promoteur le plus ardent, Cavour, avait cessé de vivre. Le 11 juillet 1871, un mois avant l'inauguration de son œuvre, Germano Sommeiller mourait, laissant attachée à son nom la gloire d'avoir présidé au premier percement des Alpes.

CHAPITRE IX

PROGRÈS DANS L'OUTILLAGE DES GALERIES SOUTERRAINES.

Les nouvelles poudres détonantes. — La poudre ordinaire. — Le fulmicoton. Sa découverte par Schönnbein en 1846. Explosion de la poudrerie du Bouchet. — Les picrates. Explosion de la place de la Sorbonne en 1869. — *La nitroglycérine et la dynamite.* — Propriétés et préparation de la dynamite par l'ingénieur suédois Alfred Nobel. — La dynamite pendant la guerre de France et principalement pendant le siége de Paris. — Expériences du plateau d'Avron, de Buzenval, du Moulin-de-Pierre et du fort d'Issy. — Le dégagement des canonnières de la Seine à Charenton. — Usages industriels de la dynamite. L'exploitation souterraine. La pêche miraculeuse. — Fabriques de dynamite en exploitation ou en préparation dans les deux mondes. — *Les nouvelles perforatrices.* — Systèmes Dubois-François, Mac-Kean, Ferroux, Turettini, etc. — *Le nouveau compresseur d'air* à grande vitesse et à action directe du professeur genevois Daniel Colladon.

La découverte de l'air comprimé et son emploi pour la perforation du tunnel des Alpes, marquent une ère nouvelle dans l'histoire du travail des galeries souterraines. En dehors des entreprises ayant pour but spécial d'ouvrir des communications à travers les montagnes, l'ex-

ploitation des mines, dont nous avons décrit le fonctionnement élémentaire, trouva dans la perforatrice un engin précieux qu'elle s'empressa d'utiliser. Il en fut de
même de tous travaux exécutés à ciel ouvert, comme
l'exploitation des carrières et le creusement des tranchées, qui exigeaient un sautage de la roche après la
perforation de fourneaux de mine destinés à recevoir la
charge explosive. Aussi voyons-nous, dans les quelques
années qui suivirent l'achèvement du tunnel du col de
Fréjus, les études se porter spécialement sur les deux
organes essentiels, inséparables l'un de l'autre, le *compresseur* et la *perforatrice*. On préparait ainsi les voies à
la réalisation d'œuvres gigantesques, le percement des
Alpes Helvétiques au mont Saint-Gothard et au Simplon, l'établissement d'un passage sous-marin entre la
France et l'Angleterre. La première de ces entreprises
est aujourd'hui en pleine activité. Il est permis de prévoir
pour les deux autres un accomplissement d'autant plus
prochain, que les difficultés, considérées autrefois comme ·
insurmontables, diminuent de jour en jour devant les
progrès de la science nouvelle.

L'étude attentive des propriétés des corps détonants
vint, en même temps que les perfectionnements apportés au mécanisme de perforation, imprimer un vi-
goureux essor à l'extension toujours croissante du travail souterrain. La perforatrice, venant remplacer le
travail manuel limité par les forces naturelles de l'homme, avait résolu victorieusement le problème du creusement rapide des trous de mine, sans réduire toutefois
le nombre des trous perforés ; l'emploi des matières
explosives nouvelles, comme la *dynamite* et la *nitro-glycérine,* allaient permettre, en quadruplant le travail de
la poudre ordinaire, de restreindre de beaucoup le nombre des trous perforés, la roche traversée fût-elle d'une

dureté extrême. L'emploi des poudres nouvelles venait donc, dans la perforation des galeries souterraines, se joindre à l'application des nouveaux moyens mécaniques, pour rendre plus palpable encore l'économie de temps que le percement du mont Cenis avait démontrée d'une façon si brillante.

Un seul exemple, choisi entre tous dans les deux travaux similaires du Saint-Gothard et du mont Cenis, suffira pour mettre au jour cette supériorité incontestable des nouvelles matières explosives récemment employées. Le front d'attaque de la petite galerie de direction du premier souterrain des Alpes avait environ 3 mètres 40 de largeur sur 2 mètres 40 de hauteur, soit 8,6 mètres carrés. Le sautage de la roche, au moyen de la poudre noire ordinaire, exigeait qu'on perforât en moyenne 80 trous, soit 9 à 10 trous par mètre carré de surface. La galerie d'avancement du tunnel du Gothard où, depuis le commencement des travaux, on emploie la dynamite, n'a que 2 mètres 50 de largeur sur 2 mètres 50 de hauteur, mais on y perce seulement 20 à 24 trous, soit 3 à 4 trous par mètre carré. On voit que la différence est considérable, et que le travail de la nouvelle matière explosive est de beaucoup supérieur à celui de la poudre noire. Nous le trouverons plus remarquable encore, si nous rappelons que le souterrain du Saint-Gothard est jusqu'ici, du côté nord du moins, creusé dans le granit compacte, tandis que le mont Cenis traversait en grande partie des couches schisteuses d'une dureté bien inférieure.

La poudre de mine ordinaire, composé mécanique de salpêtre, de soufre et de charbon, fut longtemps le seul agent explosif utilisé pour le sautage des roches dans les exploitations souterraines. Les terribles acci-

dents qui avaient signalé la découverte et les essais des
matières explosives nouvelles, le fulmicoton, les picrates, la nitroglycérine, étaient bien faits pour déconseiller à tout jamais leur emploi dans les travaux publics,
quoique leur puissance fût reconnue comme bien supérieure à celle de la poudre noire.

Lorsque, en 1846, Schönnbein découvrit les propriétés
explosives qu'acquérait le coton, lorsqu'il était trempé
pendant un quart d'heure dans un mélange d'acide nitrique et d'acide sulfurique, on put croire que la poudre
ordinaire avait accompli sa carrière, et que désormais
le fulmicoton allait prendre la première place parmi les
corps détonants. Le fulmicoton était facile à manier.
On pouvait soit le rouler en cordes, soit le réduire en
filaments ténus, le comprimer sous forme de gâteaux
facilement transportables sous un petit volume. Sa préparation était moins délicate que celle de la poudre ordinaire, et il possédait en outre la propriété précieuse de
se conserver sous l'eau, et de produire, à poids égal,
trois fois plus de gaz que la poudre ordinaire. Malheureusement l'excellence même de ses propriétés explosives devait le faire abandonner, après les tristes
catastrophes qui accompagnèrent sa préparation industrielle.

Une année seulement après sa découverte, le 14 juillet 1847, la poudrerie du Bouchet, près Corbeil, sautait
dans des circonstances véritablement effrayantes. Quatre
ouvriers étaient occupés, dans les magasins de la poudrerie, à mettre en barils 1,600 kilogrammes de fulmicoton, récemment préparés, quand l'explosion se produisit. Le bâtiment, dont les murs avaient jusqu'à un mètre d'épaisseur, fut complétement détruit. Sur son emplacement, le sol était creusé à plus de quatre mètres

de profondeur. Dans le voisinage du magasin, les arbres étaient arrachés, brisés, tordus; d'autres étaient dépouillés de leur écorce, fendus jusqu'aux racines, effilochés. On ne retrouva aucune trace des malheureux ouvriers qui présidaient à la périlleuse besogne. L'accident du Bouchet ne fut du reste point le seul. L'année précédente, la manufacture de Darpfort, en Angleterre, avait également fait explosion, entraînant la mort de vingt-quatre personnes. Lorsque, quelques années plus tard, encouragé par les nouvelles expériences du baron de Lenke et d'Abel, le gouvernement autrichien tenta d'employer le fulmicoton dans les opérations militaires, l'explosion du magasin de Wiener-Neustadt fit abandonner complétement les essais, qui avaient déjà reçu un commencement sérieux d'exécution par la construction de cinq batteries spéciales d'artillerie.

Les combinaisons de l'acide picrique, — produit cristallin et amer (πικρός, amer) qu'on obtient par l'action de l'acide nitrique sur le goudron de houille, — avec les bases minérales, et en particulier avec la potasse et l'ammoniaque, donnent également naissance à des sels éminemment explosibles, connus sous le nom de *picrates*. Mélangé d'une part avec du salpêtre, et de l'autre avec du chlorate de potasse, le picrate de potasse est la base des poudres Dessignolle et Fontaine. Des expériences furent faites en 1868, dans la rade d'Hyères, avec des torpilles chargées de picrate de potasse. Lorsque les torpilles firent explosion, la mer fut soulevée d'une hauteur de 13 mètres sur 30 mètres de circonférence. Une gerbe d'eau de 50 mètres s'élança dans l'espace. Le vaisseau *Louis XIV*, qui était en mer à une distance de 900 mètres, ressentit une violente commotion. Les résultats dépassaient certainement toute attente, et les inventeurs avaient reçu mission de fabriquer une grande quantité

Fig. 53. — Explosion du picrate Fontaine, place de la Sorbonne.

de leur poudre pour être utilisée dans le chargement des engins sous-marins, lorsque le terrible accident du 16 mars 1869, qui détruisit les laboratoires de M. Fontaine, place de la Sorbonne, vint encore cette fois déconseiller l'emploi de la nouvelle matière explosive.

La dynamite (δύναμις, puissance), par ses propriétés explosives plus considérables encore que celles du fulmi-coton, et surtout par son maniement facile excluant tout danger, devait prendre définitivement, dans les travaux d'utilité publique et du génie militaire, la place que n'avaient pu conquérir ses terribles devancières.

La dynamite est un composé *mécanique*, en proportions variables avec le degré de puissance qu'on veut donner au produit, de nitroglycérine et de silice. Comme on le voit, un seul des deux corps composants, la nitro-glycérine, est capable de produire par sa décomposition une réaction chimique; la silice est un corps amorphe, sans aucune propriété explosive, incapable de produire une émanation gazéiforme. Le rôle de la silice est exclusivement de lier entre elles les particules de nitro-glycérine, de telle façon que cette redoutable substance devienne maniable sans aucun danger. Lorsqu'on enflamme à l'air, sans provoquer son explosion, une cartouche de dynamite, elle brûle avec une flamme bleuâtre et laisse, après sa combustion, 'n amas de silice blanche sur le sol.

L'histoire chimique de la dynamite est donc tout entière celle de la nitroglycérine, qui fait partie de la longue série des combinaisons explosives azotées, obtenues par l'action d'un mélange d'acides nitrique et sulfurique sur certains corps organiques. Nous avons déjà vu qu'on obtient le coton-poudre en traitant le coton par ce mélange des deux acides. La cellulose, la mannite, et en particulier la glycérine, résultant de la saponification des corps gras, donnent également des composés explosifs connus sous le nom de nitrocellulose, nitromannite, et enfin nitroglycérine.

La nitroglycérine se présente sous la forme d'un liquide huileux, ordinairement jaunâtre, qui se rassemble au fond de l'eau sans s'y dissoudre. A la température ordinaire, elle n'est point volatile ; à 100°, elle s'évapore en se décomposant ; chauffée progressivement jusqu'à 180°, elle fait explosion. Sa force explosive est considérable, si l'on en juge par les terribles accidents qu'elle provoqua lorsque, avant la découverte de la dynamite, on voulut l'utiliser dans les travaux d'art, et en particulier dans les travaux souterrains.

Un jour du mois de juin 1868, pendant que deux ouvriers étaient occupés à décharger 2,000 kilogrammes de nitroglycérine en bombonnes, sur les chantiers de Quenast, village situé à quelques lieues de Bruxelles, une effroyable détonation se fit entendre. Lorsqu'on put approcher du lieu de l'explosion, on vit, comme au sinistre de la poudrerie du Bouchet, une cavité profonde marquer la place où stationnait auparavant la voiture chargée de la terrible substance. Les corps des deux chevaux avaient été transportés à 50 mètres de distance. Le magasin où l'on empilait les bombonnes était rasé, les maisons voisines fissurées, les arbres dépouillés de leur écorce.

Nombre d'explosions se produisirent dans les mêmes circonstances. Aux carrières d'ardoises de Carnavon (Angleterre), deux voitures chargées de nitroglycérine firent explosion. On n'en retrouva aucune trace : conducteurs, chevaux, véhicule, tout avait disparu dans l'épouvantable tempête.

Pour remédier à ces accidents terribles, qui condam-

naient sans retour l'emploi de la nouvelle matière dé-
tonante, l'ingénieur suédois Nobel qui, depuis de longues années, étudiait les moyens d'éviter toute cause de
danger dans les transports de l'huile explosive, proposa
de la dissoudre préalablement dans l'esprit de bois ou
alcool méthylique. La nitroglycérine, insoluble dans l'eau,
est en effet soluble dans l'esprit-de-vin, l'alcool méthylique, l'éther. Il fallait toutefois éviter avec grand soin
de tenir ouvertes les tourilles contenant la nitroglycérine méthylisée : l'esprit de bois, en s'évaporant, laissait
en liberté l'huile explosive. Un des nombreux accidents
survenus dans le maniement de la nitroglycérine arriva
ainsi. Pour dégeler de la nitroglycérine méthylisée, on
avait placé le vase qui la contenait sur des charbons
ardents. L'esprit de bois s'évapora le premier, et, lorsque
la température du mélange eut atteint 60°, la nitroglycérine restée seule fit explosion à 180°.

La dissolution dans l'esprit de bois de l'huile explosive
ne remédiait donc que très-imparfaitement aux dangers
que nous avons signalés. Il est plus que certain que la
nitroglycérine, de même que le fulmi-coton et le picrate,
eût été abandonnée comme susbtance industrielle, et re-
léguée au rang des curiosités de laboratoire, si M. Nobel n'eût découvert le véritable moyen de neutraliser ses
effrayantes propriétés, sans rien lui laisser perdre de son
énergie précieuse. Pour la première fois, en 1867, M. Nobel imagina de mélanger l'huile explosive avec une substance amorphe qui pût l'absorber facilement. Cette
matière inerte fut la silice blanche de Hanovre, ou *Kie-
selguhr*, terre blanche poreuse, composée d'infusoires
fossiles, dont les cavités ténues retiennent le liquide par
la seule force de la capillarité. Les proportions des deux
corps intimement unis étaient de 75 parties de nitroglycérine pour 25 de silice.

Ainsi mélangées, la nitroglycérine et la silice constituent la *dynamite*, qui prend l'aspect d'une pâte grasse, à grains fins, de couleur brun-rouge. On la livre au commerce en cartouches de 50 centimètres de longueur environ sur 25 de diamètre, enfermées dans un papier parchemin assez imperméable pour être employé dans les terrains aquifères.

La propriété essentielle de la dynamite est de faire explosion sous l'action d'un choc brusque qui se communique immédiatement dans toute la masse. Pour produire l'explosion d'une cartouche, on prend une mèche Bickford, identique à celle que nous avons déjà décrite, c'est-à-dire une corde dans l'âme de laquelle court une traînée de pulvérin, on coiffe la mèche d'une capsule à fulminate, et on enfonce cette capsule dans la cartouche. Si on met le feu à la mèche, sa combustion provoque l'explosion de la capsule, et le choc brusque qui en résulte détermine le sautage de la dynamite. Une cartouche munie d'une capsule et d'une mèche Bickford constitue ce qu'on appelle la *cartouche-amorce*.

Dans le cas spécial qui nous occupe ici, — le sautage des trous de mine forés dans la roche constitutive d'un souterrain, — on tasse au fond du trou de mine, avec un bourroir en bois, les unes sur les autres, autant de cartouches qu'il en faut pour obtenir la longueur de charge désirée, en ayant soin qu'il n'existe autant que possible aucun vide entre les cartouches. La cartouche-amorce, préparée avec sa capsule et sa mèche, est placée au contact de la charge. On achève de remplir le trou avec de la terre, ou même de l'eau si le trou est foré verticalement, et on met le feu aux mèches. La mine éclate dès que le fulminate a été atteint par la mèche enflammée.

La dynamite n'est guère connue en France que depuis

la fatale campagne de 1870. Le gouvernement qui sié-
geait à Tours décida l'établissement d'une fabrique à
Paulille, près Port-Vendres (Pyrénées-Orientales). Plusieurs fabriques de dynamite furent également établies,
pendant le siége de Paris, à Grenelle, à la Villette, aux
carrières d'Amérique. La nouvelle matière fut employée
successivement au plateau d'Avron, à Buzenval, au
Moulin-de-Pierre, au fort d'Issy, ainsi qu'au bris des
glaces qui retenaient prisonnières les canonnières de
la Seine, près Charenton.

Les récits suivants que nous empruntons à l'ouvrage
de M. Paul Barbe [1] montrent assez quelle est la nouvelle substance explosive, et quels sont les résultats
merveilleux qu'il est permis d'attendre d'elle.

Le lendemain du combat du 21 décembre 1870, une
forte colonne prussienne parut en avant de la ferme du
Petit-Drancy, qu'on achevait de mettre en état de défense. Il ne restait plus à démolir qu'un mur de clôture,
séparant la cour de la ferme d'un jardin fruitier. Cette
démolition, en raison de la hauteur du mur (6 mètres)
et de son épaisseur (0m,40), offrait, par les moyens ordinaires, une certaine difficulté. De plus, on ne voulait
abattre que la partie supérieure, afin que le reste du
mur fût assez élevé pour protéger les tirailleurs.

Pour obtenir ce résultat, on pratiqua dans le mur, à
2 mètres du sol, une saignée verticale longue de 2 mètres, et assez profonde pour y loger un saucisson de
même hauteur, chargé de 10 kilogrammes de dynamite.
L'effet produit fut tout à fait satisfaisant. La partie supérieure du mur fut renversée, tandis que la partie
inférieure restait debout.

1. *Études pratiques sur la dynamite et ses diverses applications à l'art militaire*, par M. Paul Barbe, ancien officier
d'artillerie, maître de forges à Liverdun.

Dans une reconnaissance faite sur le plateau d'Avron, on disposa le long d'un mur des sacs ou bidons remplis de dynamite, dont l'explosion produisit des brèches d'une puissance qui variait selon les quantités de dynamite qu'ils renfermaient.

A l'attaque de Buzenval, des bidons, renfermant chacun 4 kilogrammes de dynamite, furent placés à 5 mètres environ les uns des autres, le long des murs derrière lesquels l'ennemi s'était retranché. Les explosions formèrent une vaste brèche par laquelle nos soldats purent s'élancer. Plusieurs corps de troupes avaient été munis de dynamite, et pourvus des instructions les plus indispensables à son emploi. Dans la matinée, douze brèches de diverses grandeurs furent pratiquées avec un plein succès dans le mur du parc de Buzenval. Le jeune lieutenant du génie Beau trouva la mort en dirigeant quelques hommes porteurs de dynamite contre le mur fortement défendu à cet endroit par l'ennemi.

Ce fut surtout pendant le second siége de Paris que les armes spéciales eurent occasion d'employer la dynamite. Chaque compagnie du génie fut munie de la quantité de cette poudre nécessaire à ses opérations. Presque toutes les brèches dans les murs de clôture furent ouvertes comme nous venons de l'indiquer pour la défense du Petit-Drancy et d'Avron, et pour l'attaque de Buzenval.

La tour du Moulin-de-Pierre, placée près d'une batterie d'attaque et se profilant sur le ciel, servait de point de repère aux fédérés des canonnières. M. le commandant du génie Faurel, accompagné de M. Paul Barbe et du capitaine Quinivet, fut chargé de la détruire, les projectiles des troupes de la Commune devenant de plus en plus gênants. Le mur de la tour avait 1^m, 70 d'épaisseur à la base ; de solides planches, placées de 2 mètres en 2 mètres, augmentaient considérablement la solidité de l'édifice.

Attaquer la tour par l'extérieur nécessitait l'emploi d'une grande quantité de matière explosive, mais permettait de masquer les travailleurs. Malgré l'insuffisance de la dynamite disponible, on essaya de faire brèche, en mettant de côté les quelques kilogrammes nécessaires pour poser un pétard à l'intérieur, et compléter la destruction si nécessaire. Le mur, au contact de la dynamite, fut broyé sur $0^m, 60$ de profondeur. Tout ce qui surplombait s'écroula, laissant ainsi subsister un muraillement de 1 mètre d'épaisseur environ.

On pénétra alors dans la tour, et sur l'un des planchers, le long du mur, on plaça les cartouches mises en réserve. Quelques plâtras furent jetés par-dessus comme bourrage et le feu fut donné. La partie du mur attaquée s'écroula, ainsi que celle qui lui était diamétralement opposée. La toiture s'effondra. La tour, sans être complétement détruite, ce qu'on aurait pu faire après l'arrivée du nouvel approvisionnement de poudre, avait perdu assez de sa hauteur pour se confondre avec les constructions voisines. On avait atteint le but qu'on s'était proposé.

Pour isoler complétement de Paris les défenseurs du fort d'Issy, il fallait déloger les tirailleurs fédérés du clocher et d'une barricade qu'ils tenaient encore dans Issy. Si l'attaque était vigoureuse, la résistance était acharnée. Pour en terminer, on songea à employer l'artillerie, et on monta une pièce de 4 de montagne au troisième étage d'une maison élevée, dépassant en hauteur toutes les constructions voisines.

Quand on eut fait sur le plancher un lit de fascines recouvert de madriers, et que le canon fut en batterie, il fallut ouvrir une embrasure. Recourir à des pioches, c'était vouer les travailleurs à une mort certaine. Le capitaine du génie Perboyn prit quelques kilogrammes de dynamite, et les fit bourrer dans un tuyau de toile qu'on suspendit au mur, à l'emplacement de l'ouverture désirée. L'explosion démasqua la pièce. Le feu commença, et, quelques heures après, on était maître des positions si vivement disputées jusqu'alors.

Après l'entrée des troupes dans Paris, le génie fit encore usage de la dynamite pour achever de jeter bas les ruines des monuments publics incendiés. La maison qui fait le coin de la rue Royale et de la rue Saint-Honoré servit en particulier de champ d'expérimentation. L'incendie avait fait crouler les murs en moellons de cette maison, mais avait respecté, chose assez singulière, la chaîne de pierre qui subsistait comme une sorte de colonne sur toute la hauteur de l'édifice, ainsi que les corniches couronnant les façades et formant des arceaux qui, suspendus dans l'espace, reliaient la colonne d'angle aux maisons voisines. Cette corniche avait encore à supporter le poids des fenêtres de mansarde que le feu n'avait pas détruites.

On craignait avec raison que cet ensemble de la colonne d'angle et des corniches, ne présentant pas de stabilité suffisante, ne tombât d'un moment à l'autre sur la tête des passants.

La facilité avec laquelle un saucisson de dynamite entourant un arbre le coupe en deux, fit naturellement songer au bon effet que produirait un saucisson de dynamite, enroulé autour de la colonne de pierres d'angle. On prépara à cet effet un saucisson de 1^m,50 de longueur environ, chargé de 3 kilogrammes de dynamite, et on l'enroula autour de la colonne qui présentait un rétrécissement, l'incendie ayant plus particulièrement rongé et fait éclater la pierre en cet endroit. On alluma alors le morceau de mèche Bickford qui aboutit à l'amorce fulminante, et l'explosion eut lieu. Les corniches et la colonne tout entière, tant la partie au-dessous du saucisson que la partie au-dessus, s'écroulèrent avec fracas.

La dynamite peut également être employée très-utilement pour la destruction des voies ferrées, lorsqu'il s'agit, soit de couper la retraite à l'ennemi, soit de l'empêcher de se réunir et de concentrer ses forces en vue d'une action commune.

Pendant la guerre de 1870-1871, plusieurs ingénieurs cherchèrent à rendre impraticables les chemins de fer que nous laissions aux mains des ennemis en battant en retraite. Les tentatives de M. l'ingénieur des mines Garnier furent couronnées de succès. Il suffit de placer, entre le champignon et le patin du rail, le long de l'âme, un sac d'environ 600 grammes de matière explosive. Dans une expérience faite à Vincennes le 17 décembre 1870, et conduite comme nous venons de le dire, le rail fut brisé en trois tronçons, dont l'un extrêmement mutilé. Le madrier sur lequel on avait fait reposer le rail fut fendu, et certaines parties réduites en éclats.

On peut aussi se proposer la destruction des ponts en pierre ou en métal. Après avoir enlevé le macadam ou le ballast couvrant la voûte d'un pont en maçonnerie, il suffit, aux environs de la clef de voûte, de placer une caisse de 20 à 25 kilogrammes de dynamite, de la recouvrir de quelques pelletées de débris, et d'y mettre le feu pour détruire complétement l'arche attaquée.

En appliquant contre les poutres à treillis des ponts en métal des boudins chargés de quelques kilogrammes de dynamite, on peut les couper complétement. On opéra ainsi, à Billancourt, Saint-Ouen, Bougival, pour diviser et retirer ensuite de la Seine les masses métalliques

composant les arches des ponts détruits pendant la
guerre. Le même procédé a été appliqué à plusieurs
autres ponts de la Seine et de la Marne. Les charges de
dynamite étaient en général logées dans des boîtes en
zinc qu'un plongeur déposait sur les objets à briser. On
mettait le feu par l'électricité, ou à l'aide d'une mèche
de gutta-percha dont l'extrémité sortait de l'eau. Quelquefois on se contentait de ficeler ensemble un nombre
convenable de cartouches, on armait cette charge d'une
capsule munie d'un bout de mèche en gutta-percha, on
allumait la mèche et on laissait simplement tomber le
tout à la place voulue. La mèche ainsi allumée conti-
nuait à brûler dans l'eau.

M. Edmond Duval, qui a dirigé plusieurs travaux de
cette nature, rend ainsi compte de ces mêmes opérations :

« La plus grande difficulté consista à débarrasser l'arche du milieu (du pont de Billancourt), formant une
masse de fer de 150,000 kilogrammes, sans point d'appui pour la relever. On se décida à employer la dynamite. On put ainsi couper et briser des poutres de 20 à 40
millimètres d'épaisseur, à 5 ou 6 mètres de profondeur
sous l'eau. Un plongeur descendait avec une boîte de
dynamite, la plaçait à l'angle des deux pièces qu'il fallait séparer, et au moyen de l'étincelle électrique, on
obtenait la détonation. Il suffisait ordinairement de
2 kil., 500 de dynamite placés dans une boîte en zinc de
forme triangulaire. »

Industriellement, en dehors de son application au
percement des galeries souterraines, on a fait dans ces
temps derniers un grand usage de la dynamite. Un navire de commerce échouait, en mai 1871, dans le port de
la Nouvelle; il fallait faire disparaître rapidement cet
obstacle. L'entrepreneur chargé du travail se contenta

d'immerger, à quelques mètres de la coque, des paquets de cartouches dont l'une était amorcée et munie d'une mèche Bickford en gutta-percha. Le feu était mis avant l'immersion. Après quelques explosions, le navire fut complétement brisé et la passe déblayée. Semblable opération fut faite à Bordeaux pour débarrasser le lit de la Gironde d'un navire coulé à fond ; à Lyon, pour déblayer les glaces qui s'étaient amoncelées sur le Rhône, et menaçaient les établissements flottants installés sur le fleuve.

Pendant le siége de Paris, on mit à profit avec succès la force explosive de la dynamite pour briser les glaces de la Seine .Dans la nuit de Noël, une flottille de canonnières fut prise par les glaces, dans une position où elle était exposée au feu de l'ennemi, et où elle ne pouvait rendre aucun service. On se décida à employer la dynamite sur la glace, qui avait atteint à cet endroit une grande épaisseur. On déposa à la surface des gargousses en zinc que l'on fit détoner. Après quelques jours de travail, la glace fut complétement enlevée sur une longueur de près de 2 kilomètres, et les canonnières dégagées purent se remettre en campagne.

Les effets si remarquables de la dynamite que nous venons de citer, et qui suffisent amplement à démontrer son incomparable puissance, proviennent exclusivement de la masse énorme de gaz qu'elle développe presque instantanément. Sa puissance théorique est ordinairement évaluée à six fois celle de la poudre de mine ordinaire. Il serait impossible d'énumérer tous les services que peut rendre la nouvelle matière explosive et toutes les ingénieuses applications qu'elle a reçues depuis sa découverte par Nobel.

On a pu briser avec elle les blocs énormes de fonte

hors de service dans les usines métallurgiques, comme les loups de marteau-pilon, les gros cylindres de laminoir, qu'on était obligé de mettre au rebut, vu le prix de la main-d'œuvre nécessaire pour les utiliser. Avec 150 grammes de dynamite, on a déterminé, dans une usine de Maubeuge, la rupture d'une chabotte de marteau-pilon pesant 5,000 kilogrammes.

La nouvelle matière explosive a également été employée pour l'abattage des arbres, qu'on entoure à cet effet d'un saucisson de dynamite à l'endroit où l'on désire les couper. Il n'est point jusqu'à la pêche qui n'ait utilisé la terrible substance. L'explosion d'une cartouche dans l'eau suffit pour étourdir le poisson, à plusieurs mètres à la ronde; il remonte alors à la surface et peut être facilement pris à la main. Il va sans dire que ces pêches miraculeuses sont interdites.

Depuis la découverte et les premières applications de la dynamite, un grand nombre de fabriques ont été installées, soit en Europe, soit dans les pays lointains, pour fournir aux travaux souterrains la précieuse substance. Les premières usines furent établies sous la haute direction de l'inventeur M. Alfred Nobel, en France, en Angleterre, en Espagne, en Portugal, en Suisse, en Allemagne, en Autriche, en Suède et en Norwège. De nouvelles usines doivent être montées prochainement en Belgique, et sur le nouveau continent, au Pérou et au Brésil. Les fabriques actuellement en activité sont : en France, la fabrique de Paulille (Pyrénées-Orientales), établie pendant la guerre de 1870, directeur : M. Xav. Bender ; — en Angleterre, la fabrique de Glasgow, dirigée par M. Alfred Nobel ; — en Espagne et en Portugal, les usines de Galdacano et Trafaria, directeur : M. Combmal ; — en Suisse, celle d'Isleten (Uri), directeur : M. A. Hoffer ; — en Italie, celle d'Avigliana, directeur : M. Duchêne ; — en Allemagne, celle de Krummel, près Hambourg, administrée par M. Alfred Nobel ; — en Suède, celle de Stockholm, directeur : M. Liebeck ; — en Norwège, celle de Christiana, directeur : M. Lamm ; — et enfin la fabrique autrichienne dirigée par M. Nobel.

Mais l'industrie privée, en s'emparant, elle aussi, de la dynamite, en fit l'objet des études les plus sérieuses, qui se traduisirent bientôt par des perfectionnements apportés aux méthodes primitives de fabrication. C'est ainsi que plusieurs des fabriques installées ces dernières années n'ont aujourd'hui plus rien à envier aux procédés Nobel.

Au nombre de ces nouvelles usines, nous citerons particulièrement la fabrique installée à Varallo-Pombia (province de Novare, Italie). Depuis deux années, la dynamite fabriquée à Varallo, dite *dynamite d'Ascona*, est employée, à l'exclusion de tout autre produit, pour le percement du grand tunnel du Saint-Gothard, qui en consomme environ 150,000 kilogrammes par année. Les roches les plus tenaces, le granite, la serpentine, les schistes amphiboliques, ont été traversés avec le plus grand succès au moyen de la nouvelle matière explosive. En août dernier, entre autres, la galerie nord traversait un banc de serpentine d'une dureté extrême ; l'avancement mensuel des travaux ne fut cependant pas moindre de 285 mètres, soit 9^m,50 par jour, ce qui n'a jamais été atteint dans aucun travail.

Ceux de mes lecteurs qui sont familiarisés avec le percement d'une galerie souterraine se rendront vite compte de l'avantage qu'offre, dans le travail de la perforation même, l'emploi d'une dynamite telle que celle dont nous parlons.

En premier lieu, la puissance extrême de l'explosif permet de réduire considérablement le nombre des trous de mine, et, en outre, les déblais résultant de l'explosion sont d'un maniement facile, et peuvent par conséquent être enlevés promptement pour céder la place à une nouvelle perforation.

Le petit livre que nous avons publié cette année dans la *Bibliothèque des merveilles*, sous le titre : *la Poudre à canon et les nouveaux corps explosifs*, traite ces questions en détail. Nous n'y reviendrons donc point à cette place, et nous contenterons de présenter à nos lecteurs un résumé du récit des belles expériences faites en juillet dernier à l'usine de Varallo-Pombia, en présence de M. le major général A. Scalia, commandant la 23e brigade d'infanterie de Parme, de M. le colonel G. Pollano, commandant le 44e régiment, et des officiers du même corps. M. Ed. Dessesquelle, directeur de la fabrique de Varallo-Pombia, conduisait les expériences, auxquelles j'avais moi-même l'honneur d'assister.

On procéda d'abord aux expériences d'usage, soit : dynamite enflammée avec une allumette, dynamite sur un foyer ardent, dynamite exposée à un feu ardent dans un récipient de terre ou dans un récipient de métal, dynamite avec de la poudre noire ou avec une capsule au fulminate, sautage d'un rail Vignole, type ordinaire des voies ferrées de la Haute-Italie ; abatis d'arbres de diverses grosseurs, abatage d'un mur, expériences de choc sur la dynamite, avec pierre, bois ou fer ; dynamite dans un sac de toile ou dans une gamelle de fer-blanc servant de cible à 50 mètres, etc...

Toutes ces expériences, déjà exécutées en diverses occasions, furent couronnées de succès ; nous n'avons malheureusement point la place de les détailler, et nous devons nous contenter de les signaler. A titre de curiosité, nous mentionnerons cependant celle qui nous a paru la plus intéressante et la plus nouvelle, l'enfonçage d'un pieu planté verticalement dans le sol. Nous n'avons pas besoin de signaler l'importance de cette expérience dont l'application pratique peut rendre des services importants dans les travaux de pilotis.

Un pieu avait été préparé d'avance d'une hauteur de 1m,60, d'un diamètre de 0m,12. L'extrémité inférieure de ce pieu avait été taillée en pointe et durcie au feu. L'extrémité supérieure avait été garnie d'une bague de fer doux, surmontée d'une calotte plate également en fer doux, fixée sur le sommet du pieu au moyen de deux grosses vis à tête plate. Cette calotte avait exactement le diamètre du pieu et une épaisseur d'environ 2 centimètres.

En soulevant verticalement le pieu à la main, on le laissa retomber sur le sol de façon à ce qu'il se tînt droit, presque en équilibre (il n'était entré dans la terre que de 0m,03 environ).

On prit alors une cartouche de dynamite à 75 p. 100 de nitro-glycérine, d'un poids de 110 grammes. Après l'avoir ouverte, on en retira toute la dynamite, que l'on tassa et que l'on posa bien exactement sur le centre de la calotte de fer doux. On recouvrit la charge de dynamite d'une feuille de papier à cartouche, au travers de laquelle on fit pénétrer dans la charge une capsule fulminatée, munie de sa mèche à mine ordinaire ; on fit un bourrage avec une pâte d'argile. Le feu ayant été mis à la mèche, il se produisit quelques instants après une détonation violente.

A l'examen, l'on put constater que le pieu s'était enfoncé de 0m,32, et qu'il était difficile à un homme de l'arracher du sol. La pointe s'était émoussée sur une pierre dure qui présentait une petite déchirure. La bague placée au sommet du pieu était remontée de 0m,04 au-dessus de sa position primitive ; les deux vis maintenant la calotte avaient été arrachées, et la calotte elle-même enlevée ; elle fut retrouvée intacte et sans brisure, à 2 mètres en avant du pieu, ayant encore les deux vis dans les trous. Le pieu était absolument intact.

A la suite de ces expériences, M. le général Scalia écrivit au directeur de l'usine de Varallo une lettre louangeuse. Un rapport fut dressé et présenté au ministère italien.

La dynamite est donc bien aujourd'hui une substance usuelle, ayant conquis dans le domaine de l'industrie privée le rang que prennent très vite les découvertes nouvelles. L'honneur reste toujours au premier qui sut doter la science d'un corps maniable malgré ses propriétés terribles, mais les perfectionnements apportés à sa fabrication et la diminution de prix qui en résulte ont également droit à tous les égards, spécialement au point de vue pratique de l'économie qu'ils peuvent apporter dans l'exécution de travaux tels que ceux qui font le sujet de notre livre.

Les progrès accomplis dans l'outillage des galeries souterraines ne sont pas moins remarquables que ceux qui se rapportent à la matière explosive. Toutefois, le changement est loin d'être aussi radical, et quelque ingénieux que soient les perfectionnements apportés dans la construction, soit du compresseur, soit de la perforatrice, les mécanismes essentiels sont restés, dans leur agencement, complétement identiques à ceux de la machine que nous avons vue en œuvre au mont Cenis. En dehors des perforatrices creusant le roc à la façon d'une tarière, comme le perforateur à diamants, nous trouverons toujours, dans les différents systèmes qu'il nous sera donné de rencontrer dans les exploitations souterraines, les deux mouvements principaux dont l'assemblage constitue le jeu de l'outil : 1° mouvement de percussion du fleuret lancé violemment contre la roche ; 2° mouvement de rotation de ce même fleuret afin d'éviter son engagement dans le trou foré.

Le jeu mécanique de la perforatrice ayant été copié, calqué, sur la marche suivie dans le travail manuel accompli autrefois par l'ouvrier mineur, les inventeurs ne songèrent point à transformer l'essence même de la machine. Leurs études se portèrent spécialement sur les meilleurs moyens de réaliser ces deux mouvements simultanés, percussion et rotation, que devait prendre l'outil sous l'influence des organes divers dont il était composé. Telle machine différera par exemple de la machine primitive du mont Cenis, par l'agencement des organes de son mouvement de translation; telle autre par la disposition donnée au système de rotation du burin; telle autre par une nouvelle manière de communiquer à la perforatrice tout entière le mouvement d'avancement qu'elle doit prendre à mesure que le trou s'approfondit.

Le nombre des nouvelles machines perforatrices est considérable. Le premier coup de fleuret n'était point donné au front d'attaque du massif des Alpes Cottiennes, que dans les pays d'exploitations minières, souterraines ou à ciel ouvert, partout où il y avait un trou à creuser, on voulut construire de nouveaux outils perforateurs. L'Allemagne, la Belgique, l'Angleterre, l'Amérique, construisirent des machines : machine à fleuret percuteur, machine à bague sertie de diamants noirs travaillant par simple rotation de la tige perforeuse, machine à trépan usant la galerie sur toute la surface à la fois,

Dans le percement des Alpes Helvétiques au Saint-Gothard, nous verrons employer de nouveau les perforatrices à fleuret percuteur; dans les travaux d'art américains, comme l'approfondissement du port de New-York, nous trouverons le perforateur à diamants: dans le projet de percement d'un tunnel sous-marin entre la France et l'Angleterre, nous verrons proposer le perforateur Brunton, rongeant la surface entière de la galerie de reconnaissance du souterrain.

Nous citerons, parmi les nouveaux perforateurs à bu-

Fig. 55. — Bagues serties de diamants noirs.

rin percuteur, les machines inventées pendant ces dernières années, en Belgique par MM. Dubois et François, de Seraing, — en Angleterre, par M. Mac-Kean, — en Suisse, par MM. Camille Ferroux et Th. Turettini, toutes quatre employées aux travaux de percement du tunnel du Saint-Gothard[1].

1. Ceux de nos lecteurs qui voudraient se rendre un compte exact du fonctionnement des machines perforatrices, système *Ferroux* ou système *Mac-Kean*, consulteront avec fruit l'excellent recueil hebdomadaire illustré, la *Revue industrielle*, publié à Paris par MM. H. Fontaine et A. Buquet (N°s du 9 décembre 1874 et 26 mai 1875).

Dans la machine perforatrice Dubois-François, le mouvement de percussion ne diffère du mouvement adopté dans la machine Sommeiller que par le système de distribution de l'air comprimé. En somme, l'air comprimé agit alternativement sur les deux faces d'un piston qui guide le mouvement de va-et-vient du fleuret percuteur. Les deux faces du piston sont en outre d'inégale surface, la face postérieure étant la plus grande, afin que le mouvement de percussion contre la roche soit plus violent que le mouvement de recul. Par contre, le mouvement de rotation du burin présente une disposition fort ingénieuse et toute nouvelle.

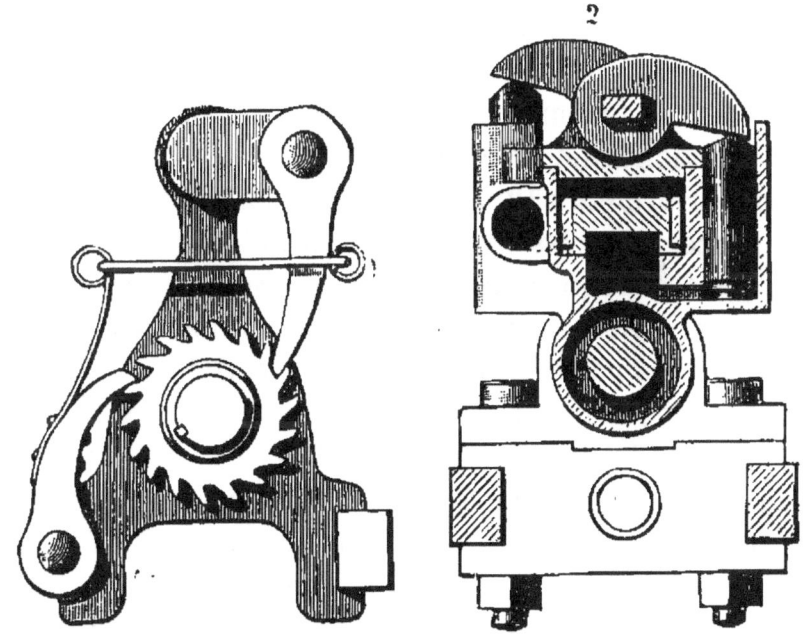

Fig. 56. — Perforatrice Dubois-François (mouvement de rotation du burin).
1. Rochet. — 2. Came.

Au-dessus de la boîte de distribution de l'air comprimé, et dans le sens de la largeur de l'appareil, se trouve une came, à laquelle deux petits cylindres, ascendant et descendant, impriment un balancement autour de son axe. Au moyen d'une tige rigide qui lui est liée solidairement, et qui court dans le sens de la longueur, ce mouvement de balancement est communiqué à une dent qui pousse une roue à rochet placée à la partie antérieure de la machine, et dans laquelle la barre à mine glisse à frottement doux. Un cliquet empêche le mouvement en arrière de la roue à rochet. En comparant ce système de rotation à celui de la machine Sommeiller, on voit que l'emploi de la came et de son mouvement de balancement constitue le perfectionnement principal apporté par MM. Dubois et François dans leur machine perforatrice (voir fig. 56).

Quant au mouvement d'avancement de la perforatrice entière, il se fait à la main, au moyen d'une manivelle commandant une longue vis qui court tout le long de la machine, cette dernière faisant écrou si l'on imprime à la vis un mouvement de rotation.

Les perforateurs Dubois-François ont été appliqués avec succès dans les charbonnages belges. On les emploie également en France, particulièrement aux mines de Blanzy. Elles furent, avec les machines Mac-Kean, les premières perforatrices mises en activité au souterrain du Saint-Gothard.

Dans la machine Mac-Kean, la plus ingénieuse peut-être de celles qui ont été inventées jusqu'à ce jour, tous les mouvements sont dépendants les uns des autres, et tous sont commandés par le jeu même du piston. Le mouvement de rapprochement de la machine entière contre la roche se fait de même mécaniquement. La perforatrice Mac-Kean possède le précieux avantage de travailler verticalement aussi bien qu'horizontalement, ce qui la rend également propre au forage des puits. On l'adapte pour cet effet sur un affût spécial

Fig. 57. — Perforatrices Dubois-François montées sur leur affût.

A, mouvement de percussion; boîte de distribution de l'air comprimé sur les deux faces du piston percuteur. — B, came de rotation. — C, crochet de rotation. — F, fleuret percuteur. — M, manivelle commandant la vis d'avancement de la machine entière.

Les progrès dans l'établissement des appareils à comprimer l'air sont contenus tout entiers dans l'heureuse innovation des compresseurs à action directe et à grande vitesse, dus à M. le professeur Daniel Colladon, de Genève. Ces appareils permettent d'utiliser les moteurs rapides, et le piston compresseur s'y trouve en contact intime avec le fluide, sans qu'il soit besoin de l'énorme colonne d'eau qui, dans les compresseurs à piston employés au mont Cenis, doit être soulevée à chaque oscillation de la machine.

Dans notre description des compresseurs employés à Bardonnèche et à Modane, nous avons dit que le poids d'eau à mouvoir, à chaque coup de piston, et pour chaque cylindrée d'air comprimé, dépassait 2,600 kilogrammes. Si nous ajoutons le poids du piston lui-même, de sa tige et de sa bielle, nous verrons que la masse totale de ce piston, animée d'un mouvement de va-et-vient, surpasse, pour deux compresseurs conjugués, 2,800 kilogrammes. A Bardonnèche, le poids total à mouvoir à chaque coup était supérieur à 2,000 kilogrammes.

Il est de toute évidence qu'une telle masse d'eau devait être mue très-lentement. Au mont Cenis, la vitesse de l'arbre moteur des pompes à piston d'eau ne pouvait, sans de graves inconvénients, dépasser huit tours par minute. Les appareils similaires, construits en Belgique par l'usine de Seraing, atteignent en moyenne quatorze ou quinze tours. Si l'on veut dépasser cette vitesse, l'indicateur de Watt démontre que la compression de l'air est accompagnée de pertes de force vive causées par les agitations de la colonne liquide. L'appareil se transforme alors, à chaque oscillation du piston, en une machine à agiter et à secouer un volume d'eau considérable.

Cette lenteur avec laquelle il faut conduire les compresseurs à piston est doublement défavorable. Pour la compenser, et produire, avec un petit nombre de coups de piston, un volume d'air comprimé raisonnable, il eût fallu employer des pompes volumineuses, qui coûtent beaucoup et occupent un grand espace. Cette lenteur suppose en outre qu'on peut faire usage d'un moteur à mouvement très-lent, comme les roues hydrauliques du mont Cenis. Un moteur rapide, comme le sont les différents systèmes de turbines, exige, pour la transformation de son mouvement de rotation en un mouvement lent de translation, une série d'engrenages, dont le moindre défaut est de causer un immense embarras.

Lorsqu'il s'agit de perforer une longue galerie souterraine, un des premiers problèmes à résoudre est certainement l'utilisation des forces motrices naturelles, qui avoisinent les deux points désignés pour les embouchures du tunnel. Or, dans les montagnes, le débit des cours d'eau est presque toujours minime, surtout en hiver, mais on peut y disposer de fortes chutes. Les turbines sont généralement les moteurs hydrauliques les plus économiques et les plus avantageux à tous égards ; toutefois, elles doivent, dans ces conditions, faire un très-grand nombre de révolutions par minute pour donner un bon rendement de force mécanique.

Ce mouvement de révolution rapide du moteur ne pouvait, comme nous venons de le signaler, être utilisé par les compresseurs à piston immergé, employés au col de Fréjus. Un nouvel engin mécanique devait leur être adapté. Ce fut le compresseur d'air, à grande vitesse employé au deuxième percement des Alpes au mont Saint-Gothard.

CHAPITRE X

LE TUNNEL DU SAINT-GOTHARD.

Le massif du Saint-Gothard. — Les deux embouchures du
souterrain. Gœschenen et Airolo. Profil du tunnel. Sa constitution géologique. — Installations mécaniques. Le nouveau
compresseur à grande vitesse et à action directe de M. Colladon. Fonctionnement de l'appareil. — Le bâtiment des
compresseurs. — Les travaux hydrauliques des deux têtes.
Les prises d'eau et conduites de la Reuss et de la Tremola
— Promenade dans la galerie. La dynamite. Revue des travaux intérieurs. — La ventilation par les aspirateurs à cloches. — La galerie d'Airolo. Un torrent dans le tunnel! —
Résultats obtenus jusqu'à ce jour. Prévisions qui peuvent en
être tirées. — Les conséquences scientifiques du deuxième
percement des Alpes.

Après avoir laissé loin derrière lui la jolie ville de
Lucerne, cotoyé les flancs dénudés du Pilate, et con-
tourné le Righi où fume la locomotive du hardi railway,
le bateau à vapeur qui fait la traversée du lac des
Quatre-Cantons s'engage dans l'étroit défilé du lac d'Uri.
Le voyageur, dont les yeux ne sont point encore habitués
aux grandioses et sévères paysages des Alpes, s'arrête
alors involontairement devant le spectacle tout nouveau qui se déroule devant lui. Les montagnes, de plus
en plus escarpées à mesure qu'on s'approche de l'extrémité du lac, se resserrent comme si elles voulaient

se refermer tout à fait. L'horizon se rétrécit brusquement. Chaque sinuosité de la route découvre un pic nouveau, dont la crète, semée çà et là de taches blanches, s'en va mourir dans les nuages suspendus aux aspérités des hauts sommets. Sur la rive gauche du lac, un long sillon blanc court sur le flanc du rocher presque à pic, s'enfonçant par intervalles dans la montagne, où il disparaît pour reparaître encore une centaine de mètres plus loin : c'est la route de Lucerne à Altorf, construite il y a une trentaine d'années, taillée dans le roc ou creusée en souterrain sur une grande partie de son parcours. Le vapeur débarque enfin à Fluelen, et la vallée de la Reuss, que nous avaient cachée en partie jusque-là les lourds pans grisâtres des rochers, apparaît tout entière.

Le massif du Saint-Gothard est encore éloigné d'environ 30 kilomètres. Si nous voulons arriver au pied de la montagne qu'entame aujourd'hui la perforatrice, il nous faudra remonter le torrent presque jusqu'à sa source et suivre pas à pas, dans tous leurs tours et détours, les lacets de la route qui mène au pauvre village de Gœschenen, embouchure nord du nouveau souterrain des Alpes Helvétiques. Ce dur chemin est actuellement la seule voie de communication, ouvrant un débouché direct au mouvement commercial qui descend de la Suisse septentrionale vers la Haute-Italie par le col du Gothard. En l'examinant il sera facile de nous rendre compte des difficultés nombreuses que présentera l'exécution de la voie ferrée qui, partant de Lucerne, se dirigera vers le grand tunnel par la vallée de la Reuss.

Nous sommes en effet en plein pays de montagne, dans la sauvage région alpestre des avalanches et des éboulements. Les gorges étroites s'y tordent en replis tourmentés. Les précipices s'ouvrent à chaque pas,

défiant les viaducs les plus audacieux. Dans de telles conditions, il semble que le tracé d'une voie ferrée
soit chose impossible. C'est du moins un ouvrage fort
difficile et très-coûteux, si l'on en juge par la quantité
de travaux d'art, ponts, viaducs, souterrains, galeries
couvertes, qu'exigera la ligne du Gothard, pour être
exploitée dans des conditions normales.

Les deux embouchures nord et sud du souterrain,
comprises toutes deux sur le territoire Suisse, ont été
fixées pour la tête nord à Gœschenen, village du canton d'Uri, pour la tête sud, à Airolo, bourg tessinois. Les
deux stations de Gœschenen et d'Airolo, séparés par un
massif de 15 kilomètres d'épaisseur, doivent être situées,
la première à 1,109 mètres, la seconde à 1,144 mètres
au-dessus du niveau de la mer. La différence entre les
deux altitudes est donc seulement de 36 mètres, rache-
tés par un système de rampes et de pentes appropriées.
Le tunnel sera percé en ligne droite sur une longueur
de 14,920 mètres. Afin de raccorder l'entrée en souterrain de la voie ferrée venant d'Italie, il sera nécessaire de creuser, comme au mont Cenis, une galerie courbe de 145 mètres de longueur qui ira
rejoindre le tunnel rectiligne. La longueur du massif
perforé, si l'on comprend le souterrain courbe, sera
supérieure à 15 kilomètres ; elle sera donc près de
trois kilomètres plus considérable que celle du col de
Fréjus.

Considéré au point de vue géologique, le massif du
Saint-Gothard diffère essentiellement, pour la dureté de la roche, de la constitution des Alpes Cottiennes. Le Gothard est tout entier d'origine ignée ou
métamorphique. Si nous parcourons la montagne du
nord au sud, l'axe du souterrain, après avoir traversé

une épaisseur de 2,000 mètres environ de granit ou gneiss granitique, qui finit au passage dit Trou d'Uri, s'engage dans les schistes cristallins de la montagne. Ces schistes micacés, talqueux, amphiboliques, parsemés de grenats, coupés de veines de serpentine et de diorite, sont, pour la plupart, des roches fort dures dans lesquelles les machines perforatrices vont entreprendre une rude besogne.

De même qu'au mont Cenis, la situation topographique de la montagne, au point de vue des altitudes, ne permet point d'attaquer le souterrain par plus de deux points à la fois. Il sera facile de nous en convaincre, en suivant sur le dos de la montagne, comme nous l'avons fait pour le col de Fréjus, le profil en long du tunnel. Partant de l'altitude de 1,109 mètres, qui est celle de l'embouchure nord — Gœschenen — la montagne s'élève graduellement jusqu'à 1,680 mètres, pour redescendre ensuite à 1,440 mètres. Cette dernière côte, située à environ 300 mètres au-dessus du tunnel lui-même, reste stationnaire pendant près de 2 kilomètres. On arrive alors au pied du véritable massif, dont le point culminant, le Kastelhorn, surplombant le glacier de Santa-Anna, est à 2,977 mètres. Le profil s'incline alors sur le versant sud, remonte un instant à la côte 2,800, coupe le lac Sella, et s'infléchit vers Airolo, qu'il atteint à 1,145 mètres au-dessus du niveau de la mer. Il fut un moment question de forer, dans la plaine d'Andermatt, un puits de 300 mètres de profondeur, qui eût permis d'attaquer le tunnel par quatre chantiers à la fois; mais la nécessité d'établir des installations spéciales à cette nouvelle embouchure, et les dépenses qui seraient venues s'ajouter aux dépenses déjà énormes des deux entrées principales, firent abandonner ce projet.

L'histoire mécanique du percement du second souterrain des Alpes est contenue tout entière dans l'application pratique des progrès apportés dans le matériel d'exploitation des galeries souterraines. La marche du travail est, en fin de compte, restée la même. Pour la galerie de direction : fabrication de l'air comprimé, au moyen d'appareils nouveaux, il est vrai, — canalisation de l'air jusqu'au front d'attaque, — perforation mécanique des trous de mine, bourrage et sautage à la dynamite, — enlèvement des déblais. Pour le parachèvement du tunnel, les méthodes ne varient point : élargissement de la partie supérieure du tunnel ou de la calotte, — approfondissement jusqu'au niveau inférieur, pour la pose du ballast et de la voie définitive, — revêtement en maçonnerie suivant des profils divers variant avec la nature des terrains traversés. Tels sont, en résumé, les points de repère que suivra le travail jusqu'à son parfait achèvement.

L'installation extérieure des chantiers est, elle aussi, restée identique dans ses parties essentielles. Nous y retrouverons, comme au premier percement des Alpes, les installations hydrauliques utiles pour le fonctionnement des machines motrices, le mécanisme de compression, les ateliers de réparations de machines, les forges, fonderies, marteau-pilon, les magasins pour les approvisionnements de matières, les poudrières, les logements d'ouvriers, etc... Ces installations sont aujourd'hui définitives.Au point de vue scientifique et particulièrement mécanique, le tunnel du Saint-Gothard peut être considéré comme terminé. La réalisation complète de l'œuvre n'est plus qu'une question de temps, soumise à des difficultés nombreuses, qu'il est permis de compter comme dûment résolues, si l'on considère les résultats vraiment merveilleux accomplis jusqu'à ce jour.

Les chapitres précédents nous ayant suffisamment

familiarisé avec le fonctionnement général d'une galerie souterraine en cours d'exécution, et avec les principes sur lesquels repose la construction de ses deux organes essentiels, — le compresseur et la perforatrice, — nous passerons seulement en revue, comme application de ce que nous avons déjà décrit, les principales installations mécaniques établies à chacune des deux embouchures de Gœschenen et d'Airolo, en vue de la perforation mécanique du souterrain.

Entrons d'abord dans le bâtiment des compresseurs, peu distant de la tête du tunnel, qui s'ouvre, béante et noire, dans le massif granitique brusquement découpé par la mine. Le système de compression est tout différent du système employé au mont Cenis. Plus d'appareils à colonnes, dans lesquelles le piston refoule lentement le matelas liquide qui comprime le fluide atmosphérique. Ici les machines marchent bon train. Le ronflement sourd et continu des compresseurs à grande vitesse remplace le souffle mesuré, alternatif, des clapets d'aspiration et de refoulement du col de Fréjus.

Imaginez trois corps de pompe couchés côte à côte, horizontalement, sur un énorme bâti en fonte de 4m, 50 de longueur environ, sur 2m, 50 de largeur. Dans ces corps de pompe, dont les deux fonds ou couvercles, antérieur et postérieur, sont munies de soupapes d'aspiration et de refoulement de l'air, se meuvent à grande vitesse des pistons, qui reçoivent eux-mêmes leur mouvement de va-et-vient d'un système de bielles, de manivelles et d'engrenages commandés par des turbines. Tel est en somme le nouveau compresseur d'air à grande vitesse, installé aux travaux de percement du deuxième souterrain des Alpes.

L'appareil est assez ingénieux pour que nous ne négligions point d'en donner une description détaillée. La

simplicité de l'agencement mécanique le met du reste
à la portée de tous. Nous rappellerons seulement, avant
de commencer cette explication sommaire, les conditions principales auxquelles doit satisfaire tout appareil
à comprimer l'air : l'aspiration du fluide atmosphéri·
que, — sa compression et son refoulement lorsqu'il a
atteint la force élastique désirée, — et enfin l'abaissement, par refroidissement du fluide, de la haute température développée par le travail de la compression.

Examinons tout d'abord le cylindre compresseur, dans
lequel, par le jeu alternatif du piston, s'effectuent
simultanément les deux périodes d'aspiration et de
refoulement.

Chacun des deux couvercles antérieur et postérieur
de ce cylindre est muni de cinq soupapes, dont deux à
la partie supérieure, et trois à la partie inférieure. Les
deux soupapes supérieures sont les soupapes d'aspiration ; elles s'ouvrent de l'extérieur à l'intérieur du
cylindre, donnant ainsi passage à l'air atmosphérique à
chaque course du piston. Les deux soupapes, situées
à la partie inférieure, sont les soupapes de refoulement ;
elles s'ouvrent en sens contraire des précédentes, et permettent à l'air, comprimé par chaque coup de piston, de
se rendre, par l'intermédiaire d'un canal d'échappement, dans un réservoir situé à peu de distance de la
machine.

Il est presque inutile de donner de plus amples explications. Nous suivrons cependant le jeu de l'appareil,
comme nous l'avons fait autrefois pour les compresseurs primitifs de Bardonnèche, et pour les pompes à
piston immergé et à petite vitesse.

Les deux faces antérieure et postérieure du cylindre
étant identiques, et possédant chacune deux soupapes

d'aspiration, et trois soupapes de refoulement, il est évident que les deux périodes d'aspiration et de refoulement s'effectueront simultanément. Lorsque, par exemple, l'aspiration se fera sur la face antérieure, le refoulement s'opérera sur la face postérieure, et *vice versâ*.

Supposons que le piston, arrivé par le jeu des organes qui le commandent à l'extrémité gauche du cylindre, prenne son mouvement de gauche à droite. La soupape de refoulement, qui s'ouvre de l'intérieur du cylindre dans le tuyau d'écoulement, restera fermée sous la pression du fluide comprimé contenu dans le réservoir; la soupape d'aspiration s'ouvrira sous l'influence de l'air atmosphérique, qui remplira le corps de pompe. Donc, période d'aspiration.

Si le piston revient de droite à gauche, il comprimera l'air qu'il a aspiré précédemment, le refoulera par la soupape dans le canal d'écoulement, et de là dans le réservoir, les soupapes d'aspiration restant fermées. Donc, période de refoulement.

Comme nous l'avons déjà fait remarquer, les deux périodes s'effectuent toujours simultanément, chacune d'elles donnant lieu, sur la face opposée du piston, au jeu contraire des soupapes. Le cylindre compresseur est donc à double effet.

Les trois cylindres fixés côte à côte sur le bâti qui supporte le groupe complet fonctionnent d'une manière identique.

Avant d'aller plus loin dans la description de notre appareil, nous ne saurions trop recommander à notre lecteur de comparer entre eux les trois systèmes de compresseurs que nous avons décrits, et d'examiner pour chacun d'eux le jeu de l'appareil pendant les périodes d'aspiration et de refoulement de l'air, que ce

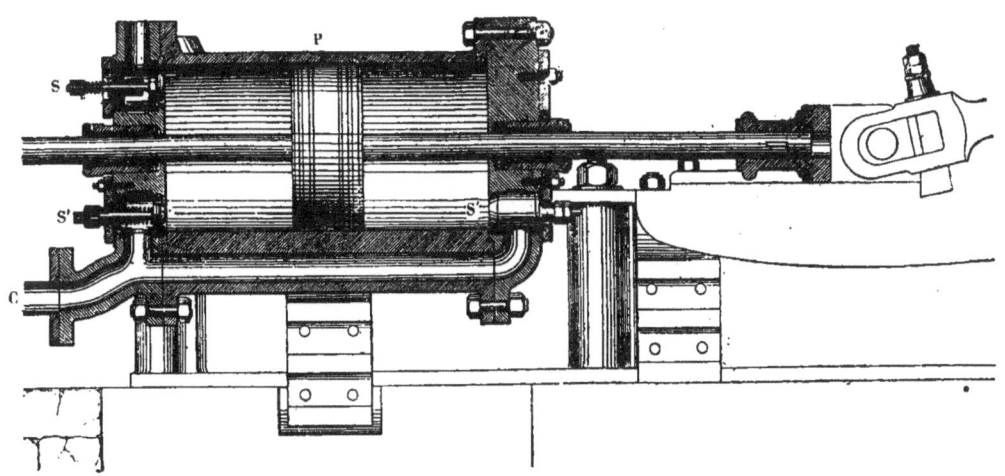

Fig. 58. — Compresseur système Colladon, établi au tunnel du Saint-Gothard. — Coupe d'un piston compresseur

S, soupapes d'aspiration de l'air atmosphérique. — S', soupapes de refoulement de l'air comprimé. — P, piston compresseur. —
C, canal d'échappement de l'air comprimé.

phénomène emprunte son action, soit à l'introduction brusque d'une colonne d'eau d'un poids considérable, comme dans les compresseurs *à choc*, soit à la poussée lente d'une colonne d'eau mobile, comme dans les compresseurs *à colonne*, soit à l'action directe d'un piston sur le fluide atmosphérique, comme dans le compresseur Colladon. Partout, se présenteront ces deux organes essentiels : soupapes d'aspiration et de refoulement de l'air, mises en mouvement par des forces, dont la nature est en réalité différente, mais dont l'action reste identique pour le but qu'on s'est proposé d'atteindre.

Le travail de la compression développe de la chaleur : ceci est un phénomène bien connu. L'expérience qui le démontre est d'un usage fréquent dans les cours publics. Au fond d'un cylindre de verre, placez un morceau d'amadou et comprimez, par le jeu descendant d'un piston, l'air atmosphérique contenu dans le tube : l'amadou s'enflamme brusquement par le fait même de la compression.

L'échauffement de l'air dans les compresseurs à grande vitesse aurait présenté, entre autres désavantages capitaux (tels que la dilatation du fluide et par suite son moindre rendement), l'inconvénient d'altérer les surfaces avec lesquelles le fluide est en contact, de provoquer la destruction des garnitures et des corps gras qui les lubrifient. Le système de refroidissement adapté aux cylindres compresseurs remédie d'une manière fort ingénieuse à ces désagréments.

A cet effet, les pistons compresseurs sont disposés de manière à permettre, à leur intérieur, une circulation d'eau froide non interrompue. Ils sont, pour cela, évidés et reliés, pour chaque groupe, à une canalisation d'eau spéciale, au moyen d'une tige creuse se mouvan avec eux, et dans laquelle pénètre un tuyau fixe par lequel arrive cette eau d'injection. L'espace compris entre la tige creuse mobile du piston et le tuyau fixe, est rendu étanche au moyen d'un presse-étoupe attenant à la tige mobile. La canalisation d'eau d'injection dont nous parlons est prise sur la grande conduite des turbines, qui utilisent une chute d'environ 90 mètres (9 atmosphères), et possède par conséquent une pression suffisante pour vaincre la force élastique de l'air à la tension employée habituellement.

Comme il est absolument nécessaire que l'eau d'alimentation des pistons soit parfaitement pure, on a établi, sur le parcours de la conduite d'eau d'injection, un réservoir-filtre, par lequel cette eau est forcée de passer en traversant trois tamis en toile métallique, dont la ténuité va en augmentant. Au sortir de ce filtre, l'eau se dirige directement sur les pistons compresseurs.

Ainsi, en résumé, — mode de fonctionnement du compresseur pendant les deux périodes d'aspiration et de refoulement, — mode de refroidissement du fluide : tel est le système complet de production de l'air comprimé.

Si nous avons particulièrement appuyé sur la description du mode de refroidissement, c'est pour bien faire sentir une fois encore, combien étaient vaines et faciles à résoudre les objections soulevées lors du premier établissement des compresseurs du mont Cenis. Les pompes à air n'allaient-elles pas être « chauffées à blanc » par le seul effet de la compression ?... La première fois que je vis fonctionner les compresseurs à action directe du Gothard — on les essayait seulement alors, — ma première idée, comme à bien d'autres, fut de poser la main sur le corps de pompe. Le cylindre était d'un froid métallique.

Cinq groupes de trois compresseurs fonctionnent aujourd'hui dans le bâtiment qui leur est spécialement affecté sur les chantiers du tunnel du Gothard. Le coup d'œil ne manque pas d'une certaine grandeur, et son originalité est plus frappante encore, si l'on songe que tout ce mouvement, toute cette vie, s'accumulent à cette même place où, régnait quelques années auparavant, et pour de longs siècles, l'immuable et morne inertie de la nature. Tout près de nous, la montagne se dresse, raide et grise. On distingue à l'œil nu, là-haut, par-dessus les sapins, sous la bordure blanche de l'avalanche, les fendillements du granit, les places fraîches que n'a point encore brunies la tourmente, et d'où se sont détachés les énormes blocs d'éboulement qui gisent à nos pieds, comme une menace pour l'avenir. Derrière le village de Gœschenen, ces blocs d'éboulement, mêlés aux moraines plus anciennes qui formaient autrefois la ceinture des glaciers qu'on aperçoit dans le lointain, sont en si grand nombre, l'aspect de cette vallée est d'une telle tristesse et d'une telle désolation, que les habitants l'ont baptisée du nom de *cimetière*. Non moins lugubre est ce fameux val des Schœllenen, étroit comme une déchirure, avec ses murailles colossales qu'aucun être humain n'a jamais escaladées. Nulle trace de végétation. Au fond du précipice bouillonne la Reuss. Çà et là, perçant à travers l'écume, sortant son dos humide, arrondi, poli par un parcours de plusieurs siècles sur ce lit tourmenté, gît un bloc détaché du sommet. Aux beaux jours, quand le soleil d'août éclaire quelque peu ce triste tableau, les touristes ne manquent pas de vous montrer, dans ce val que suit la route du Gothard, le fameux Pont-du-Diable, auquel les vieux paysans d'Uri attribuent encore une origine fantastique. C'est là, en 1799, dans cet affreux défilé, que Lecourbe, après avoir rompu le Pont, arrêta les soldats

de Souwaroff, préparant ainsi l'éclatante victoire de
Masséna à Zurich. Il me souvient qu'aux premiers jours
de travail, lorsqu'on débarrassa les premiers blocs qui
masquaient la place encore vierge du pic et de la dynamite, les ouvriers trouvèrent, épars au milieu des rochers, des biscaïens rongés de rouille. Peut-être les nô-
tres... Singulier contraste en tout cas. D'un côté, le
silence majestueux et triste, que trouble, à de longs
intervalles, le bruit sourd des éboulements et de l'avalanche, travail lent, mais éternel de la nature; — de
l'autre, l'activité, le bruit, les cheminées qui fument,
les forges qui flambent, les wagons qui roulent chargés
de déblais, la mine qui éclate, la perforatrice qui mord
le roc de ses dents de fer, les longues files de mineurs
qui reviennent en chantant, marquant la mesure avec
leurs lampes qu'ils abaissent et relèvent en cadence,
toute cette existence si animée qui fait d'un chantier d'exploitation un spectacle si curieux et toujours
nouveau.

Revenons à nos compresseurs, dont nous devons encore analyser en détail le mécanisme moteur et signaler
le rendement.

Chaque groupe de trois cylindres compresseurs est
actionné par une turbine à axe horizontal, qui communique son mouvement de rotation à une roue dentée,
engrenant elle-même avec une grande roue en bois
comptant 128 dents. Cette grande roue en bois commande directement l'arbre à triple manivelle, auquel sont
fixées les bielles qui manœuvrent les tiges des pistons
compresseurs.

Notre dessin, pris sur place à Gœschenen, montre
assez distinctement un des cinq appareils. A droite,
dans le fond, près d'une porte qui donne accès aux con-

Fig. 59. — Les compresseurs d'air du tunnel du Saint-Gothard.

duites d'eau, on voit la turbine motrice, recouverte
d'une enveloppe en tôle qui permet d'aborder le moteur
sans être inondé. Plus à gauche, on peut suivre, sur le
groupe complet, le fonctionnement que nous avons signalé. Voici d'abord la grande roue dentée qui engrène
avec le pignon calé directement sur l'arbre de la turbine.
Ce dernier pignon n'est pas visible ; il est caché par un
escalier placé près de la turbine, et d'où l'on peut surveil-
er l'appareil. La grande roue dentée commande l'arbre
à trois manivelles qui donne aux pistons le mouvement
de va-et-vient dans chacun des trois cylindres compresseurs. On peut remarquer, sur chacun des couvercles antérieurs des cylindres, les deux soupapes d'aspiration. Les tubes qui aboutissent à la partie inférieure
de ces fonds de cylindre, sont les tubes de conduite de
l'air comprimé, où débouchent les soupapes de refoulement. L'air comprimé passe de ces tubes dans un premier réservoir dont on distingue le dôme au-dessus du
plancher, puis se rend enfin dans les grands réservoirs
placés en dehors du bâtiment par la conduite que nous
voyons longer le plafond [1].

La production exigée de chaque groupe de compres-

1. Sur notre dessin, le système d'injection d'eau, pour le
refroidissement de l'air, est modifié. D'après un projet qui
finalement n'a point été mis à exécution, l'eau pulvérisée devait être directement injectée dans le corps de pompe, au
lieu d'employer la circulation d'eau dans l'intérieur du piston. Cette dernière disposition a prévalu. Le lecteur reconsti-
tuera facilement le système d'injection par la tige creuse du
piston, tel que nous l'avons décrit. Il lui suffira de faire communiquer par la pensée les tiges de piston qui, sur notre
dessin, sortent librement des cylindres, avec des tuyaux fixes
reliés à la conduite d'eau d'injection prise sur la conduite
maîtresse des turbines.

seurs pour l'alimentation des perforatrices du front d'attaque, est de 4 mètres cubes d'air, comprimé à 7 atmosphères effectives, par minute. Afin d'obtenir ces résultats, MM. B. Roy et Cⁱᵉ, de Vevey (Suisse), qui construisirent ces appareils, ont admis, pour la turbine, une vitesse de 160 tours, et 80 pour l'arbre moteur. Le diamètre intérieur des cylindres est de 0,420, et la course utile du piston de 0,65. Ces proportions donnent, pour chaque coup de piston, un volume engendré de 87 litres, 55, soit, par tour de l'arbre à manivelles, 175 litres, 10, soit 14,008 litres par minute, soit 42,024 litres pour les trois cylindres compresseurs. D'après la loi de Mariotte, ce volume se réduit à 5,253 litres sous la pression de 7 atmosphères effectives, volume bien supérieur à celui exigé, et qui laisse, pour les pertes et les espaces nuisibles, un volume disponible de 1,253 litres. MM. Roy et Cⁱᵉ ont construit les turbines motrices, de manière qu'elles puissent livrer régulièrement une force de 250 et même de 280 chevaux chacune.

Nous aurons décrit les installations mécaniques nouvelles du second tunnel des Alpes, lorsque nous aurons passé en revue les travaux hydrauliques spécialement affectés à la marche des turbines. Nous avons en effet conduit notre lecteur depuis la turbine motrice jusqu'au réservoir d'air en passant par le compresseur. Libre à lui de suivre la conduite d'air jusqu'au fond du souterrain, de la raccorder aux perforatrices, — d'examiner le mouvement de ces dernières qui, en dehors des perfectionnements nouveaux de l'outil, travaillent absolument de la même façon qu'au mont Cenis, — de voir creuser les trous de mine, reculer l'affût porteur et ses perforatrices lorsque le *poste mécanique* est terminé, — bourrer les trous de dynamite, les faire sauter, relever les déblais, — et finalement ramener l'affût au front d'at-

taque. Toute cette série d'opérations nous est bien connue. Il est inutile d'y revenir en détail, si ce n'est pour
comparer les résultats obtenus dans les deux travaux
similaires, et en déduire les progrès qui ont été apportés dans la perforation mécanique des longues galeries
souterraines, depuis l'achèvement du premier passage
transalpin.

Les installations hydrauliques nécessaires au fonctionnement des turbines motrices présentaient, pour leur
établissement, des difficultés presque insurmontables.
Dans ce lit étroit et encaissé de la Reuss, ce n'était point
chose facile d'établir un *barrage* ou *prise d'eau*, dont
l'élévation au-dessus du niveau des turbines, la chute,
ainsi que le débit, pussent satisfaire aux conditions
imposées par le rendement des appareils. La longue
expérience de l'entrepreneur général des travaux de
percement, M. Louis Favre, permit cependant de mener
le problème à bonne fin. La hauteur de chute exigée
étant d'environ 85 mètres, il s'agissait d'établir la prise
d'eau à un niveau un peu plus élevé. En outre, comme
le lit supérieur de la Reuss est assez incliné et fortement torrentiel, on devait, autant que possible, éviter les
gros blocs de rocher et les glaçons charriés en hiver par
le torrent; ils auraient pu détruire à un moment donné
les travaux hydrauliques, et provoquer par suite un arrêt
préjudiciable du travail.

M. Louis Favre profita d'un emplacement, situé à
60 mètres environ du pont dit *Sprengibrücke*, — dans ce val
des Schoellenen dont nous avons parlé, — où plusieurs
énormes blocs de rocher, quelques-uns mesurant
près de 100 mètres cubes, séparent le torrent en deux
bras; l'un deux, celui de droite, dévie brusquement du
lit principal. En appuyant le barrage contre les blocs les
plus forts, et en les unissant, par des digues en maçon-

nerie, avec les blocs situés au milieu du torrent, il put
construire un grand bassin de retenue, solidement encaissé, et servant de tête à la prise d'eau.

En sortant du barrage ainsi établi, l'eau entre dans
un canal en maçonnerie, dont la section est de 0,95 mètres carrés, et qui mesure 135 mètres de longueur ; elle
se rend par ce canal dans un bassin où elle dépose les
matières étrangères qu'elle a pu entraîner avec elle. Ce
réservoir de filtrage mesure à l'intérieur 12mètres de
longueur sur 2 de largeur et 6 de profondeur. Il est divisé en plusieurs compartiments par des cloisons et des
vannes d'écluse, qui servent à régler le mouvement des
eaux et leur écoulement.

Fig. 60. — **Prise d'eau de la Reuss.**— Réservoir et conduite métalliques
des turbines.

L'eau, ainsi épurée dans le *dépotoir*, est reçue par la
grande conduite métallique de 0^m,85 de diamètre, et

d'une épaisseur variant, suivant la charge, de 0^m,005 à
0^m,007. Après avoir suivi, pendant 650 mètres, la route
du Gothard, elle se bifurque, à 150 mètres du bâtiment
des turbines, au moyen d'une *culotte* en fonte, en deux
branches, également en fonte, de 0^m,62 de diamètre. Ces
deux branches s'engagent dans un aqueduc voûté qui
longe le bâtiment des compresseurs, et chacune d'elles
dessert deux turbines.

Les appareils mécaniques installés à l'embouchure sud
du souterrain — Airolo, — ne diffèrent point, dans leurs
parties essentielles, de ceux que nous venons de décrire
minutieusement pour la tête nord, — Gœschenen. Les
compresseurs d'air, également du système Colladon, sont
identiques, dans leurs organes principaux, à ceux qui
ont été construits par MM. B. Roy et Cie, sauf les turbines, qui sont à axe vertical au lieu d'être à axe horizontal, et conséquemment communiquent leur mouvement à l'arbre porteur des manivelles au moyen d'un
engrenage conique. Ces turbines ont été construites par
MM. Escher, Wyss et Cie, de Zurich; les compresseurs
sont l'œuvre de la *Société genevoise de construction*, dirigée
par M. Th. Turettini.

Les difficultés rencontrées à la tête sud pour l'établissement des installations hydrauliques furent plus
grandes encore que celles signalées pour Gœschenen. A
certaines époques de l'année, le lit de la Trémola, dont
le débit est déjà très-faible, est complétement obstrué,
sur une longue partie de son parcours, par les avalanches qui glissent des sommets voisins, et forcent le
torrent à se creuser un lit sous la neige. On dut choisir, en premier lieu, un endroit favorable où les travaux hydrauliques — barrage, dépotoir — fussent à
l'abri. Ce fut seulement après de nombreuses recher-

ches que M. Louis Favre se décida à transporter la prise d'eau à une hauteur de 1,585 mètres au-dessus du niveau de la mer, c'est-à-dire à 437 mètres au-dessus des turbines, situées elles-mêmes à une altitude de 1,148 mètres. De là, l'eau de la Trémola fut conduite, par un canal en bois de 680 mètres de longueur, dans le lit d'un petit torrent secondaire, le Chiesso, beaucoup moins exposé aux avalanches. Après avoir suivi le lit du Chiesso jusqu'à une altitude de 180 mètres au-dessus des turbines, l'eau destinée à l'alimentation des moteurs arrive au réservoir-dépotoir, situé à 1,328 mètres au-dessus du niveau de la mer. Elle s'engouffre ensuite dans une conduite métallique de $0^m,62$ de diamètre et de $841^m,75$ de longueur, et arrive enfin au bâtiment des turbines.

Toutefois, les nouveaux compresseurs à action directe et à grande vitesse de M. Colladon ne furent point les seuls appliqués au tunnel du Gothard. Dès le commencement des travaux, pendant que se construisaient les installations colossales des conduites d'eau, et qu'on procédait au montage des turbines et des compresseurs, les perforatrices du front d'attaque furent alimentées par des appareils à petite vitesse mus par la vapeur, identiques aux compresseurs à colonne du mont Cenis, qu'avait fournis l'usine de Seraing. Ces compresseurs ne différaient aucunement des appareils établis par Sommeiller sur les chantiers de Bardonnèche et de Modane.

Deux machines à vapeur couplées agissaient directement, par l'intermédiaire de deux manivelles à 90°, sur un compresseur formé d'un cylindre horizontal et de deux colonnes verticales en partie remplies d'eau. Les soupapes d'aspiration de l'air atmosphérique et de refoulement de l'air comprimé, étaient alternativement ouvertes et fermées, dans chaque colonne verticale, par le mouvement ascendant ou descendant de la colonne d'eau refoulée par le piston.

Aussitôt que les travaux hydrauliques furent terminés, on se hâta d'abandonner ce dernier système de compression.

Au sortir du bâtiment où travaillent les cinq groupes de compresseurs, nous rencontrons, couchés près des piliers en maçonnerie supportant la conduite d'air qui va s'enfoncer sous la voûte du tunnel, les quatre énormes réservoirs d'air comprimé, affectant la forme de cylindres terminés par des fonds hémisphériques. Derrière nous sont les ateliers de réparations de machines, le marteau-pilon, la fonderie, les magasins, les ateliers des charpentiers, des menuisiers, des charrons, les forges pour le renouvellement des burins de perforatrices. Nous longeons la voie de service qui conduit au lieu de déchargement des déblais. Une montagne déjà! Que sera-ce donc lorsqu'on aura vidé à cette place les centaines de milliers de mètres cubes qu'il faut arracher des entrailles de la montagne !

Tout près de nous, au-dessus de la voie, on nous montre une petite baraque en planches légères, dont le toit fume discrètement. Passons vite, ou plutôt entrons. C'est la baraque à dégeler la dynamite, où sont confectionnées les cartouches-amorces des trous de mine. Les cartouches sont rangées contre le mur, les rouleaux de mèches suspendus aux parois, les boîtes de capsules près du *foughiste* qui accomplit silencieusement sa périlleuse besogne. Une douce chaleur règne dans la chambre, et maintient le terrible engin à une température suffisante pour qu'il ne se congèle point, et conserve ses propriétés précieuses. Le fourneau est placé au dehors, et le tuyau qui propage la chaleur est soi-

gueusement recouvert de briques maçonnées, afin que
la matière explosive ne trouve aucune surface incan-
descente, avec laquelle elle puisse être en contact. Toutes
ces précautions n'empêchèrent malheureusement point
le déplorable accident de novembre 1873, où la poudrière
sauta, en entraînant la mort de trois personnes.

Il faut déjà un certain temps pour visiter le souterrain
en construction, depuis son embouchure jusqu'au front
d'attaque où travaillent les perforatrices. La galerie perforée du côté nord a 2,700 mètres de longueur (novembre 1875), qu'il faut parcourir à pied, lentement, presque à tâtons ; éclairé seulement par le reflet hésitant
des lampes de mineur. La voûte suinte sur nos têtes,
le pied glisse sur les rails humides. On butte contre les
traverses. Dans cette route, qui paraît si pénible, on
croise les mineurs qui reviennent, d'un pas assuré, du
poste qui vient de finir, — les foughistes qui portent,
pour le sautage de la roche, les cartouches tout amor-
cées, accrochées à la mèche qu'ils laissent pendre derrière leurs épaules, — les wagons pleins de burins de
rechange pour les machines. A mesure que l'on avance,
l'air devient plus lourd, l'odeur âcre de la dynamite
prend à la gorge, les parois du tunnel disparaissent
presque complétement derrière un nuage rougeâtre, qui
n'est autre que la fumée en suspension produite par
les vapeurs rutilantes d'acide hypoazotique. En pro-
menant les lampes sur la surface du rocher, on distingue les rayures blanches de quartz ou d'eurite, les
amas de chlorite étalés comme une couche grossière de
peinture verte sur la robe grisâtre du gneiss, ou les
efflorescences de pyrite, jaunes et mates comme des
taches d'or. Au fond d'une gerçure de la roche, profonde et noire, la lumière des lampes se brise contre
des parois brillantes, allumant çà et là des étincelles

jaunâtres : c'est une poche à cristaux, où se mêlent entrelacés, les prismes et les pyramides à six pans du quartz, une de ces nombreuses boursouflures produites, aux époques lointaines, par le refroidissement de la masse ignée, et que la montagne tient précieusement renfermées dans son sein. Les travaux d'élargissement s'exécutent encore à la main. La perforatrice en aura bientôt raison. Il faut passer vite, on bourre déjà les trous de mine. Nous sommes à peine engagés dans la petite galerie de direction, que la formidable détonation retentit. Un courant d'air violent nous fouette le visage, et nous nous trouvons subitement dans une obscurité complète. Force nous est de rallumer nos lampes, si nous voulons continuer notre route. La voie est ici fort étroite, et nous risquerions d'être accrochés au passage par les wagons. Le bruit sec des perforatrices arrive enfin jusqu'à nous. Nous distinguons bientôt les lampes, les ombres des mineurs qui courent et s'allongent sur les parois, la roche qui pétille sous les coups répétés du fleuret, comme fait un fer rouge écrasé sur l'enclume. Le spectacle est du reste le même qu'au front d'attaque du mont Cenis. Nous retrouvons l'affût et sa perforatrice, le tender d'injection, les tuyaux de caoutchouc garnis de toile, qui distribuent aux machines l'air comprimé ou l'eau d'injection.

Nous avons hâte de revenir sur nos pas. Il nous semble que toute cette immense voûte de granit pèse de tout son poids sur nos épaules, et qu'elle s'affaisse lentement sur nous. Nous traversons encore l'épais matelas de vapeurs rougeâtres qu'a soulevées l'explosion des travaux d'élargissement. Les hommes sont occupés au relevage des déblais, dont ils emplissent des corbeilles pour les verser ensuite dans les wagonnets de service.

Nous sortons enfin de la galerie, et humons avec plaisir l'air pur, afin de purger nos poumons délicats de l'atmosphère viciée que nous avons aspirée. Que serait-ce donc si nous devions travailler six à huit heures dans le souterrain, vivant dans ce nuage rouge que nous avons traversé un instant seulement! Les travailleurs ne sont du reste guère incommodés par la fumée aux endroits mêmes où ils travaillent. Avant de **mettre le feu aux mines, les mineurs ouvrent un robinet de la con-**

Fig. 61. — Les cloches aspirantes du tunnel du Saint-Gothard.

duite d'air, et le fluide comprimé chasse derrière les travaux les vapeurs délétères de la matière explosive. Un système puissant de ventilation est en outre installé à chaque embouchure du souterrain.

Au-dessus de l'entrée de la galerie, enfermées dans un bâtiment à claire-voie, que les ouvriers ont baptisé du sobriquet caractéristique de *cage à poulets*, fonctionnent deux énormes cloches en tôle rivée de 5 mètres de diamètre, réunies par un balancier qui oscille autour d'un axe horizontal placé en son milieu et fixé à une solide charpente. Ces deux cloches mobiles mues par des pistons à colonne d'eau, sont munies à leur partie supérieure de clapets de refoulement. Elles s'emboîtent dans deux cloches fixes, garnies à leur partie inférieure de soupapes d'aspiration, et communiquant, par une conduite en tôle suspendue à la voûte, avec le fond du tunnel. L'appareil fonctionne de telle façon que, lorsqu'une des deux cloches s'élève, l'autre s'abaisse. Le jeu des soupapes est également alternatif, de telle manière que si la cloche de droite aspire la fumée du souterrain par son mouvement ascendant, celle de gauche la rejette dans l'atmosphère par son mouvement descendant, qui force les clapets supérieurs de refoulement à s'ouvrir.

La marche suivie dans le travail intérieur du souterrain est en principe la même aux deux embouchures nord et sud du tunnel. Les circonstances qui ont marqué l'accomplissement du travail ont été loin cependant d'être aussi pénibles à Gœschenen qu'à Airolo. La promenade que nous venons de faire dans le souterrain eût présenté bien d'autres difficultés, si nous l'eussions accomplie dans la galerie opposée. La nature fissurée de la roche sur le versant italien de la montagne provoqua, en effet, dès le commencement de la perforation manuelle, des éboulements fréquents. L'eau commença à suinter en grande abondance par les fissures du rocher, et filtra bientôt en quantité si considérable, qu'elle forma dans la galerie un véritable torrent, dont le débit alla en augmentant jusqu'à atteindre 300 litres par seconde! A 150 mètres de l'embouchure, le débit d'eau était de 75 litres ; à 200 mètres, il était porté à 90 litres ; à 400 mètres, il atteignait 200 litres, et ainsi de suite jusqu'à un écoulement maximum de 300 litres par seconde. Cela dura plus de dix-huit mois!

L'eau tombait en pluie sur une longueur considérable, inondant l'affût et ses machines, éteignant les lampes qu'on devait coiffer d'énormes abat-jours, trempant les hommes jusqu'aux os. Quelle rude campagne! Ce fut un véritable prodige qu'un travail accompli dans de pareilles conditions. Pendant la perforation mécanique, l'eau sortait des trous de mine avec une telle pression qu'elle chassait le fleuret. Le bourrage des trous était encore plus difficile : impossible de faire tenir la cartouche. On devait la placer d'avance dans un tube en fer-blanc, qu'on fixait solidement avec des coins dans le trou ; après quoi on allumait la mèche. Les déblais devaient être relevés et les nouveaux rails pour l'affût posés dans un torrent de 60 centimètres de profondeur! Ajoutez à cela une forêt de boisages, afin de soutenir la roche délitée. Des ingénieurs habiles, des praticiens émérites s'étonnaient devant nous, après avoir visité la galerie, qu'on n'eût point abandonné les travaux dans des circonstances si pénibles. L'énergie et la longue expérience de l'entrepreneur triomphèrent enfin de ces premiers obstacles. L'eau disparut peu à peu. Aujourd'hui le travail a repris sa marche normale.

Commencé le 12 septembre 1872 à Airolo, le 17 novembre à Gœschenen, le travail à la main continua jusqu'au 4 avril 1873 à Gœschenen, et jusqu'au 1er juillet à Airolo, dates de mise en marche de la perforation mécanique, alimentée par les compresseurs à vapeur et à piston immergé, dont nous avons parlé plus haut. Le

20 septembre seulement, on essayait à Gœschenen le premier groupe des compresseurs définitifs, ainsi que la turbine qui le commande et la grande conduite métallique partant de la prise d'eau de la Reuss. Le 8 octobre, ce premier groupe était définitivement en marche. Les compresseurs à vapeur continuèrent cependant à fonctionner, et les chaudières ne furent éteintes que dans le courant de novembre, lorsque deux appareils définitifs purent fonctionner simultanément. A l'embouchure sud du souterrain, les premiers essais de travail mécanique furent faits le 24 juin. Les perforatrices commencèrent à fonctionner régulièrement le 1er juillet. Le 13 octobre, l'eau fut mise pour la première fois dans la conduite partant de la prise d'eau de la Trémola. Les trois groupes de compresseurs furent essayés le 5 novembre, et commencèrent à fonctionner simultanément vers la fin du même mois de l'année 1873.

Quatre systèmes divers de machines perforatrices ont été employés à la perforation du souterrain. Ce sont les machines Dubois-François, Turettini, Mac-Kean et Ferroux, cette dernière étant plus spécialement affectée du côté nord à la galerie d'avancement.

Les résultats obtenus jusqu'à ce jour sont dignes de remarque ; et si l'on veut porter un jugement quelconque sur l'avenir des travaux similaires dont on peut prévoir l'accomplissement, — tels que, par exemple, le percement du Simplon ou de tout autre massif, — il ne saurait être indifférent de relater à cette place les chiffres d'avancement obtenus par le travail mécanique depuis son fonctionnement. Il suffira de se reporter au tableau de la marche annuelle du percement du Fréjus, pour se rendre compte des progrès atteints au Gothard pendant les trois premières années.

TABLEAU des progrès obtenus aux deux têtes du souterrain, par les procédés mécaniques, pendant les années 1873 à 1878.

DATES.	PROGRÈS MENSUELS.			MOYENNE par jour	AVANCEMENT total.
	Gœschenen	Airolo	Total		
	mètres.	mètres.	mètres.	mètres.	mètres.
1873 Avril.........	29.90	»	»	»	294.25
Mai...........	44.10	»	»	»	361.10
Juin..........	45.50	»	»	»	426.80
Juillet........	52.55	46.80	99.35	3.20	526.15
Août.........	66.70	88.70	155.40	5.01	681.55
Septembre.....	50.20	60.20	110.40	3.68	791.95
Octobre........	70.75	60.00	130.75	4.28	922.70
Novembre.....	74.20	51.15	125.35	4.79	1048.05
Décembre......	79.80	68.95	148.75	4.17	1196.80
1874 Janvier.......	72.70	51.80	124.50	4.05	1321.30
Février.......	67.30	55.40	122.70	4.38	1444.00
Mars.........	78.40	63.00	141.40	4.56	1585.40
Avril........	60.25	51.80	112.05	3.73	1697.45
Mai..........	81.05	44.90	125.95	4.06	1823.40
Juin..........	71.00	63.00	134.00	4.47	1957.40
Juillet........	94.30	62.10	156.40	5.04	2113.80
Août.........	120.40	60.65	181.05	5.83	2294.80
Septembre.....	106.90	51.35	158.25	5.27	2453.10
Octobre........	114.80	72.80	187.60	6.05	2640.70
Novembre.....	82.90	84.30	167.20	5.57	2807.90
Décembre......	86.50	84.20	170.70	5.50	2978.60
1875 Janvier.......	92.70	102.45	195.15	6.29	3173.75
Février.......	82.80	100.00	182.80	6.52	3358.55
Mars........	92.40	86.65	179.05	5.75	3537.60
Avril.........	99.00	129.20	228.20	7.60	3765.80
Mai..........	114.10	100.00	214.10	6.85	3979.90
Juin..........	99.00	115.00	214.00	7.10	4193.90
Juillet........	115.50	127.50	243.00	7.85	4436.90
Août.........	117.70	95.90	218.60	6.90	4650.80
Septembre.....	127.70	102.80	230.50	7.70	4881.00
Octobre........	126.10	115.95	242.05	7.80	5124.90
Novembre.....	67.20	88.40	155.60	5.19	5280.50
Décembre......	39.30	90.90	130.20	4.20	5409.80
1876 Janvier.......	32.50	121.30	153.80	4.96	5563.60
Février........	46.40	89.00	135.60	4.85	5699.20
Mars.........	75.50	76.10	151.60	4.89	5850.80
Avril.........	113.80	63.60	177.40	5.91	6028.20

DATES.	PROGRÈS MENSUELS.			MOYENNE par jour.	AVANCEMENT total.
	Gœschenen	Airolo	Total		
	mètres.	mètres.	mètres.	mètres.	mètres.
1876 Mai.	110.10	58.60	168.70	5.44	6196.90
Juin..........	95.70	40.40	136.10	4.53	6333.00
Juillet.	106.00	52.00	158.00	5.10	6491.00
Août..........	133.00	83.00	216.00	6.96	6707.00
Septembre.....	70.00	101.00	171.00	5.70	6878.00
Octobre.	83.30	117.00	200.30	6.46	7078.30
Novembre.	67.20	105.00	172.20	5.74	7250.50
Décembre......	72.00	113.60	185.60	5.98	7436.10
1877 Janvier........	88.00	97.40	185.40	5.98	7621.50
Février........	67.50	79.80	147.30	5.26	7768.80
Mars..........	128.00	75.10	203.10	6 55	7971.90
Avril..........	100.00	115.10	215.10	7.17	8187.00
Mai.	114.00	104.20	218.20	7.04	8405.20
Juin..........	129.00	87.10	218.10	7.27	8623.30
Juillet.	130.00	65.30	195.30	6.30	8818 60
Août..........	95.00	106.40	201.40	6.49	9019.00
Septembre.....	129.00	78.60	207.60	6.92	9226.60
Octobre.	102.00	107.30	209.30	6.75	9435.90
Novembre.	75.00	36.40	111.40	3.71	9547.30
Décembre......	73.00	40.30	113.30	3.65	9660.60
1878 Janvier........	75.00	53.60	128.60	4.15	9789.20
Février........	80.00	35.60	115.60	4.13	9924.80
Mars.	83.00	37.90	120.90	3.89	10025.90
Avril..........	122.00	85.40	207.40	6.91	10233.30
Mai.	116.00	143.80	259.80	8.78	10493.10
Juin..........	»	»	239.00	7.97	10722.10
Juillet........	»	»	260.60	8.40	10982.70
Août.	»	»	278.70	9.60	11261.40

Longueur totale du souterrain du Gothard... 14,920ᵐ, »
Longueur perforée au 1ᵉʳ septembre 1878.. 11,261ᵐ,40

Reste à perforer jusqu'au 1ᵉʳ octobre 1880,
date de l'achèvement des travaux............ 3,658ᵐ,60

Le tunnel complétement terminé, élargi dans toute sa
section, maçonné, garni de sa voie ferrée, prêt enfin à
recevoir la locomotive, doit être livré à la Compagnie qui
construit la ligne tout entière du Gothard, le 1ᵉʳ octobre

1880. M. Louis Favre s'est certainement imposé là une lourde tâche, si l'on se rappelle et les treize années employées au percement du mont Cenis, et la longueur du tunnel en construction, supérieure de près de trois kilomètres à celle du premier souterrain des Alpes. Toutefois, les chiffres ci-dessus permettent d'assigner avec certitude, pour l'achèvement de l'œuvre colossale, un délai plus rapproché encore que le terme maximum fixé par la convention. Il faut seulement se reporter, pour l'établissement du chiffre définitif, à ce que nous avons dit de la constitution géologique du massif, ainsi que des pénibles et exceptionnelles circonstances qui marquèrent le commencement des travaux à l'embouchure d'Airolo. Avant d'atteindre le massif schisteux, relativement tendre, qui forme l'élément constitutif et dominant de la montagne, la petite galerie de direction devait traverser, du côté nord, plus de 2 kilomètres d'une roche granitique fort dure, dans laquelle le progrès quotidien moyen s'est élevé cependant jusqu'à 3 et 4 mètres. Dans les rares couches de schistes cristallins talqueux et micacés intercalés dans le gneiss granitique, le nombre des postes mécaniques a été régulièrement de 4, parfois même de 5 par jour, donnant un avancement quotidien de 4 à 5 mètres. Si l'on se base sur ces chiffres, ce qui est fort raisonnable, puisqu'ils sont des résultats d'expérience, le souterrain peut certainement être terminé pour le terme marqué. Nous laisserons le lecteur exécuter lui-même, comme application de ce que nous avons déjà avancé précédemment, les calculs si simples qui permettent d'espérer cette solution favorable.

Les travaux de parachèvement n'offrirent rien de particulier. Le revêtement en maçonnerie s'effectuera, comme pour les autres souterrains, suivant des profils divers, avec revêtement à la voûte et aux pieds-droits,

avec ou sans radier, suivant la nature des couches traversées.

L'importance scientifique du deuxième percement des
Alpes ne sera point inférieure, dans ses résultats principaux, à ceux du col de Fréjus. La perforation de la
petite galerie, qui, sur son parcours presque entier,
traverse des roches d'origine ignée ou métamorphique,
permettra d'étudier, dans leur structure intime, ces
formations dont l'origine reste encore enveloppée d'un
certain mystère. La grande élévation du sol de la montagne apportera aussi son contingent d'observations
précieuses pour l'établissement des lois de la chaleur
interne du globe. Les travaux ne sont point encore assez
avancés pour qu'on puisse résumer les observations
déjà faites, et formuler une loi quelconque. La température interne de la roche ne peut guère être observée
avec précision, tant que le front d'attaque n'est pas
assez éloigné de l'embouchure du souterrain, pour
que la température extérieure soit sans influence sur
celle du point extrême. Les expériences thermométriques faites du côté nord, où déjà 2,700 mètres du massif ont été perforés, et où la roche est restée sensiblement la même depuis le commencement des travaux,
peuvent déjà servir cependant, sinon à formuler une loi
définitive, du moins à coordonner assez d'expériences
pour reconnaître et vérifier une fois de plus le principe
fondamental de l'augmentation de la température interne
du globe, à mesure qu'on s'éloigne de la surface du sol.

Les expériences du col de Fréjus n'ont point permis
d'établir les variations que peut présenter l'augmentation de la température interne avec la nature du terrain
traversé, le massif étant composé, sur la plus grande
partie de son épaisseur, d'une seule et même roche.

Les observations qui seront faites au Gothard donneront certainement des renseignements à ce sujet. Les résultats complets seront coordonnés après l'achèvement des travaux. Plus tard d'autres expériences seront faites dans les grands percements encore en projet, comme la troisième traversée des Alpes au Simplon, celles de l'Himalaya, du Caucase, des Cordillères, et d'autres encore dont le besoin se fera sentir à mesure que les relations commerciales des peuples prendront un accroissement plus considérable. En réunissant tous les faits acquis dans ces travaux, on pourra établir avec certitude les lois qui jusqu'à présent ne sont point encore complétement sorties du domaine de la spéculation.

CHAPITRE XI

LE TUNNEL DE LA MANCHE

Première idée d'une traversée du Pas-de-Calais. — L'enrochement et l'ensablement du détroit. Les *ferry-boats* de M. Dupuy
de Lôme. Le projet de passage souterrain de M. Thomé de
Gamond. — Origine du détroit de la Manche. Sa constitution
géologique. Le terrain *crétacé*. — Profondeur du détroit.
Les sondages de MM. Hawkshaw et Brunlees. — Imperméa-
bilité de la craie grise. Absence de dislocation de la masse
dans le parcours de la galerie. — Les exploitations sous-
marines du Cumberland, de White Haven et du Cornouailles.
— Agencement du tunnel projeté. Son raccordement avec
les lignes anglaise et française. Les galeries d'accès et d'é-
coulement des eaux d'infiltration. — La perforation mécanique de la galerie de direction. La machine excavateur
Brunton. Son rendement probable. — Coût du tunnel. —
Travaux préliminaires en voie d'exécution sur les deux rives.
— Utilité du percement. Le transbordement. Le trafic français. — Projet récent d'un pont tubulaire de M. l'ingénieur
A. Mottier.

L'idée de relier l'Angleterre au continent par une voie
de communication sous-marine, remonte à une époque
déjà assez éloignée. L'honneur en revient à un ingénieur français, M. Thomé de Gamond, dont les premières
communications furent d'abord, comme celles de la plupart des inventeurs célèbres, taxées de rêveries. L'im-

mensité du travail à entreprendre le faisait considérer
comme impossible à réaliser, et l'énormité des capitaux
qu'il eût fallu y consacrer, d'après les projets primitifs,
effrayait à l'origine les financiers les plus audacieux.
A cette époque, on n'avait pas encore étudié, d'une
façon sérieuse et approfondie, la nature des couches
géologiques formant l'isthme sous-marin qui relie la
Grande-Bretagne à l'Europe. On n'avait point inventé
les diverses machines perforatrices qui ont, pour ainsi
dire, fait un jeu de difficultés autrefois considérées
comme insurmontables. On n'avait point, enfin, l'encou-
ragement visible de deux tunnels de 12 et 15 kilomètres,
pratiqués à travers des massifs gigantesques, au sein
même des roches granitiques les plus résistantes. Les
recherches plus précises de la science et les leçons d'une
expérience décisive devaient démontrer que « l'impossible » était réalisable, et que les obstacles « insurmontables » se laisseraient vaincre par l'activité humaine.

Ce ne fut point à un tunnel que les hommes pratiques
songèrent d'abord, pour servir de lien entre la France
et l'Angleterre. Le rétablissement partiel de l'isthme
devait évidemment venir d'abord à la pensée. Était-il
possible d'amener, sans trop de dépenses, assez de terre
et de roches et d'accumuler un remblai assez considérable, pour former, à environ 15 mètres au-dessus des
basses eaux, une voie permettant le passage de plusieurs
lignes de chemin de fer et d'une large route carrossable?
Le premier projet de M. Thomé de Gamond consistait en un enrochement de 100 mètres au couronne-
ment et de 300 mètres à la base. On ménageait trois
passes navigables, une au milieu et deux sur les côtés,
Des considérations de premier ordre, et en premier
lieu la dépense, — estimée à près de 900 millions, — la
nécessité pour les vaisseaux de franchir ces passes dans

le gros temps, la crainte des tassements inégaux dans cette énorme masse, tassements qui auraient produit des inégalités de surface dans la voie : tels sont les motifs qui firent abandonner le projet de remblayage du détroit.

D'autres proposaient d'utiliser les apports de sable qui tendent chaque jour à combler nos ports du littoral. On les aurait retenus par une sorte de digue, composée d'épis et d'échafaudages que l'on aurait enfoncés progressivement à partir du bord. C'était, en somme, trop compter sur l'ensablement du Pas-de-Calais, que d'essayer de reconstruire par un phénomène naturel, lent, le travail d'érosion accompli dans le lointain des siècles géologiques.

L'idée d'une traversée sous-marine n'avait point encore surgi. On croyait, — et cette opinion était parfaitement justifiable en l'absence de machines perforatrices, — qu'il y aurait au percement d'un tunnel des difficultés si considérables, qu'on ne pourrait les surmonter. On s'arrêta un instant à l'idée de l'immersion, au fond de la mer, d'un tube métallique, qui eût reçu intérieurement un revêtement en maçonnerie. Mais, outre qu'il eût fallu, dans ce cas, niveler le fond de la mer sur tout le parcours du tube, — ce qui eût présenté au moins autant d'obstacles que l'établissement d'un tunnel sous le lit du détroit, — ce projet fut combattu à la fois, et par le public, qui trouvait peu sûr un pareil moyen de communication, et par les marins, qui regardaient ce barrage au fond de l'eau comme nuisible à la navigation, et enfin par les financiers, qui n'évaluaient pas à moins d'un demi-milliard les seuls travaux de nivellement qui eussent dû précéder la pose du tube métallique.

Le projet d'un passage au sein même du détroit une fois

écarté, on songea à construire un pont gigantesque reliant entre elles les jetées de Douvre et de Calais. Cinq projets furent successivement étudiés : pont en fer forgé, pont en fonte ajustée, pont mixte avec tablier plan, pont avec tablier tubulaire, enfin pont avec piles en granit et en syénite de la Manche. Mais les devis les plus modérés faisaient osciller la dépense entre trois et quatre milliards. Il ne fut même pas donné à ces divers projets un semblant d'exécution. Nous reviendrons cependant, à la fin de ce chapitre, sur un projet tout récent de pont tubulaire, dressé par l'ingénieur Mottier, qui ne porterait pas la dépense à plus de 300 millions. Ce projet nous a semblé tellement bien agencé, que, malgré notre préférence pour le creusement d'une galerie sous-marine, nous n'hésitons point à le recommander d'une façon toute spéciale, fût-ce seulement à titre de curiosité scientifique, et de remarquable application des principes de la science de l'ingénieur.

On pensa encore à prolonger les jetées de Douvres et de Calais, de façon à diminuer de moitié la traversée par voie d'eau. Mais on n'arrivait point de cette manière à éviter les deux inconvénients qu'il fallait précisément combattre, la traversée maritime et les transbordements. De plus, les habitants des côtes et les marins firent valoir les mêmes objections qu'avaient soulevées déjà les projets d'enrochement et d'ensablement du détroit, relativement au changement possible du régime des marées dans les ports de la Manche.

Avant d'arriver au projet définitif auquel les esprits semblent accorder une préférence marquée, nous parlerons encore de la traversée au moyen des *ferry-boats*, grands bâtiments à vapeur, dont le roulis est amoindri, et qui peuvent emporter un train entier, sans qu'il soit nécessaire d'effectuer un transbordement. Des navires semblables existent déjà, dans de moindres dimensions, sur certains lacs, entre autres sur le lac de Constance, où les voyageurs passent sans interruption de la rive suisse à la rive bavaroise.

Dans le projet de M. Dupuy de Lôme, chaque bâtiment porte-train aurait 135 mètres de longueur sur 11m,20 de largeur, et pourrait porter un train, soit de voyageurs, pesant 180 tonnes, soit de marchandises pesant 300 tonnes, et mesurant 119 mètres de longueur. Le train serait introduit par l'arrière et se trouverait à 2 mètres au-dessus de l'eau, sous le pont. Des salons sont ménagés à droite et à gauche pour les voyageurs. La durée d'une oscillation transversale du navire étant supérieure à celle des grosses lames, une lame détruirait le roulis produit par la précédente. La nécessité de construire, sur la côte française, un port spécial, de profondeur suffisante, fut une des raisons premières qui vinrent s'opposer à l'exécution des *ferry-boats*. Du reste, ils ne résolvaient la question de passage qu'imparfaitement.

Après avoir parcouru tout le cycle des imaginations et des hypothèses, on fut obligé de se réunir autour du projet de M. Thomé de Gamond, préconisant le passage anglo-français au moyen d'une galerie souterraine, creusée dans le banc de craie grise qui forme le lit du détroit, à environ 50 mètres au-dessous du fond de la mer. Ce projet est resté, dans son agencement principal, tel qu'il fut élaboré pour la première fois par son auteur, en 1833. Présenté aux expositions de Londres et de Paris, il donna lieu à une enquête dont le jugement fut favorable. C'est ce même projet que nous avons vu présenter, cette année, à l'Assemblée nationale françasie, et pour la réalisation duquel les sondages préliminaires sont commencés sur les deux rives du détroit.

De même que lorsqu'il s'agit du percement des Alpes, les premiers travaux se dirigèrent spécialement sur l'étude attentive du massif que devait traverser l'axe du souterrain. Plus encore qu'au mont Cenis et au Saint-Gothard, l'observation géologique devenait d'une importance capitale. Si, dans les traversées des Alpes, il était utile, pour être sérieusement fixé sur la durée relative de l'œuvre, de connaître, et la dureté de la roche, et le plus ou moins de chance qu'on avait de rencontrer sur sa route certaines difficultés inhérentes à la constitution de la montagne, la question se présentait sous un aspect bien plus grave encore lorsqu'il s'agissait d'un travail sous-marin, qu'un incident géologique inattendu, comme une crevasse, une *faille*, communiquant avec le lit de la mer, pouvait transformer subitement en un irrémédiable désastre.

Le problème scientifique portait à la fois sur deux points essentiels : l'existence d'une couche imperméable, à travers laquelle on pût creuser la galerie, l'absence de dislocation intérieure dans cette couche. Les observations attentives des géologues, aidées par les sondages exécutés, soit sur les deux rives, soit sur le fond même du détroit, conclurent en faveur du percement.

Les savants s'accordent à reconnaître que la formation du détroit de la Manche est d'origine relativement récente. A des époques géologiques encore assez rapprochées de nous, si on compare leur date à celles des phénomènes mystérieux dont nous voyons les traces imposantes, l'Angleterre aurait été reliée au continent par une langue de terre dont la destruction lente aurait eu lieu sous l'influence de l'*érosion*. De semblables destructions s'opèrent à tout instant autour de

nous. Les falaises qui bordent les côtes sont de jour
en jour rongées plus profondément par le flux et le
reflux des vagues, ou dévastées par la tempête qui vient
les assaillir.

Si l'existence du détroit est due à l'érosion d'une barrière naturelle, d'une sorte d'Atlantide minuscule reliant
autrefois l'Angleterre à l'Europe ; — si, en outre, les roches constitutives des falaises qui bordent les deux côtes
anglaise et française présentent une nature géologique et
une structure sensiblement correspondante, il s'en suivra
évidemment que les roches, aujourd'hui sous-marines,
qui pavent le détroit, présenteront les mêmes conditions de superposition et d'épaisseur que celles que l'on
rencontre sur les deux rives ; chacune de ces trois formations compose les parties d'un tout homogène, qu'un
des nombreux accidents de la nature a entamé dans sa
partie médiane.

Avant de donner le résultat des sondages effectués à
Douvres et à Calais, nous devons ouvrir une légère
parenthèse géologique pour expliquer en quelques lignes
ce qu'on entend par terrain *crétacé*.

Le groupe *crétacé* renferme les terrains qui, spécialement en Angleterre et dans le nord de la France, sont
caractérisés par la présence de la *craie*, substance bien
connue, composée presque exclusivement de carbonate
de chaux. L'étage de la craie est ordinairement partagé
en deux parties principales, la *craie blanche*, et la *craie
grise*. L'étage supérieur, la craie blanche, est en général
caractérisé par la présence de nombreux rognons de
silex, disposés par couches sensiblement parallèles. Les
silex deviennent de plus en plus rares à mesure que
s'effectue le passage d'une couche à l'autre, ce qui a
valu à ces deux étages d'un même groupe les dénomi-

nations de *craie à silex* et *craie sans silex*. Cette distinction, qui se rencontre heureusement dans le cas spécial du détroit de la Manche, ne saurait cependant être admise pour des localités éloignées de celles où elle a été établie. Au Havre, par exemple, la craie inférieure ou grise renferme, à l'endroit même où elle passe aux grès verts supérieurs, une grande quantité de silex et de rognons siliceux. Les roches qui composent le groupe crétacé sont d'une dureté très-variable. En Normandie, la craie grise est employée comme pierre à bâtir dans beaucoup de localités, et quelques-unes des couches de cette contrée ont pris une forte consistance qui approche même de celle des calcaires compactes. On les observe très-bien sur la grande route qui conduit du Havre à Rouen, sur la rive droite de la Seine.

Revenant à notre détroit, l'examen comparé des falaises qui bordent les deux côtes montre tout d'abord que la composition du terrain crétacé, compris entre Folkestone et Douvres, correspond, trait pour trait, à celle du massif crayeux du cap Blanc-Nez. Pour se rendre un compte exact de la disposition des couches, deux puits, d'une profondeur d'environ 150 mètres, furent creusés, l'un à Douvres, l'autre à Calais. Les résultats des forages confirmèrent les prévisions déduites de l'origine même du détroit, et montrèrent que, sur l'une et l'autre rive, la craie blanche à silex a pour base une assise épaisse de craie grise ou marneuse, exempte de fissures, et reposant elle-même, selon l'habitude des terrains crétacés, par l'intermédiaire du grès vert, sur l'argile bleue appelée *gault*. Les diverses assises du terrain crayeux s'enfoncent sous la mer, en vertu du prolongement que leur assigne l'origine du détroit telle que nous l'avons signalée.

Sur la rive anglaise, la couche de craie blanche à

silex fut rencontrée presque à la surface, à 2^m,75 du sol.
Sur la rive française, elle fut atteinte seulement à une
profondeur de 24 mètres environ. Après avoir traversé
cette craie blanche, dont l'épaisseur est de 80 mètres
en Angleterre et 58 mètres sur la rive française, les puits
de sondage rencontrèrent l'étage inférieur de la craie
grise dans laquelle sera creusé le tunnel. Nous donnons
ci-dessous le diagramme des deux puits, au moyen desquels le lecteur pourra, si bon lui semble, reconstituer par la pensée l'isthme tout entier, tel qu'il existait avant sa destruction par l'érosion.

France.		*Angleterre.*	
Terre végétale et tourbe	0^m,918	Dépôts superficiels, ga-	
Sable gris aquifère....	14^m,640	lets...............	2^m,740
Sable gris à galets noirs	1^m,520	Craie blanche........	63^m,750
Argile brune sableuse.	0^m,610	Craie jaune.........	1^m,220
Gravier meuble......	2^m,740	Craie blanche........	1^m,220
Sable fin............	0^m,300	Crevasse d'eau sa-	
Cailloux............	0^m,610	lée...............	0^m,910
Craie tendre........	1^m,500	Craie blanche........	6^m,100
Craie dure blanche à		Craie grisâtre.......	9^m,150
silex.............	0^m,910	Craie blanche.......	3^m,050
Craie blanche........	57^m,640	Marne bleue........	3^m,350
Craie grisâtre.......	18^m.000	Marne plastique.....	12^m,710
Craie tendre d'un bleu		Marne bleuâtre......	48^m,250
clair.............	37^m,800	Lits alternatifs de mar-	
Craie tendre blanchâtre	6^m,610	nes et bancs durs..	12^m,870
Craie tendre bleu foncé	12^m,500	Grès vert supérieur.	0^m,900
Profondeur du puits.	150^m,615	Profondeur du puits.	166^m,220

La seule formation, à travers laquelle il convient de
tenter le passage, est donc celle de la craie. Mais la
craie blanche, outre qu'elle est remplie de silex dont la
rencontre est défavorable au travail des machines, présente des fissures pouvant donner passage à des infil-

trations. C'est donc la craie grise qu'il faut choisir. L'observation des falaises, ainsi que l'examen des puits creusés à Douvres et à Calais, permettent de déterminer l'épaisseur de cette couche au-dessous du détroit, et par suite la position que devront occuper les deux embouchures de la galerie, pour que cette dernière ne quitte point le terrain qui lui est assigné.

Reste à savoir si notre couche de craie grise imperméable est continue, compacte, d'une rive à l'autre, si elle n'est pas interrompue par quelque massif de roches plus anciennes, ou par quelque fissure cachée par la mer. Ceci est, il faut l'avouer, le point noir de l'entreprise, et nous ne saurions rien affirmer, avant qu'une petite galerie de reconnaissance ait traversé de part en part le détroit. Toutefois, il est peu probable qu'une dislocation brusque des couches de craie ait eu lieu à un moment donné. Le profil si régulier du fond de la mer, dans l'axe projeté du souterrain, ainsi que l'inclinaison des couches qui composent les falaises, ne le font point prévoir. Les suppositions seront complétement éclaircies par les travaux préliminaires projetés par les ingénieurs anglais sur les deux rives, savoir : le percement de deux puits de 100 mètres de profondeur et de 9 mètres de diamètre, ainsi que l'établissement, dans la couche de craie grise, de deux galeries de un kilomètre chacune marchant à la rencontre l'une de l'autre. Si, dans ces limites, les bancs traversés ne présentent aucune trace de dislocation antérieure, on sera parfaitement en droit de conclure à la continuité régulière de la couche crayeuse, et à l'absence de failles pouvant livrer passage aux eaux de la mer.

Nous n'avons encore rien dit du projet même de construction de la galerie souterraine, et en particulier de la profondeur à laquelle elle doit être perforée, profondeur qui dépend de celle du lit de la mer en cet endroit du détroit.

Les sondages nombreux effectués à diverses époques, soit par M. Thomé de Gamond, soit plus récemment par MM. John Hawkshaw et James Brunlees, ont montré que la profondeur de la mer était partout inférieure à 54 mètres, cote maxima qu'elle atteint par une pente douce et régulière descendant de chacune des deux rives. Pour prendre un terme de comparaison qui frappe les yeux, l'église Notre-Dame de Paris, reposant sur le lit du détroit, surpasserait encore de 12 mètres le niveau des hautes eaux. Le tunnel devant être creusé à 100 mètres environ au-dessous de ce niveau, l'épaisseur de la voûte crayeuse serait donc de 46 mètres, chiffre fort respectable, si l'on craint l'écrasement de la galerie par le poids de l'énorme masse d'eau sus-jacente.

'exploitation des mines de plomb et de cuivre du Cornouailles, et des gisements houillers de White-Haven et du Cumberland, démontre du reste la possibilité de pénétrer sous la mer sans qu'on ait à craindre l'envahissement des galeries par les eaux. A White-Haven, plusieurs galeries s'étendent en ligne droite à près de cinq kilomètres de distance sous les eaux. Ajoutées les unes aux autres, ces galeries forment un développement d'une centaine de kilomètres de voies sous-marines, à des profondeurs variant de 70 à 220 mètres. Jamais l'eau de mer n'y a pénétré, et les mineurs travaillent avec une telle sécurité qu'ils ne craignent pas d'assigner le jour, lointain encore, où l'exploitation atteindra les côtes d'Irlande. Parfois même, les galeries sous-marines ne sont séparées du fond de la mer que par une mince paroi de 10 mètres d'épaisseur. Le plus frappant des exemples que nous puissions citer est extrait de l'ouvrage de l'ingénieur anglais Pryce, publié il y a déjà près d'un siècle, en 1778 :

« La mine de Huel-Cock, dans la paroisse de Saint-Just, s'étend sous la mer à près de 150 mètres de distance, et dans quelques endroits, il n'y a pas plus de 5 mètres d'épaisseur de roches entre le fond de l'Océan et les galeries où travaillent les mineurs, de telle sorte que ceux-ci entendent parfaitement le roulement des galets au fond de la mer, et le bruit des vagues immenses venant, du large de l'océan Atlantique, se briser sur le rivage.

« Des filons plus riches que les autres ont été exploités, très-imprudemment sans doute, à $1^m,20$ seulement du fond de la mer, et il est arrivé que, par des temps d'orage, le bruit occasionné par les flots et les galets était tellement épouvantable, que les ouvriers ont plusieurs fois abandonné leurs travaux, plus effrayés du fracas de la tempête que de la crainte de voir la mer tomber sur eux et les engloutir. Sous une aussi faible épaisseur de rocher les protégeant contre la mer en fureur, ils eurent quelquefois à arrêter des infiltrations d'eau salée qui passaient à travers les fentes de la pierre, et ils y parvinrent en les calfeutrant avec des étoupes et du ciment, comme les flancs d'un navire. Dans la mine de plomb de Perrau-Zabuloc, qui s'exploitait sous la mer, on employait le même procédé pour arrêter les infiltrations d'eau salée. »

Afin d'expliquer le peu d'humidité des galeries sous-marines, l'ingénieur Pryce suppose que le sol de la mer est recouvert d'un enduit gélatineux qui, à mesure qu'il se dépose, comble les fissures, et s'oppose aux infiltrations dont les conséquences, dans le cas spécial qui nous occupe, seraient si désastreuses.

Des faits que nous venons d'exposer, et surtout de l'ab-

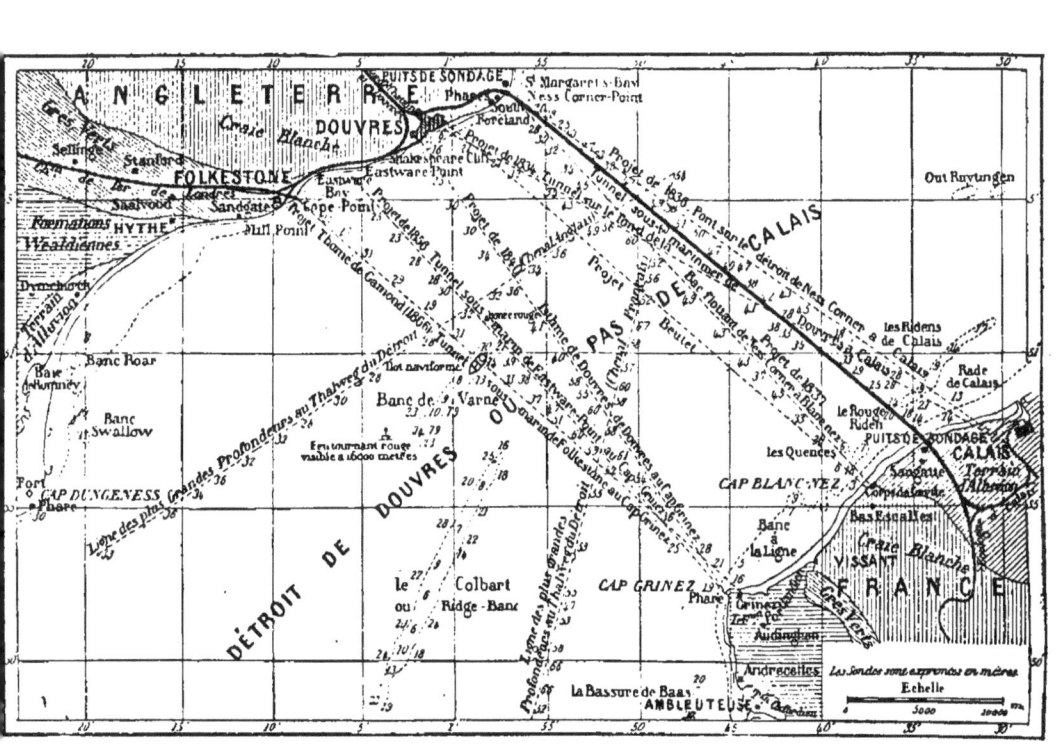

Fig. 62. — Tunnel entre la France et l'Angleterre : carte du détroit du Pas-de-Calais avec indication des différents projets de traversée.

sence de *failles* ou crevasses considérables, résultant
d'une dislocation des couches bouleversées par des phénomènes géologiques antérieurs, nous sommes en droit
de conclure que le percement du tunnel sous-marin
sera exempt d'infiltrations. C'est là un point capital
sur lequel cependant on ne peut avoir une certitude
absolue; l'expérience seule peut prononcer définitivement.

Suivant le projet qui semble adopté, le chemin de fer
sous-marin, se détachant des lignes de *Chatam-and-Do-
ver* et du *South-Eastern*, partirait de la côte anglaise, près
la baie de Sainte-Marguerite et de *South-Foreland*, à
l'est de Douvres, et aboutirait sur la côte de France, à
l'ouest de Calais, où il se raccorderait avec la ligne française du chemin de fer du Nord, de Boulogne à Calais.
Le tunnel se composerait de trois parties distinctes :
une partie centrale, ayant 26 kilomètres de longueur, et
deux rampes d'accès de 11 kilomètres chacune, ayant
une pente comprise entre 12^{mm}, et $13^{mm},15$ par mètre.
La partie centrale serait légèrement arquée et se décom-
poserait en deux portions égales, inclinées chacune à
$0^{mm},378$ par mètre, de manière à diriger leurs eaux
vers l'origine des rampes d'accès, d'où partirait de chaque côté une galerie à section réduite, ayant environ 4
kilomètres, 5 de longueur, et faisant suite respective-
ment à chacune des sections de la partie centrale du
tunnel. Ces galeries amèneraient les eaux de la partie
centrale et celles des rampes d'accès, au fond des puits
creusés sur les deux côtes anglaise et française, et
munis de machines d'épuisement.

Il est à peine besoin de faire ressortir l'utilité de cet
agencement extérieur du souterrain. La partie centrale
du tunnel, disposée en pente, obligera les eaux d'in-

filtration qui existeront toujour, quelque minime que
soit leur débit, à venir se réunir au fond des galeries
verticales creusées sur les deux rives, qui serviront
alors de puisards. Les deux rampes établies sur les
côtes éviteront les transbordements si fâcheux auxquels il était impossible de remédier jusqu'alors.
Comme on le voit, ce n'est plus 34 kilomètres de voie
souterraine qu'il faudra établir, mais bien en tout 57 kilomètres, en comptant les deux galeries d'écoulement.
Le trajet souterrain de France en Angleterre comptera
48 kilomètres !

Maintenant que nous avons nettement posé le problème et que nous avons démontré, — laissant de côté la
question du temps employé à la réalisation de l'œuvre,
— la possibilité première du creusement d'une galerie
sous-marine à travers le détroit, ne serait-il point utile
de dire quelques mots de l'exécution même du travail,
d'indiquer le mode de percement qu'on songe à employer,
de fixer l'époque probable de l'achèvement de ce travail,
qui laisse loin derrière lui l'œuvre déjà si colossale du
percement des Alpes ? Cinquante-sept mille mètres à
perforer, à élargir, à revêtir complétement de maçonneries, — cinquante kilomètres de voies à poser, avant que
la locomotive vienne percer, de son sifflet aigu, le mur-
mure sourd des vagues ! Œuvre gigantesque, s'il en
fut jamais. Mais tout cède aujourd'hui devant les prc-
grès accumulés de la science, et c'est avec une certitude presque complète que nous pouvons assigner
l'heure où le vieux monde européen aura reconquis la
terre autrefois soudée à ses flancs.

Si, nous reportant aux résultats obtenus dans les tra
vaux précédents du mont Cenis et du Saint-Gothard
nous admettons une moyenne maxima de 5 mètres par

jour d'avancement de chaque côté du détroit, soit 10 mètres pour les deux embouchures, le progrès annuel serait de 3 à 4 kilomètres. Il ne faudrait alors pas moins de 7 à 8 années pour le percement de la galerie de reconnaissance de 26 kilomètres de longueur. Les autres galeries d'accès et d'écoulement pourraient être perforées de concert avec la galerie principale; l'élargissement du tunnel, ainsi que le revêtement en maçonnerie seraient poursuivis à mesure. En somme, faisant la part des retards apportés par les installations premières, par les essais de machines, par les accidents plus ou moins graves qui pourront survenir dans la suite des travaux, on pourrait raisonnablement assigner le chiffre de 10 années pour l'achèvement complet de l'œuvre.

Ces prévisions sont loin d'être sans appel, bien qu'elles soient renfermées dans les strictes limites fournies par l'expérience. La vitesse de la perforation mécanique dé-

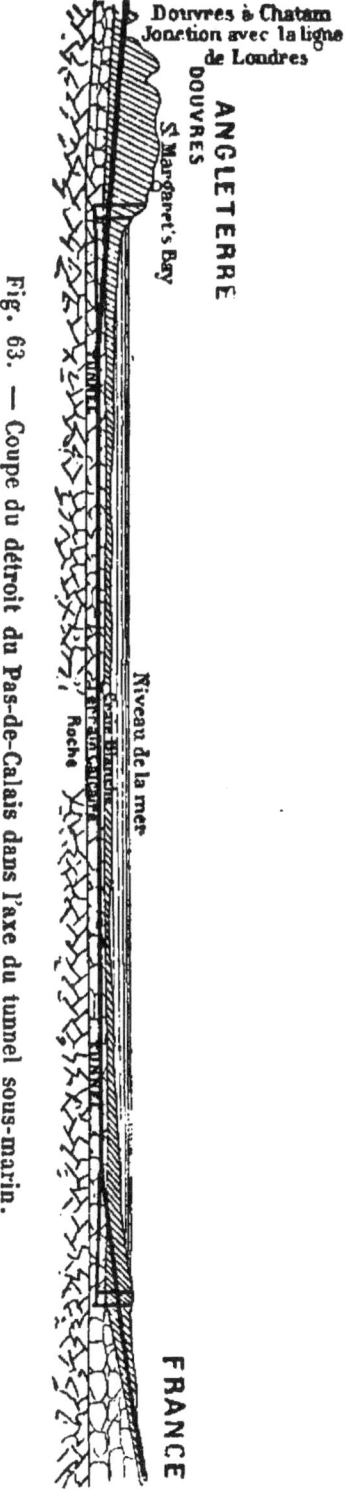

Fig. 63. — Coupe du détroit du Pas-de-Calais dans l'axe du tunnel sous-marin.

pend en effet presque tout entière de la dureté de la roche
traversée. Or, les sondages pratiqués sur les deux rives
nous ont montré que le travail mécanique s'opérerait
dans le massif de craie grise, sur lequel repose la craie
blanche à silex qui forme les falaises des côtes. Reste
à connaître la dureté de cette roche pendant sa traversée
de 50 kilomètres... Sa destruction nécessitera-t-elle l'emploi de la matière explosive après la perforation de
fourneaux de mines, comme cela se pratique en général? Le massif sera-t-il assez tendre pour être usé simplement, réduit en minces éclats, par une machine
adaptée à cet effet? Tel est, en dehors de la question
géologique, le problème véritable auquel est lié l'avenir
du percement. Dans le premier cas, avec l'emploi de la
poudre ou de la dynamite, qui nécessite alors les trois
opérations composant le *poste mécanique* : 1° la perforation ; 2° le sautage de la roche ; 3° l'enlèvement des déblais, il serait certainement difficile de surpasser le chiffre de cinq attaques par jour, ou 10 mètres d'avancement
plein, — et ceci dans la période normale de l'entreprise,
lorsque les installations seraient terminées et les premières difficultés définitivement surmontées.

Les espérances ont toutefois jusqu'à ce jour été beaucoup plus loin. S'appuyant sur le peu de consistance de
la craie, les ingénieurs qui ont pris en main l'audacieuse
idée, triplant presque nos chiffres, promettent d'atteindre
des résultats autrement merveilleux encore. Supprimant
l'emploi de la matière explosive, ainsi que le travail de
relèvement des déblais après le sautage de la roche, ils
comptent utiliser pour le percement du souterrain une
machine nouvelle qui porte le nom de son inventeur, la
machine perforatrice Brunton. Le mécanisme de cet
appareil ingénieux est tout différent de celui que nous
avons examiné dans les perforateurs des deux tunnels
des Alpes. Au lieu d'ag··· par percussion de la barre à

mine sur des points isolés du front d'attaque, comme le
font les perforateurs Sommeiller, Dubois-François, Mac-
Kean, Ferroux, Turettini et autres, le perforateur ou plutôt l'éxcavateur Brunton, entame la section tout entière
de la petite galerie, en l'usant à la manière d'une tarière qui fait un trou cylindrique dans du bois. Mise
en mouvement rotatif par de la vapeur ou de l'air comprimé, elle entaille et coupe un massif de craie sur une
section circulaire de $2^m,10$ de diamètre qui est la galerie
de direction du tunnel.

La roche tendre est coupée par des disques métalliques, qui accomplissent un mouvement de rotation
très-rapide, et qui sont entraînés circulairement par
deux plateaux superposés, reliés à l'arbre central. Les
disques coupants ou *découpoirs* sont en acier, et entament la roche par un tournoiement rapide. Les mouvements de rotation de l'arbre central, des plateaux superposés, et des disques qui sont fixés sur leur péri-
phérie, sont commandés de telle façon que ces disques,
dans une rotation complète de la machine, entament la
section entière du front d'attaque. Les découpoirs ont un
diamètre de 10 à 20 pouces anglais, sur une épaisseur
de 1/2 à 1 pouce, selon les dimensions de la machine
et la nature de la roche à perforer. Leur circonférence est taillée en biseau ; et l'angle sur lequel ils sont
fixés, relativement au front d'attaque, peut être modifié de manière à produire le rendement le plus avantageux.

La machine est animée d'un mouvement de progres·
sion qui lui permet d'avancer à mesure que la roche est
entaillée. Elle glisse sur des rails, et sa fixité est assurée par des bras qui s'appuient aux parois de la galerie
et donnent à l'appareil la résistance voulue.

Les disques découpants et les plateaux qui les supportent sont enfermés dans une enveloppe ou tambour qui recueille les débris de la roche, et, par l'intermé-

Fig. 64. — La machine perforatrice Brunton.

diaire d'une série d'augets héliçoïdaux adaptés à son pourtour, les déverse sur une toile sans fin glissant sur des rouleaux, qui les conduit aux wagonnets de déblayage placés derrière la machine. L'appareil excavateur Brunton agit ainsi complétement d'une manière automatique : la roche pulvérisée par les découpoirs est immédiatement enlevée. La machine peut travailler sans interruption, l'emploi de la matière explosive étant supprimé, ainsi que l'enlèvement des déblais ou *marinage*, et, par suite, le retrait de l'appareil pendant ces deux opérations.

Le fonctionnement régulier de l'appareil Brunton
procurerait donc une large économie de temps, et permettrait de doubler et au delà les résultats que nous
faisions pressentir plus haut. Si nous nous en rappor-
tons aux chiffres avancés dans une brochure que nous
avons sous les yeux, les progrès futurs seraient véritablement au-dessus de toute espérance.

« Dans les schistes ardoisiers du pays de Galles, on a
accusé avec la machine Brunton un progrès de $0^m,30$
par heure, ce qui fait 6 mètres par jour de 20 heures.
Dans le granit, les quartzites, on peut s'attendre aux
mêmes résultats. Dans les calcaires, l'avancement est
au moins dans la proportion de 10 à 12 mètres par
jour de 20 heures. Les expériences ont démontré que,
dans la craie blanche, telle qu'elle existe dans le nord
de la France, en Angleterre, etc., et notamment sous
la Manche, le progrès dépasse tout ce qu'on avait
attendu. Ainsi, dans un tunnel de $2^m,130$ de diamètre, le
progrès a été en moyenne de $2^m,780$ par heure, ou de
$55^m,600$ par jour de 20 heures, et ce progrès presque
merveilleux pour ce genre ce travail aurait été plus
grand, si le travail ne s'était trouvé limité par l'impossibilité d'amettre assez rapidement, dans ce passage si
étroit, les wagonnets de déblaiements.

« Si on attaque à ses deux extrémités avec la machine
Brunton le tunnel projeté entre la France et l'Angleterre, on estime que les 35 kilomètres, 800 qu'on suppose être la longueur de la galerie, seront tunnellés dans
308 jours de travail continu, en ne comptant que 20
heures ouvrables pour chaque journée de 24 heures.

« Si on était assez hardi pour percer du premier coup
un tunnel ayant les dimensions ordinaires pour chemins de fer, soit $7^m,50$ à 8 metres, il aurait été possible
d'augmenter la vitesse d'exécution du double ou du tri-

ple de ce qui est fixé pour la galerie d'essai. Bref, avec la machine Brunton, *il est possible d'achever les* 35 *kilomètres,* 800 *du tunnel de la Manche,* aussi bien que tout souterrain pareil à faire dans des roches semblables, *dans un délai de* 144 *jours, ou à raison de* 7 *kilomètres,* 290 *par mois* [1]. »

Les appréciations émises en ces derniers temps sur la marche du percement au moyen de la machine Brunton, quoiqu'elles laissent loin derrière elles les prévisions qu'on peut fonder sur les résultats pratiques obtenus jusqu'à ce jour dans les exploitations souterraines, n'accusent cependant point une confiance aussi illimitée. Deux années de travail nous semblent déjà une limite extrême qu'il nous sera bien difficile de ne point surpasser. Considérant seulement la longue galerie centrale de 26 kilomètres, il s'agira déjà de perforer 13 kilomètres en une année, soit 6,500 mètres de chaque côté, soit 20 mètres de progrès quotidien ! Nous souhaitons pour notre part la réalisation complète de ce programme, qui nous permettra d'assister à l'accomplissement à bref délai d'une œuvre aussi grandiose. Il ne faudrait cependant point nous bercer d'illusions, si excusables qu'elles fussent, et accueillir trop vite des espérances dont la réalisation est soumisé à l'aplanissement de difficultés sans nombre.

En premier lieu, pour donner satisfaction à ces promesses, le mécanisme perforateur doit supprimer les deux opérations du sautage de la roche et du relevage des déblais. La nature de la roche doit donc se prêter

---

[1] *Notice sur les machines perforatrices Brunton, travail sans emploi de la poudre, enlèvement automatique des débris,* par J.-J. W. Watson, ingénieur civil. Paris, 1872.

à l'excavation à section complète. Si sa dureté atteignait en certains endroits celle qu'acquièrent plusieurs terrains de la même époque, et que son débit dût alors être effectué par la méthode ordinaire, — forage et emploi de la matière explosive, — nous retomberions dans les chiffres maxima de 5 mètres d'avancement quotidien, chiffre que donnent les percements mécaniques par les appareils percuteurs.

La craie grise n'est point non plus toujours exempte des silex plus spécialement réservés à la craie blanche. L'emploi des disques coupants exige une roche homogène, si l'on veut éviter la détérioration rapide des découpoirs, et par suite les arrêts de la machine que nécessiterait leur renouvellement.

Il faut s'attendre encore aux arrêts inévitables nécessités par la réparation sur place de la machine, lorsqu'elle aura subi quelque grave avarie. Les perforateurs à percussion du mont Cenis et du Saint-Gothard, facilement maniables, pouvant être accrochés sur l'affût ou en être décrochés, sont aussitôt renouvelés quand le besoin s'en fait sentir ; on les porte aux ateliers extérieurs de réparations, et on les ramène au front de taille. Que l'un des appareils se détériore, et cela arrive souvent, — à chaque poste il y en a au moins un, — deux hommes l'enlèvent de l'affût, le remplacent par un nouveau, et le prochain wagonnet de service emporte le malade à l'atelier. Il n'y a pour cela aucun arrêt, les machines étant indépendantes les unes des autres, l'outil perforateur se composant de six à huit outils séparés. La machine excavateur Brunton, comme toutes celles du même système, est au contraire une ; ses organes sont solidaires les uns des autres, et une détérioration partielle entraîne forcément un arrêt dans la perforation.

Nous sommes certains du reste que, au cas où la machine Brunton serait définitivement installée au souterrain anglo-français, les expériences de chaque jour entraîneront les perfectionnements utiles. Les quelques observations que nous venons de présenter n'ont d'autre but que de familiariser notre lecteur avec les mille et mille obstacles qui se dressent à chaque pas devant ceux qui tentent l'accomplissement d'œuvres pareilles à celles dont nous esquissons l'historique anticipé.

Les dépenses que doit entraîner l'achèvement complet du passage sous-marin ne peuvent encore être évaluées que très-approximativement. M. l'ingénieur Ch. Bergeron pense qu'elles ne seront pas supérieures à 120 millions, ce qui porterait le coût moyen du mètre courant à environ 2,000 francs, installations mécaniques comprises. D'autres auteurs s'arrêtent au chiffre plus considérable de 300 millions, soit 5,000 francs le mètre, évaluation très-différente, comme on voit, de la précédente. Le rapport distribué à l'Assemblée nationale française en janvier 1875 donne le chiffre de 250 millions. On comprend qu'il soit impossible de fixer un chiffre définitif, avant même qu'on ait expérimenté les machines perforatrices, reconnu la somme de travail qu'elles sont capables de produire, entrevu les difficultés qui ne pourront être surmontées qu'au prix d'un travail long et rémunéré.

Quoi qu'il arrive, et quelque grands que soient les obstacles, la possibilité du percement rapide du tunnel sous-marin est aujourd'hui victorieusement démontrée, et ne fait doute pour personne. Ce qui était une utopie il y a quarante ans est aujourd'hui une palpable réalité, et le projet de M. Thomé de Gamond est entré dans une période d'accomplissement certain. Deux associations se sont en effet formées, l'une en France, l'autre en Angleterre, ayant pour ingénieurs, la première M. Thomé de Gamond, le promoteur de l'œuvre, la seconde MM. Hawkskaw et Brunlees. Ces deux compagnies doivent entreprendre incessamment des travaux préliminaires dont les résultats décideront de l'avenir de l'entreprise.

Un grand puits, de 130 mètres environ de profondeur et de 6 mètres de diamètre intérieur, sera creusé sur le bord de la mer, entre Calais et Sangatte, dans l'axe du tunnel projeté, et à l'emplacement même du sondage qui a été fait par les ingénieurs anglais Hawkskaw et Brunlees. On poussera ensuite, à une distance d'au moins 1 kilomètre sous la mer, une galerie à section circulaire, de 2^m,10 de diamètre, partant du fond de ce puits. Cette galerie devra servir ultérieurement à l'écoulement des eaux d'infiltration du tunnel. Le fond du puits tiendra lieu de réservoir, et des machines d'épuisement élèveront les eaux à la surface du sol. Si ces travaux préliminaires sont effectués sans encombre, le percement du tunnel sera chose complétement décidée.

Quant à l'utilité même du percement, elle ne saurait être un instant contestée. On peut en juger déjà par les chiffres suivants, extraits de documents anglais, et qui donnent le nombre des passagers, venus d'Angleterre, qui ont débarqué à Boulogne et à Calais dans les cinq années 1869 à 1873 :

Années.	Boulogne.	Calais.	Total.
1869	102,829	74,885	177,704
1870	120,838	73,606	194,444
1871	161,658	130,837	292,495
1872	122,756	123,373	246,329
1873	134,546	120,534	255,080

Nous ne mentionnons point le chiffre des voya
geurs qui atterrissent à Dieppe, au Havre et à Ostende.
Si on arrivait à faciliter la traversée du détroit, le courant serait autrement considérable, étant données :
1° l'économie de temps notable qui serait réalisée dans
le trajet de Paris à Londres, 2° la plus grande commo-
dité de la traversée au point de vue hygiénique, 3° la
suppression des transbordements. Cette dernière raison
surtout est majeure, qu'on la considère au point de vue
tout particulier du voyageur, ou au point de vue plus
large du trafic commercial.

M. Ch. Bergeron développe parfaitement ces diverses
considérations dans le travail qu'il a publié en 1873 sur
le *Channel-Tunnel*[1].

« Il est parfaitement reconnu — écrit M. Bergeron —
que toute interruption dans la continuité d'un voyage
nuit au développement du trafic, en augmentant les
frais de transport, en raison des transbordements obli-
gatoires. C'est pour cela qu'on a eu tant à se plaindre,
en Angleterre, du défaut d'unité dans la largeur de la
voie entre les lignes principales et le réseau du *Great-
Western*. Les plaintes sont bien plus légitimes quand,
pour aller de Londres à Paris, il faut, en arrivant à Douvres, descendre de voiture sur la jetée du port, exposée
aux intempéries, y parcourir à pied un chemin où il est
impossible de se mettre à l'abri du vent et de la pluie,
passer sur une échelle pour descendre sur le bateau,
aller à la recherche d'un siége convenable, souffrir hor-
riblement du mal de mer pendant la traversée, passer de

---

[1] Le chemin de fer sous-marin entre la France et l'Angleterre. (*The Channel-Tunnel railway.*) Exposé de l'état actuel du
projet, par M. Ch. Bergeron.

nouveau sur une échelle au débarquement, et faire à pied un assez long trajet pour se rendre au chemin de fer, avec des paquets de manteaux et de sacs de nuit à la main, etc... Il faut en avoir souffert et avoir été le témoin de toutes ces misères pour apprécier le bien immense qui résulterait d'une entreprise au moyen de laquelle le voyageur, prenant sa place à sa convenance dans le compartiment d'une bonne voiture de chemin de fer, n'en descendra qu'à Paris, ou pourra, s'il va plus loin, la conserver jusqu'à Brindisi ou à Constantinople, ce qui ne manquera pas d'arriver avec des voitures du système américain de *Pulmann*, qu'il est question d'introduire bientôt sur le continent européen. »

Les inconvénients du transbordement des marchandises ne sont pas moins fâcheux, et l'on peut s'attendre à un trafic énorme, quand des wagons de marchandises, venant de Liverpool, de Manchester, de Londres ou d'autres villes de l'Angleterre, pourront se rendre à Paris, à Vienne, à Naples, etc., sans être déchargés en route et sans être exposés surtout aux retards et aux dangers de la traversée d'un bras de mer.

Lorsque l'ouverture du chemin sous-marin de la Manche aura établi une communication facile, rapide et directe, entre deux capitales dont la population dépasse 5 millions d'habitants, sans compter les populations environnantes, cette communication devra s'étendre à toutes les grandes villes de l'Europe. Il en résultera évidemment un échange immense en voyageurs et en marchandises.

L'ouverture du passage anglo-français doit avoir bien d'autres conséquences, entre autres celle de maintenir à la France le grand courant de transit de l'Occident à l'Orient, qui menaçait de nous échappe, suivre la route maritime d'Ostende, la percée du Gothard et le port de Trieste sur l'Adriatique. Le nel une fois percé, la voie de mer est forcément aban-donnée, et les lignes françaises du Nord, de l'Est et de Paris-Lyon-Méditerranée accaparent tout le transit d'Angleterre en Orient. On le voit, il y a dans la réa-lisation de ce projet de passage sous-marin, non-seu-lement un problème scientifique ardu à résoudre, et une question de bien-être matériel à élucider, c'est pour la France une véritable question nationale dont tout le monde doit se préoccuper, et à laquelle chacun de nous doit souhaiter prompte réalisation et complet succès.

Quoique l'exécution d'une galerie souterraine, per-forée mécaniquement dans le banc de craie grise que nous lui avons assigné, semble exclure dès aujourd'hui tout autre système de traversée entre les deux rives du détroit, cependant nous décrirons brièvement la nou-velle étude due à M. l'ingénieur Mottier, en vue d'établir un pont tubulaire en tôle reposant sur des piles coni-ques jetées sur le lit même de la mer[1].

D'après l'inventeur, l'exécution de ce projet consiste-rait :

1° A élever des piles coniques, à large base, reposant sur une assise de blocaille jetée préalablement au fond de la mer, au moyen de barques à clapet, pour niveler d'abord l'emplacement. Un cercle de blocs naturels, immuables dans les plus fortes tempêtes, protégerait les talus et le pied du cône contre les affouillements des courants.

[1] *Annales du génie civil.* Nouveau projet de pont tubulaire sur la Manche.

Fig. 65. — Projet de pont tubulaire par-dessus le détroit du Pas-de-Calais

2° A poser, à travers ces cônes, un tube de grand dia
mètre, soutenu et renforcé par d'autres tubes d'un dia
mètre plus petit.

Les cônes devraient mesurer, en moyenne, 100 mètres
de diamètre à leur base, et 100 mètres de la base au
sommet. Ils seraient constitués, pour la partie immergée
seulement, d'une forte carcasse en fer et en fonte,
close de feuilles de tôle rivées, à l'exemple des plus
grands gazomètres. On les amènerait sur place, et on
les remplirait ensuite de béton paramenté de pierres
smillées ou piquées sur plusieurs mètres d'épaisseur,
afin d'assurer à l'œuvre une durée en rapport avec son
importance.

Cette première partie du cône terminée, il ne resterait plus qu'à en continuer l'élévation jusqu'au sommet.

On conçoit de suite toute la solidité et toute la stabilité d'une telle masse, dont le volume ne serait pas moins
de 250,000 mètres cubes et dont le poids serait de plus
de 600,000 tonnes.

La durée d'un monolithe d'une telle épaisseur serait
pour ainsi dire éternelle. Si l'on veut se figurer la
cathédrale de Saint-Paul, à Londres, ou le dôme des
Invalides, à Paris, élargis et arrondis à leur base, jusqu'à concurrence de 100 mètres de diamètre, on aura à
peu près une idée exacte du volume de l'une des piles
coniques.

Sur les cônes s'appuierait un immense tube de fer
martelé et soigneusement rivé, ajouré, de chaque côté,
d'œils-de-bœuf nécessaires à l'éclairage et à l'aérage de
l'intérieur. Les portées du pont tubulaire seraient de
750 mètres, d'axe en axe des cônes. Le diamètre du tube
principal serait de 10 mètres, et l'épaisseur du fer de
$0^m,050$ millimètres. La forme cylindique du tube présenterait le grand avantage de n'offrir aucune partie plane

aux vents. Afin d'éviter tout danger pour la navigation,
la hauteur du pont au-dessus du niveau des hautes eaux
serait de 50 mètres, les plus hauts navires à voiles mesurant seulement 35 mètres, sauf le mât de hune, qu'on
abaisse par une manœuvre facile et rapide. Les dangers
d'abordage contre les cônes seraient évités en établissant, aux deux entrées du pont et sur les piles, de distance en distance, des phares électriques. Combinés
avec l'éclairage à *giorno* du pont, se projetant au dehors
par tous les jours du tube pendant la nuit ou durant les
brouillards, ces phares formeraient une ligne de lumières suffisante pour avertir de l'approche du pont.

Le pont tubulaire serait divisé en deux secteurs, l'un
destiné aux voies ferrées, l'autre affecté aux piétons et
même aux voitures ordinaires.

On pourrait croire qu'une pareille œuvre nécessiterait
des dépenses inacceptables. Il n'en est rien. L'établissement des piles coniques, évaluées en détail, ne surpasserait pas 100 millions, la construction et la pose du
tube 150,000,000. En comptant 50 millions d'imprévus,
on aurait un chiffre de 300 millions, dépense à peu près
égale à celle du passage souterrain, d'après les devis
présumés.

CHAPITRE XII

DE L'AVENIR DES GRANDES VOIES SOUTERRAINES.
LA TRAVERSÉE DU SIMPLON.

Influence commerciale des grands percements. — Ce qu'on
appelle transit et courant commercial. Force d'attraction d'une
voie ferrée. — Distance majorée entre deux points donnés.
— LA TRAVERSÉE DU SIMPLON. — Zone commerciale des trois
grands passages des Alpes. Avantages du Simplon au point
de vue du souterrain projeté. Constitution géologique du
massif. — Les traversées du *Saint-Bernard* et du *mont Blanc.*
— Les cols secondaires des Alpes : le *Splugen*, le *Bernardin*,
le *Grimsel* et le *Lukmanier*. — LES CHEMINS DE FER SOUTER-
RAINS. Ceux de *Baltimore, New-York, Liverpool* et *Vienne.* —
Le *Metropolitan parisien.* — Le railway central indien et la
percée de l'*Himalaya.* Les chemins de fer du Pérou et la
traversée des *Cordillères* au tunnel de la Cumbre. — LES GALE-
RIES SOUS-MARINES de *Gibraltar* et du *Bosphore.* — Le tunnel du
mont Hoosac, dans les Massachussets. — Avenir des grandes
voies souterraines. — Conclusion.

Nous avons, au cours de ce volume, dans les quelques chapitres spécialement consacrés aux traversées
des Alpes, considéré à un point de vue particulier, unique, le problème du percement des grandes voies souterraines. Nous nous sommes renfermés strictement
dans l'étude des moyens mécaniques de perforation, dont
la découverte allait enrichir l'art de l'ingénieur d'une

de ses merveilles les plus incomparables : nous avons décrit en détail, une à une, les opérations si curieuses et si simples à la fois, qui président à l'établissement d'un railway souterrain. Le mont Cenis et le Saint-Gothard nous ont largement renseigné à ce sujet, et nous ont initiés à tous les secrets du grand travail. Dorénavant, toute entreprise similaire nous apparaîtra comme une application des principes que nous avons exposés. Qu'il s'agisse du Saint-Bernard ou du mont Blanc, du Lukmanier ou du Simplon, des montagnes de l'Himalaya ou du mont Hoosac, il n'y a rien à changer à ce que nous avons développé précédemment, à propos des deux passages du Saint-Gothard et du mont Cenis.

La question mécanique n'est cependant point la seule à considérer. De nombreux problèmes, dont la solution difficile est liée aux rivalités d'intérêts politiques et commerciaux des nations voisines, se rattachent au percement des voies souterraines, — et en particulier à celui des Alpes, dont nous nous occupons spécialement ici. Nous laisserons de côté les questions qui ressortissent plus intimement au génie militaire, questions dont on comprendra facilement l'importance relative, si l'on considère que les barrières naturelles qui séparent deux pays sont prises le plus souvent pour frontières politiques. Nous essaierons simplement de démontrer, avec le plus de brièveté possible, les conséquences que l'ouverture des cols des Alpes peut exercer sur les intérêts commerciaux des nations voisines, et sur le mouvement commercial européen en général. Une preuve évidente de l'importance attachée avec raison au choix de l'un ou l'autre de ces passages, est l'acharnement que mettent, dans la lutte contre leurs rivaux, les partisans de l'une ou de l'autre de ces entreprises. Il s'agit, en effet, pour chacun des pays intéressés, d'accaparer le transit, c'est-à-dire la richesse ; un déplacement de quelques dizaines de kilomètres, comptés sur l'immense arc de cercle des Alpes, peut la lui ravir à jamais. Le Simplon, par exemple, situé aux confins du Valais, n'est distant à vol d'oiseau que d'une soixantaine de kilomètres du col du Gothard ; quelle différence cependant dans les résultats commerciaux inhérents à ces deux passages ! Le second enlève à la France, pour le donner presque en entier à l'Allemagne, le trafic que l'ouverture du premier fera infailliblement perdre à notre rivale ou tout au moins affaiblira dans des proportions considérables.

Le *transit,* en thèse générale, est la possibilité de transporter les marchandises à travers le territoire d'un pays. L'influence que peut exercer l'augmentation du transit sur la richesse d'une nation n'a point besoin d'être mise en évidence. Il suffit d'interroger un instant la carte d'Europe, pour remarquer que la situation géographique de la France, placée entre l'Angleterre d'une part, l'Allemagne et la Suisse de l'autre, ouverte à la fois aux ports de la Manche, de l'Atlantique et de la Méditerranée, appelle sur son territoire un courant commercial important. Ce courant est plus puissant encore depuis que le percement de l'isthme de Suez est venu déterminer la route directe du transit européen vers les Indes.

Il ne faudrait toutefois point dormir en paix sur cette conviction, que la France a acquis définitivement par sa situation géographique le bénéfice du mouvement commercial du continent. Jalouses à bon droit de cette fortune naturelle, les nations voisines ont naturellement cherché à détourner à leur profit les courants commerciaux, et en particulier, pour le cas qui nous occupe, le courant qui, partant de l'Angleterre et des ports du Nord, s'en va vers les grandes places maritimes de la Méditerranée et de l'Adriatique, et vers les centres importants de la Haute-Italie. Qu'une marchandise soit, par exemple, expédiée d'une ville anglaise à destination de Milan, quelle route lui fera suivre l'expéditeur, au double point de vue de la célérité et de l'économie de transport, dans le cas où les deux passages transalpins du mont Cenis et du Saint-Gothard sont percés? Si la marchandise traverse les Alpes au col de Fréjus, la France recueille le bénéfice du transit. La route du Saint-Gothard au contraire accapare en entier ce même transit pour l'Allemagne et la Suisse centrale, à l'exclusion complète du territoire français. L'influence commerciale des différents percements des Alpes est désormais pleinement démontrée. Ce que nous avions considéré jusqu'ici, sans lui retirer pour cela rien de sa grandeur, comme un problème purement mécanique, se transforme en une question d'économie nationale de premier ordre.

L'Autriche, en perçant les Alpes styriennes au Sœmmering, construisit, la première, à travers l'énorme chaîne de montagnes, une route directe vers la Méditerranée, de Vienne à Trieste. La traversée des Alpes du Tyrol au col du Brenner lui permit ensuite de relier, par l'Adige et l'Inn, affluents du Danube, ses anciennes possessions de Lombardie au reste de l'empire. Le percement du col de Fréjus, en même temps que la ligne du littoral, dite de la Corniche, qui côtoie le golfe par Nice, Savone et Gênes, ouvrit à la France deux portes sur la Péninsule. Ces deux derniers passages pouvaient, à la rigueur, assurer à la France, et maintenir sur son territoire une grande partie du mouvement commercial qui se dirige de l'Europe occidentale vers l'Italie.

Cette *attraction* des deux passages franco-italiens, et surtout du passage du mont Cenis, s'étend aujourd'hui jusqu'aux limites du bassin commercial des Alpes tyroliennes du Brenner; mais la percée du Saint-Gothard imposera inévitablement de profondes modifications aux délimitations des zones actuelles. Il n'est point douteux que la force d'attraction de cette ligne nouvelle, se frayant un passage au cœur même des deux bassins du mont Cenis et du Brenner, ne rejette à droite et à gauche, vers la France occidentale et vers l'Allemagne du Nord, leurs limites respectives. On a même lieu de craindre que le trafic anglo-indien, abandonnant les ports de la Manche et les voies françaises, ne prenne le chemin plus direct d'Anvers vers la Méditerranée par le Gothard. A quelque point de vue qu'on le considère, le passage du Saint-Gothard est donc une œuvre contraire aux intérêts de la France; ils resteront profondément lésés si l'on ne sait point, dans un laps de temps assez rapproché, créer une œuvre nouvelle qui restreigne les limites du puissant bassin commercial assigné au tunnel du Saint-Gothard.

La force d'attraction d'une voie ferrée est d'autant plus considérable qu'elle relie, par des distances plus courtes, les centres importants qu'elle dessert. Si l'on veut étudier la valeur relative des courants qui s'écoulent par plusieurs voies ferrées différentes, il suffira de comparer entre elles, sur les diverses lignes, les distances qui séparent les points commerciaux. S'il s'agit, comme c'est notre cas, des divers passages des Alpes, nous prendrons, d'un côté, les villes italiennes, Gênes, Milan, Plaisance..., de l'autre Paris, Lyon, Genève, Bâle... qui peuvent être considérées comme les points de départ et d'arrivée des courants à travers les Alpes.

Nous n'arriverions point toutefois au but que nous nous proposons, si, pour établir nos comparaisons, nous comptions simplement les distances réelles, telles qu'elles sont marquées sur l'indicateur des chemins de fer. Les tracés à fortes pentes, et ceci est certainement le cas des voies ferrées alpines, ont une influence très-marquée sur l'effort de traction ainsi que sur la durée du parcours, et obligent à effectuer ce qu'on appelle la *majoration* des distances, c'est-à-dire à ramener à leur vraie longueur les trajets de montagne, à les réduire, si l'on veut, en trajets de plaine. On établit en loi, que le surplus de coût, pour une élévation de 10 mètres de la voie, équivaut à un parcours horizontal de un kilomètre.

Considérons, par exemple, le cas qui se présente sur la ligne du mont Cenis, entre Modane, embouchure nord du souterrain, et Buzzolino. La distance entre ces deux points étant de 92 kilomètres, et la vitesse moyenne d'un train direct français étant de 50 kilomètres à l'heure, on devrait traverser ces 92 kilomètres en 1 h. 50′, tandis qu'en réalité cette distance est parcourue en 4 h. 49′, ce qui équivaut à une différence en longueur de 141 kilomètres, ou, en tenant compte des arrêts, de 103 kilomètres. La hauteur rachetée pendant ce parcours de 92 kilomètres étant de 1,618 mètres, l'allongement de la distance équivaut donc à plus de 63 fois la hauteur franchie. Cet allongement, ajouté à la vraie longueur de la voie ferrée, constitue la *distance majorée* entre deux points donnés.

En pays plat, dans les chemins de plaine, les frais d'exploitation et la durée du trajet sont sensiblement proportionnels à la longueur de la ligne. Les chemins à fortes rampes, au contraire, seront grevés d'augmentations dans les frais d'exploitation. Ils subiront en outre, dans la vitesse des ralentissements qui correspondent en fait à des allongements de parcours. C'est sur la recherche de ces allongements, combinés ensuite avec la distance à vol d'oiseau, que portera l'étude des passages à travers les Alpes.

Nous venons de voir que la ligne du Saint-Gothard, pour ne point nuire aux intérêts français, et ne point englober dans son réseau le grand mouvement commercial qui se dirige inévitablement vers elle, exige un puissant contre-poids, c'est-à-dire l'établissement d'un nouveau tunnel transalpin. Existe-t-il, le long de l'immense barrière des Alpes, qui isole du reste de l'Europe les plaines de la Haute-Italie, un point dont le percement puisse offrir aux intérêts commerciaux des avantages assez sérieux pour les forcer à suivre cette route nouvelle, de préférence à la grande voie du Gothard ? La question, depuis longtemps posée en vue d'éventualités dont la réalisation est proche aujourd'hui, vient d'être remise en discussion, et le percement des Alpes au Simplon semble devoir la résoudre victorieusement.

Le passage du Simplon atteindra-t-il le but que lui impose son rôle dans l'avenir ? Sa position à l'égard des centres commerciaux qu'il devra desservir, lui assure-t-elle le monopole du trafic entre l'Europe occidentale et les ports méditerranéens qui sont la clef des Indes ? Reportons-nous, pour notre réponse, à ce que nous avons posé précédemment. Calculons, pour les deux lignes rivales, les distances qui séparent entre eux les grands centres industriels situés sur chacune des voies ferrées. L'avantage restera forcément à celui des deux passages qui présentera les distances les plus faibles, par suite les frais les moins lourds pour les voyageurs qui le traversent, ou pour les expéditeurs qui lui confieront leurs marchandises. Il reste entendu que nous ne ferons usage, dans cette comparaison, que des distances *majorées*, c'est-à-dire des distances réelles comptées sur la carte, auxquelles on aura ajouté l'allongement de parcours et l'augmentation des frais d'exploitation *résultant de la pente*.

De Paris à Milan, si l'on ne tient pas compte des déclivités, les distances sont, à vol d'oiseau, pour les trois passages du mont Cenis, du Saint-Gothard et du Simplon :

Paris à Milan, par le mont Cenis.... 922 kilomètres.
—   —   Saint-Gothard.. 898   —
—   —   Simplon.......   832   —

Nous trouvons déjà, par le simple mesurage sur la carte, un avantage notable pour le nouveau percement. Cet avantage sera bien plus marqué si, au lieu de compter les distances ordinaires, nous *majorons* ces chiffres, c'est-à-dire, si nous leur ajoutons les allongements dus aux fortes rampes.

On arrive ainsi à :

De Paris à Milan par le mont Cenis.... 1095 kilomètres.
—   —   Saint-Gothard.. 1070   —
—   —   Simplon......   972   —

Il en résulte que la supériorité du Simplon sur le Saint-Gothard, pour le trajet de Paris à Milan, se chiffre par un raccourcissement véritable de 128 kilomètres.

Dans sa remarquable étude sur le percement du Simplon [1], M. Vauthier a dressé un tableau des distances

1. *Le percement du Simplon et l'intérêt commercial de la France.*

majorées comptées sur chacune des trois lignes rivales, Il suffit d'interroger ce tableau pour en déduire une fois pour toutes le grand avantage du Simplon sur les deux passages transalpins qui, jusqu'à ce jour, sont ses seuls concurrents :

POINTS RELIÉS ENTRE EUX.	DISTANCES.		
	MONT CENIS.	SIMPLON.	Sᵗ-GOTHARD
	kil.	kil.	kil.
Paris — Gênes...............	1111	1034	1238
Paris — Milan...............	1095	942	1070
Paris — Plaisance...........	1133	1011	1139
Lyon — Milan...............	638	551	»
Genève — Milan.............	602	385	»
Bâle — Gênes...............	»	684	714
Dijon — Gênes...............	795	738	»
Belfort — Milan.............	»	685	628

Il ne nous sera point difficile maintenant de délimiter les zones commerciales respectives des grands passages alpins. Nous relierons entre eux, sur la carte d'Europe, les points pour lesquels la distance à l'un des passages est *minima*, et nous enfermerons ces points dans un même réseau, qui sera le bassin du transit correspondant à la voie considérée. On voit que les limites de ces rzones sont données par le principe de l'équidistance

Ainsi calculée, la zone commerciale du Simplon est très-étendue, comparée à celle des passages concurrents. Le percement des Alpes du Valais aurait pour. effet de conserver à la France une des sections de l'éventail dont la Haute-Italie forme le centre, et dont les rayons s'étendent sur les deux tiers du continent européen. Plus courte que la ligne du Saint-Gothard, la voie ferrée du Simplon pourrait refouler au delà du Rhin le bassin commercial de sa rivale, et conserver aux lignes françaises le transit considérable de la Belgique et de l'Angleterre.

En résumé, tandis qu'au Saint-Gothard appartiendra la rive droite du Rhin et au mont Cenis la France centrale, le Simplon desservira toute la Suisse occidentale, une partie de la Suisse centrale, l'Alsace, la Lorraine, le Luxembourg, la Belgique et toutes les riches contrées françaises qui s'étendent de ces pays frontières à la Seine, jusqu'à Paris et au Havre. C'est dire qu'il possédera la Manche, toute l'Angleterre et la malle des Indes.

Dans son intéressant travail sur la traversée du Simplon, M. de Stockalper, aujourd'hui ingénieur à la percée du Saint-Gothard, a donné les résultats suivants relativement aux distances et vitesses à parcourir, entre Paris, Calais et Lyon, d'une part, et les objectifs italiens de l'autre :

	PAR LE SIMPLON.		PAR LE GOTHARD.		PAR LE MONT CENIS.	
	kilom.	heures.	kilom.	heures.	kilom.	heures.
Paris à Milan....	842	20.34'	889	22.23'	958	22.40'
— Plaisance.	911	22.06'	958	23.53'	996	23.31'
—. Gênes....	947	23.4'	1039	25.53'	978	23.17'
Calais à Milan....	1133	24.11'	1140	24.46'	»	»
— Gênes....	1244	29.40'	1290	31.28'	»	»
Lyon à Milan....	510	12.2'	»	»	494	12.20'

Passant aux prix de revient du transport, par tonne de marchandises, aux Compagnies elles-mêmes, il arrive à former le tableau suivant des prix de revient du transport d'une tonne, en tenant compte de tous les frais d'exploitation :

	Simplon.	Saint-Gothard.	Mont Cenis.
	fr.	fr.	fr.
Paris à Milan.....	38.15	43.94	44.10
— Plaisance.	41.10	46.90	45.74
— Gênes....	42.80	50.75	45.15
Calais à Milan	50.88	54.70	»
— à Gênes....	55.55	61.52	»
Lyon à Milan	22.76	»	24.20

M. de Stockalper conclut en disant que la différence en faveur du Simplon pour Paris et le Nord sera toujours de 3 à 6 francs la tonne.

De son côté, M. Vauthier a étudié aussi, d'une façon moins abstraite, l'influence qu'aura nécessairement sur le développement du commerce français le percement du Simplon. L'éminent ingénieur divise en deux le mouvement de va-et-vient qui s'opérera par suite de l'ouverture de la nouvelle voie : en premier lieu, le courant qui résultera de l'échange des produits d'un versant à l'autre, puis le grand mouvement de transit. Le simple examen des distances majorées entre les centres des bassins houillers et des contrées vinicoles, —Rive-de-Gier et Mâcon par exemple d'un côté, et Milan de l'autre, — montrent que les marchés de la houille et du vin sont assurés à la voie du Simplon. De Rive-de-Gier à Milan, en effet, la distance majorée n'est que de 587 kil. et le prix de transport 29 fr. 35, — soit, avec le prix du charbon (11 fr.), 40 fr. 35 tout compris. La houille qui se consomme à Milan est de la houille anglaise prise

sous vergues au point de départ à 10 à 12 fr., et revenant
au point d'arrivée à 50 ou 60 fr. L'écart est ici considérable. Quant au vin, l'importance de l'ouverture du Simplon pour cette denrée se comprend clairement par la
simple énonciation de ce fait, que la distance majorée de
Milan à Mâcon n'étant que de 569 kilomètres, le fût de
220 litres, pesant 250 kilog., ne coûterait pas, au tarif
de 7 centimes, 10 francs de transport. — Mâcon se trouverait ainsi plus près de Milan, que Bordeaux ne l'est de
Paris.

En ce qui regarde le transit, M. Vauthier lui attribue
l'espace compris entre deux lignes qui, partant du Simplon, iraient aboutir, d'une part à Bruxelles, de l'autre à
La Rochelle, et qui embrasseraient ainsi les deux tiers
de la France, la plus riche moitié de la Belgique, et le
Royaume-Uni tout entier. C'est une population de 50 millions d'habitants à desservir, dans ses relations rapides
avec la Péninsule, le sud-est de la Méditerranée, l'É-
gypte, et grâce au canal de Suez, avec la mer des Indes,
et les contrées qu'elle baigne.

« Il n'y a, dit encore M. Vauthier, aucune tendance
utopique dans cet aperçu. Pour l'Italie elle-même, ce
que nous avons dit de l'abréviation de parcours que le
Simplon procure entre Paris et Milan, établit clairement qu'une fois créé, ce passage deviendrait, à bref
délai, la grande porte de la Péninsule, la voie principale par laquelle les deux pays échangeraient leurs voyageurs et leurs marchandises à grande vitesse.

« Quant aux autres prolongements, pour lesquels
l'Italie ne serait qu'une ligne de passage, il paraît impossible qu'un prochain avenir n'amène pas, dans l'établissement des grands services maritimes de la Méditerranée, une transformation pressentie lors de l'ouverture
de l'isthme de Suez.

« Quelque confortables que puissent être rendus les voyages de mer, la presque universalité des voyageurs préfère le transport par terre. Aux avantages tenant à ces impressions personnelles qui ne se discutent pas, se joignent les considérations positives d'une grande rapidité et d'une notable économie. Il est donc difficile d'admettre, qu'à l'extrémité de ce grand bras qu'étend l'Italie vers l'embouchure du Nil, à Brindisi ou sur quelque point du beau golfe de Tarente, ne se développent pas, dans un prochain avenir, tous les éléments d'un port de grande navigation, d'où rayonnent, pour y revenir, les paquebots de la Méditerranée et ceux de l'Océan indien.

« Rien n'est plus problable, nous dirions volontiers plus certain, qu'une semblable éventualité. Qu'elle se réalise, et le courant de transit auquel le Simplon donne issue prend des proportions considérables. »

Enfin, pour convaincre complétement de la nécessité du percement du Simplon, il convient d'ajouter qu'il faut faire entrer dans les données du problème la très-prochaine exécution du tunnel de la Manche, dont le principe ne saurait plus être discuté. Il tombe sous le sens que, dès que l'Angleterre sera reliée au continent par cette grande galerie sous-marine, elle empruntera, sinon pour la totalité, du moins pour la majeure partie de ses expéditions vers l'Extrême Orient, la voie de terre jusqu'à Brindisi, et il ne pourra plus être question alors d'examiner s'il y aura pour le Simplon une concurrence à craindre de la part du mont Cenis ou du Gothard.

Les projets ont naturellement été nombreux depuis que la question a été mise sur le tapis. Nous citerons en première ligne le projet de M. l'ingénieur Flachat. Il consiste à établir, par-dessus le massif, une voie de *chevauchement*, sans tunnel, gagnant le col par un tracé qui se développe en courbes nombreuses dans toutes les vallées latérales, et compliqué de voies de rebroussement établies sur les promontoires. Les courbes sont restreintes jusqu'à un rayon de 25 mètres, et les voies protégées contre les avalanches par des galeries couvertes. En hiver, les machines seraient armées de puissants chasse-neiges d'une construction particulière, qui devraient permettre de cheminer en tout temps, même parmi les plus fortes tourmentes.

Nous ne reviendrons pas sur les raisons si nombreuses qui s'opposent à l'établissement des voies ferrées dans ces régions de montagne, où, pendant la plus grande partie de l'année, le sol est recouvert par les neiges qui s'y accumulent en quantités si considérables, que toute idée d'exploitation régulière doit être écartée.

La vraie solution consiste dans le percement d'une galerie à travers le massif.

Mais quelle longueur donnera-t-on à cette galerie ? Percera-t-on un court tunnel à une grande altitude, un tunnel moyen à une altitude moyenne, ou un long tunnel à une altitude faible ?

Les trois projets que nous venons d'énumérer ont été mis en avant. Les études faites sur le Simplon prouvent, qu'en s'élevant à 1,700 mètres, on peut réduire la dimension du tunnel à 4,700 mètres, — qu'à 1,000 ou 1,200 mètres on passe facilement la montagne avec un tunnel de 12 kilomètres environ, — enfin, qu'en entrant dans le tunnel dans le plan même de la vallée, c'est-à-dire à 740 mètres, on traverse de part en part le massif avec un souterrain d'environ 20 kilomètres. Cette dernière solution, comparée aux passages des Alpes déjà construits ou en construction, est de beaucoup la plus admissible. Au mont Cenis, à cette même altitude, il eût

fallu un tunnel de 40 kilomètres, — au Gothard, un tunnel
de 33,500 mètres. Le Simplon présente cette précieuse
particularité d'avoir une base plus mince que tous les
autres points de la chaîne des Alpes.

Nous savons déjà que les tracés bas offrent sur les
tracés élevés des avantages considérables. Ils ne sont
pas, comme ces derniers, soumis aux phénomènes mé
téorologiques si dangereux dans les Alpes. En outre,
l'effort de traction et dès lors, les frais d'exploitation,
sont diminués dans une très-forte part. C'est ainsi que,
au Simplon, pour transporter d'Iselle à Brigues une
tonne de marchandises par le tracé haut avec rampes de
40^{mm}, il faudrait une somme d'efforts *dix-huit* fois plus
forte qu'en prenant le tracé bas à rampes maxima de
20^{mm}. Une tonne de marchandise mettrait pour traverser la montagne *neuf* fois plus de temps avec le tunnel de faîte qu'avec le tunnel de base.

Le tracé bas offre, il est vrai, l'inconvénient d'exiger
un long tunnel, d'où une forte dépense et une durée
considérable des travaux de construction. Mais les expériences faites au mont Cenis et au Gothard atténuent
considérablement ces derniers obstacles, qu'on regardait
auparavant comme insurmontables. On peut aujourd'hui
calculer, pour le percement des tunnels transalpins, un
avancement régulier de 2 kilomètres et demi à trois kilomètres par année, ce qui donnerait, en tenant
compte du temps nécessaire aux installations mécaniques des deux embouchures, 8 ans pour la durée du
percement du Simplon.

Les caractères géologiques du massif du Simplon
sont au moins aussi favorables que ceux du Gothard.
Le gneiss qui compose près des deux tiers de la roche

à traverser, se rapproche plus du micaschiste que du
granite, et les schistes qui forment le reste de la montagne sont un obstacle moindre encore. M. Vauthier établit les données géologiques suivantes pour son tunnel
de 18,400 mètres, de Brigue à Iselles :

	Puissance totale.	Proportion pour 100.
1° *Gneiss*....................	10.600	0.58
2° *Schistes amphiboliques, mi-* *caschites* moins cristallins et à grenats...........	4.400	0.24
3° *Schistes calcaires* et schistes gris....................	2.200	0.12
4° *Schiste ardoisier*.........	800	0.04
5° *Gypse*, marbre...........	400	0.02
Ensemble.....	18.400	1.00

Les couches se présentent perpendiculairement à
l'axe du tunnel, ce qui est la meilleure condition pour le
travail. Les filtrations ne sont à craindre qu'au passage
des couches de gypse de l'extrémité nord, les terrains
sédimentaires ou cristallins de la montagne étant compactes et peu fendillés.

Quant au coût du tunnel, il est évalué à environ 63
millions, soit 83 millions pour le tracé bas complet. Le
tracé haut qui, outre le tunnel de faîte, comporte 99 tunnels secondaires, reviendrait à près de 100 millions.

La France ne pouvait pas se désintéresser d'une question dans laquelle les intérêts nationaux étaient si profondément engagés. Le 21 juin 1870, peu de temps avant
la guerre, le Corps législatif était saisi d'une proposition de loi tendant à accorder au gouvernement un
crédit annuel de 4 millions, pendant 12 ans, pour la

percée du Simplon. Cette proposition fut prise en considération et renvoyée aux bureaux par un vote unanime de la Chambre. Elle était précédée d'un exposé de motifs dont les termes résument nos développements précédents :

« L'ouverture du canal maritime de Suez a profondément modifié la condition du transit entre l'Europe et l'Extrême-Orient. Chaque nation du continent européen a le plus haut intérêt à attirer sur son territoire la plus grande part du mouvement commercial qui doit en résulter. — La Prusse l'a bien compris : aussi a-t-elle provoqué le passage des Alpes au Saint-Gothard, s'unissant à la Suisse, à l'Italie, au Wurtemberg, à Bade et à la Bavière, pour la création d'une voie ferrée destinée à relier les territoires allemands avec Trieste et Brindisi, ports appelés à devenir, avant peu d'années, les points de passage obligés entre l'Europe et l'Orient.

« Le gouvernement français doit-il renoncer aux avantages que promet la communication directe des ports de la Manche à ceux de l'Adriatique ? Peut-il hésiter à suivre l'exemple qui lui est donné, ne pas engager résolûment la lutte sur le terrain pacifique et fécond où elle est portée, et ne pas conserver à la France sa part légitime dans cet immense courant économique ? Pour sauvegarder ses intérêts, il suffit de relier les lignes italiennes et les lignes françaises par le percement du Simplon, et d'ouvrir au commerce du monde la ligne la plus courte et la plus directe entre le sud de l'Italie et Londres, comme point extrême. »

Les tristes jours qui suivirent ne permirent point de donner suite à cette première tentative, et ce fut seulement le 5 avril 1873 que 121 membres de l'Assemblée nationale reprirent la proposition de 1870, en l'accompagnant des motifs suivants :

« Si — disent-ils — les douloureux événements qui ont suivi n'ont pas permis de donner suite à la proposition dont il s'agit, les motifs qui l'ont inspirée ont certainement conservé toute leur valeur. On peut même dire que cette valeur s'est accrue de l'intérêt qu'a la France à rechercher plus que jamais, après ses malheurs, des compensations dans une influence plus grande sur les questions économiques d'un intérêt général, et notamment sur la direction d'un grand courant commercial européen.... »

Le 24 juillet 1873, l'examen de cette affaire était renvoyé à la commission d'enquête sur le régime général des chemins de fer. Le rapport que fit en son nom M. Cézanne conclut au renvoi de la question aux ministres des travaux publics et des finances.

Ce n'est toutefois point là le dernier mot de la question. Le nouveau comité du chemin de fer du Simplon, reprenant l'été dernier les études antérieures, fit demander au savant entrepreneur du tunnel du Saint-Gothard, M. Louis Favre, son préavis sur la longueur du tunnel et sur l'emplacement de ses deux embouchures. MM. de Stockalper et Lavoisot, tous deux ingénieurs au tunnel du Saint-Gothard, dressèrent alors, sous la direction de M. Favre, un projet dans lequel la longueur du souterrain projeté atteint 21 kilomètres. Les deux entrées de la galerie se trouvent ainsi à des altitudes assez peu élevées, pour que le tracé futur devienne une véritable ligne de plaine, et jouisse des nombreux avantages que nous avons examinés. Puisse ce projet être définitif, et puissions-nous voir bientôt le premier coup de barre à mine entamer le nouveau souterrain du Simplon.

De même que le mont Cenis, le Saint-Gothard et le Simplon, les différents cols des Alpes ont été étudiés. Il en est peu pour lesquels on n'ait point déjà publié quelque projet de percement. Le Saint-Bernard et le mont Blanc ont tout dernièrement encore donné lieu à des mémoires dont nous transcrivons les conclusions.

D'après le projet que M. l'ingénieur E. Stamm a présenté à la *Société industrielle de Mulhouse*, le tunnel à construire à travers le mont Blanc, reliant Chamonix à Aoste, aurait une longueur de 14,800 mètres. Il serait donc d'une étendue égale à celui du Saint-Gothard. Le point culminant, situé au milieu du souterrain, est à 1,050 mètres au-dessus du niveau de la mer.

MM. Lefebvre et Dorsaz ont de leur côté présenté à l'Assemblée nationale un projet de percement du mont Saint-Bernard. Le souterrain, percé à la cote 1,804, présenterait seulement une longueur de 5,800 mètres et la voie ferrée atteindrait cette altitude au moyen de rampes de 20 à 25 pour mille. Comme on le voit, ce travail rentre dans la seconde des trois catégories que nous avons établies précédemment, ou plutôt encore dans la première, le tunnel de faîte avec fortes rampes. Il eût fallu assigner au tunnel une longueur de 20 à 21 kilomètres pour pouvoir descendre à une altitude de 1,200 à 1,300 mètres, le massif du Saint-Bernard présentant, ainsi que celui du Brenner, une épaisseur considérable à sa base. Comme particularité curieuse de leur projet, MM. Lefèvre et Dorsaz proposaient l'établissement, au milieu du tunnel, d'une station avec voie de garage. Le tunnel du Saint-Bernard devait servir de passage à la ligne de Martigny à Aoste. La comparaison des altitudes des points extrêmes suffira seule pour montrer les obstacles qui s'opposent à la réalisation de ce projet.

Station ne Martigny.   470m,00 au-dessus du niveau de la mer.
Tunnel de faîte..... 1804m,00   —
Station d'Aoste..... 606m,50   —

Ces énormes différences d'altitude devaient être rachetées par les longueurs suivantes :

De Martigny au tunnel de faîte.......   63 kilom. 800
Longueur du tunnel de faîte.........   5 —   800
Du tunnel de faîte à Aoste...........   54 —   250

Total : De Martigny à Aoste... 125 kilom. 85

Si nous longeons, de l'est à l'ouest, l'immense contrefort des Alpes, nous rencontrons encore, entre le Brenner et le Gothard, les cols du *Splugen*, du *Bernardin* et du *Lukmanier*, dans les montagnes des Grisons ; — plus haut que le Simplon, à l'extrémité de la puissante chaîne de la Jungfrau, le *Grimsel*. L'ouverture du Saint-Gothard semble devoir reculer à une époque bien éloignée celle des passages voisins, et le percement du Simplon, que nous aimons à considérer comme certain, fermera probablement pour de longues années la liste des grandes voies ferrées transalpines.

Nous ne pouvons point clore ce dernier chapitre sans revenir un peu sur nos pas, et faire une dernière halte dans ces voies souterraines dont nous avons décrit le fonctionnement dès nos premiers chapitres. Les chemins de fer souterrains analogues au *Metropolitan* de Londres, tendent de jour en jour à prendre un accroissement plus considérable. La plupart des grandes métropoles des deux mondes possèdent déjà leur *railway* caché.

Celui de Baltimore, le premier construit en Amé-

Fig. 66. — Le *Metropolitan* souterrain de New-York. Son passage sous la Grande-Avenue.

rique, se compose de deux lignes distinctes de tunnels a deux voies. Ces lignes ont ensemble une longueur de 5 milles et demi (5,633 mètres), ayant coûté cinq millions de dollars environ (27,100,000 francs). La partie réellement enterrée mesure 2 milles (3,219 mètres). Le reste est en tranchées.

Le chemin de fer souterrain de Baltimore passe à travers la plus belle partie de la ville, habitée par la population riche et fashionable. Personne n'en est incommodé, et la circulation n'est nullement entravée.

Le métropolitan souterrain de New-York, récemment achevé, s'étend depuis la *Battery* jusqu'au *Central-Park*, en passant par *Broadway*, sur une longueur de 5 milles (8,047 mètres), avec un embranchement sous la *Madison-Avenue*, aboutissant à la rivière de Harlem, sur une longueur de 6 milles (9,656 mètres), soit 11 milles en tout. Le sol est favorable, et le tracé est presque en entier en ligne droite. Cette ligne sera, sans aucun doute, la plus fructueuse de toutes les lignes métropolitaines du monde, car elle passe directement sous une rue qui est à la fois le centre des affaires et l'artère principale de la circulation à New-York. Sur notre gravure, le *Metropolitan* passe sous la Grande-Avenue. Les ouvertures qu'on aperçoit au milieu des squares servent de bouches de ventilation.

De même que Londres, Liverpool possède son *railway* souterrain, moins étendu à la vérité. — La capitale de l'Autriche a également mis à l'étude son projet de *metropolitan*.

Paris lui-même veut posséder son chemin souterrain, et bientôt, nous l'espérons, à travers ce dédale des conduites d'eau, de gaz, d'égouts que nous avons visitées, viendra se glisser en sifflant le *metropolitan* parisien.

Plusieurs projets ont été mis en avant, et ont donné lieu à de curieuses études techniques sur lesquelles nous ne pouvons insister ici. A ce sujet M. l'ingénieur Vauthier a dressé une précieuse carte statistique figurant la répartition de la population de la ville de Paris. Le mode de construction de cette carte est analogue à celui des cartes topographiques. Il consiste dans le tracé de courbes passant par les points où le nombre d'habitants est le même par unité de surface. Ces courbes représentent ainsi, par rapport à la population, de véritables courbes de niveau. On obtient de cette manière la représentation très-nette de la répartition de la population suivant les quartiers, et de sa variation plus ou moins rapide d'un point à un autre.

Les peuples du continent n'ont point été les seuls à envisager ce grand problème du percement des voies souterraines. Il semble qu'un universel désir de communications s'impose aujourd'hui, qu'une jeunesse nouvelle afflue au cœur du monde, s'évertuant à le créer une seconde fois, reliant et fondant entre elles les races diverses, tronçons épars d'une humanité qui tend de plus en plus à devenir une, inséparable. La Russie se prépare à percer l'Himalaya, pour donner passage à la voie ferrée du Grand Central asiatique, — le Pérou creuse, à 15,000 pieds au-dessus du niveau de la mer, dans les neiges éternelles des Cordillères, le tunnel de la Cumbre, sur la ligne de Callao à la Oroya; — l'Espagne veut, à l'exemple de l'Angleterre et de la France, franchir Gibraltar; — on parle d'une voie sous-marine réunissant, sous le Bosphore, l'Europe à l'Asie ! Le créateur de l'isthme de Suez, M. de Lesseps, n'entrevoit-il pas déjà, dans ses rêves hardis, un gigantesque tunnel, plus colossal encore que tous ses aînés, qui s'en irait, par le détroit de Béhring, relier l'Asie à l'Amérique ! Que

deviendront ces projets gigantesques ? Leur réalisation
est-elle proche ? Sont-ils pour longtemps encore con-
damnés à l'oubli : nous ne saurions le dire. Il y a dans
cette question de l'établissement des grandes voies souterraines des problèmes trop complexes. Ces œuvres de
paix et de civilisation se heurtent souvent, toujours
même, à des obstacles plus difficiles encore à vaincre
que les véritables entraves naturelles. Le problème
scientifique se change en une question diplomatique
ardue qui échappe à la science de l'ingénieur.

Quoi qu'il en soit, le rôle des voies souterraines est
désormais nettement dessiné. Chaque œuvre de ce genre
apporte son contingent de richesse au peuple qui l'a
conçue et exécutée.

Pour en citer encore un exemple, nous venons de voir
se terminer le grand tunnel du mont Hoosac, construit
par les Américains du Nord, dans l'État de Massachussets, près North-Adams, et destiné à relier la ville de
Boston à Albany et aux railways de la région des lacs.

La première idée de ce grand travail remonte à une
époque déjà reculée, à près de trente-huit ans. La construction du canal Érié, entre le lac du même nom et
New-York, assurait à cette place de commerce, déjà si
importante, le monopole de l'exportation des produits
de l'Ouest américain. Boston s'émut à bon droit de cette
nouvelle puissance, et songea de son côté à une voie de
communication qui joindrait les eaux de sa baie magnifique à celles de l'Hudson, près d'Albany. Entre le point
de départ et l'arrivée, s'interposait le *mont Hoosac*, large
d'environ 25,000 pieds, composé en grande partie de
gneiss ou de schistes cristallins, analogues dans leur
structure géologique aux roches traversées par le souterrain du Gothard.

La construction du tunnel eut à traverser, outre les

obstacles naturels contre lesquels rien ne fut négligé, des péripéties nombreuses — entre autres la guerre civile qui désola les États-Unis. Vingt années furent nécessaires pour que les deux tronçons se réunissent au cœur de la montagne. Le 20 décembre 1873 enfin, les deux galeries nord et sud n'étaient plus séparées que par un léger diaphragme d'une dizaine de mètres d'épaisseur. Dans le courant de la semaine, le 25, trois années après que la barre à mine eut traversé de part en part le col de Fréjus, le mont Hoosac était perforé. L'Hudson appartenait à la ville de Boston, qui désormais pouvait rivaliser avec le canal Érié et réclamer sa part du grand courant commercial dirigé vers New-York par la voie concurrente.

Le souterrain de l'Hoosac vient d'être inauguré. Ses dimensions sont à peu près les mêmes que celles des galeries que nous avons déjà décrites. Comme toutes les grandes voies souterraines appelées à servir de route à un trafic important, le tunnel est à deux lignes ferrées. Il est revêtu de briques sur 850 mètres de longueur, mais la nature friable de la roche exigera certainement un revêtement complet. Le point culminant est au milieu de la galerie, afin de permettre l'écoulement de l'eau d'infiltration vers les embouchures. La partie ouest déverse régulièrement 1,800 litres par minute, et la force de ce courant est assez grande pour faire mouvoir les machines d'une fabrique voisine de l'extrémité du tunnel. Ce chiffre de 30 litres par seconde est toutefois minime, si on le compare aux 300 litres que vomissait le souterrain du Gothard dans les deux premières années de son percement.

Nous sommes arrivés au terme de notre tâche. Nous résumer longuement serait oiseux. Par l'exposé rapide que nous avons fait des conséquences des grands percements, et par les considérations que nous avons développées au cours de cette étude, notre lecteur doit comprendre toute la valeur que sont destinées à acquérir les voies souterraines, à quelque famille qu'elles appartiennent. Les nations jalouses de marcher à la tête de la civilisation, doivent donc consacrer à cet ordre de travaux la plus sérieuse attention, en vue de leur bien-être matériel et de leur avenir commercial. Toute une vie nouvelle et puissante cherche sans cesse à se répandre par ces canaux que lui ouvre l'activité des peuples. Au fur et à mesure que le génie de l'homme conquiert et applique ses découvertes, les besoins se multiplient, la consommation augmente et la production s'accélère. Pour obéir à toutes les demandes, pour satisfaire toutes ces aspirations, les industries nationales, autrefois circonscrites dans un cercle étroit, se font cosmopolites, rivalisent entre elles, se pressent à l'envi, et cherchent, pour se dépasser les unes les autres, les voies les plus rapides et les plus courtes qui se présentent dans le champ de la concurrence, qui est aujourd'hui la terre entière. Heureuses les nations destinées à trouver les chemins nouveaux, inconnus jusque là, qui conduiront avec certitude à la victoire!

FIN.

TABLE DES FIGURES

FIN DE LA TABLE DES FIGURES.

TABLE DES MATIÈRES

CHAPITRE PREMIER

LCS TRAVAUX SOUTERRAINS CHEZ LES PEUPLES ANCIENS

CHAPITRE II

L'EXPLOITATION DES MINES.

CHAPITRE VI

LE TUNNEL DU MONT CENIS.

CHAPITRE VII

LE TUNNEL DU MONT CENIS.

(Suite.)

CHAPITRE VIII

LE TUNNEL DU MONT CENIS.

(Fin.)

CHAPITRE IX

LES PROGRÈS DANS L'OUTILLAGE DES GALERIES SOUTERRAINES.

CHAPITRE X

LE TUNNEL DU SAINT-GOTHARD.

CHAPITRE XI

LE TUNNEL DE LA MANCHE.

CHAPITRE XII

LA TRAVERSÉE DU SIMPLON. AVENIR DES GRANDES VOIES SOUTERRAINES.

FIN DE LA TABLE.

CORBEIL. Typ. et stér. CRÉTÉ.